Lachmann / Jung / Müller (Hg.)

Unternehmensverantwortung in der Sozialen Marktwirtschaft

D1697790

Veröffentlichungen der Joseph-Höffner-Gesellschaft

Herausgegeben von
Lothar Roos, Christian Müller, Elmar Nass, Johannes Zabel

Band 8

Werner Lachmann / Harald Jung /
Christian Müller (Hg.)

UNTERNEHMENS-VERANTWORTUNG IN DER SOZIALEN MARKTWIRTSCHAFT

2019

Ferdinand Schöningh

Bibliografische Information der Deutschen Nationalbibliothek
Die Deutsche Nationalbibliothek verzeichnet diese Publikation in der
Deutschen Nationalbibliografie; detaillierte bibliografische Daten sind im
Internet über
http://dnb.d-nb.de abrufbar.

© 2019 Verlag Ferdinand Schöningh, ein Imprint der Brill-Gruppe
(Koninklijke Brill NV, Leiden, Niederlande; Brill USA Inc., Boston MA, USA;
Brill Asia Pte Ltd, Singapore; Brill Deutschland GmbH, Paderborn,
Deutschland)

Internet: www.schoeningh.de

Einbandgestaltung: Evelyn Ziegler, München
Wissenschaftlicher Satz: satz&sonders GmbH, Dülmen
Herstellung: Brill Deutschland GmbH, Paderborn

ISBN 978-3-506-72850-0 (paperback)
ISBN 978-3-657-72850-3 (e-book)

Inhalt

Werner Lachmann, Harald Jung, Christian Müller

Vorwort

Ob Panama-Papers, Schlecker-Insolvenz oder Glyphosat-Skandal: Die Schlagzeilen über unternehmerisches Fehlverhalten reißen nicht ab. Unternehmen manipulieren Abgaswerte, fälschen Bilanzen oder spionieren Mitarbeiter an ihren Arbeitsplätzen aus; im Ausland bestechen sie Auftraggeber, beschäftigen Mitarbeiterinnen zu Hungerlöhnen und scheuen nicht einmal davor zurück, selbst Kinder zu unerträglichen Bedingungen in ihren Produktionsstätten einzusetzen. Moral und Markt – so scheint es – sind nicht miteinander vereinbar. Profite stehen im harten Unternehmensalltag offenbar allzu oft vor dem Gemeinwohl.

Ist Unternehmensverantwortung also nur eine Utopie? Lässt sich der Konflikt zwischen dem unternehmerischen Gewinninteresse und moralischer Forderung überwinden? Und welchen Beitrag kann hierbei die Soziale Marktwirtschaft leisten, die versucht, moralische Werte über die Rahmenordnung im Wirtschaftsleben zur Geltung zu bringen? Fragen wie diese stehen im Mittelpunkt des vorliegenden Bandes, der die Ergebnisse einer Fachtagung der Gesellschaft zur Förderung von Wirtschaftswissenschaften und Ethik e. V. (GWE) im November 2015 in Mainz zusammenfasst.

Werner Lachmann (Universität Erlangen-Nürnberg) führt mit grundlegenden Begriffsklärungen auf das Gesamtthema hin und fragt nach der Bedeutung von Verantwortung, Unternehmen, Sozialer Marktwirtschaft und danach, wie diese aus einer biblischen Perspektive in ein stimmiges Bild zu bringen sind. Dabei kommt er zu dem Ergebnis, dass die Bibel zwar keine direkten Managementdirektiven gibt, dass dort aber Prinzipien zu finden sind, die auch im Unternehmen angewandt werden sollten. Das gesellschaftliche Leben, so schließt er, wäre ein anderes, wenn die Zehn Gebote wieder in unserer Gesellschaft stärker beachtet werden würden.

Ob Unternehmensverantwortung mehr ist als ein frommer Wunsch, untersucht Christian Müller (Universität Münster) in seinem Beitrag. Konkret analysiert er die theoretischen Voraussetzungen des sog. Gewinnparadoxes in der Wirtschaftsethik, nach dem langfristig Unternehmen am Markt nur dann überleben werden, wenn sie nicht (allein) nach Gewinnmaximierung streben, und kommt dabei zu dem Ergebnis, dass unternehmensethische Strategien durchaus zu Vorteilen in einem wettbewerblichen Marktumfeld führen können.

Das Nachdenken über die Verantwortung von Unternehmen ist kein Alleinstellungsmerkmal der Gegenwart, wie Giuseppe Franco (Universität Eichstätt-Ingolstadt), Max-Weber-Preisträger 2016, zeigt, sondern findet schon interessante Vorläufer bei den spanischen Spätscholastikern, die bereits eine solide Legitimierung der Wirtschaftsethik und der Beziehung zwischen Wirtschaft und Moral entwickelt haben. Der Autor zeigt, dass diese von den Beichtvätern ausgearbeitete kasuistische Unternehmensethik in vielerlei Hinsicht überraschend moderne Konsequenzen aufweist.

Christian Hecker (Deutsche Bundesbank, Hamburg) nimmt darauf den Bankensektor in der Bundesrepublik Deutschland seit der Wiedervereinigung in den Blick und arbeitet die ethischen Herausforderungen heraus, die der Wandel der Zeit hervorgebracht hat. Auch fragt er nach Ansätzen, wie man diesen Herausforderungen aus einer verantwortlichen Perspektive begegnen kann. Er schlägt vor, die staatliche Ordnungspolitik und die bankinterne Corporate Governance so auszugestalten, dass ethisch akzeptables Verhalten des einzelnen Bankmitarbeiters gefördert wird und ergänzt dies mit einem Appell, dass die Vermeidung von moralischem Fehlverhalten in einer sich laufend wandelnden Wirtschaft auch Aufgabe jedes Einzelnen bleibt.

Dass auch direkt aus dem Neuen Testament wichtige ethische Anforderungen an die unternehmerische Tätigkeit entnommen werden können, zeigt Mihamm Kim-Rauchholz (Internationale Hochschule Liebenzell) in ihren biblischen Reflexionen am Beispiel des unehrlichen Verwalters aus dem Lukasevangelium. Sie schließt daraus, dass wirtschaftliches Denken und Handeln an sich biblisch betrachtet nicht negativ sind, wenn dies zugleich vom Streben nach Armut im Geist begleitet wird.

Bernd Noll (Hochschule Pforzheim), Träger des Max-Weber-Preises für Wirtschaftsethik 2004, wirft die grundlegenden Legitimationsprobleme von Unternehmertum in einer Marktwirtschaft auf und fragt nach der Bedeutung, die das Unternehmertum in einer Marktwirtschaft haben kann. Er kommt zu dem Ergebnis, dass Unternehmen Verantwortung dafür tragen, dass ihr Handeln akzeptiert wird, also nicht nur als legal, sondern auch als legitim erachtet wird. Er sieht die Verantwortung stets bei den Personen, die für das Unternehmen handeln – Unternehmern, Managern, Arbeitskräften und Kapitaleignern, die sich als Privatpersonen zivilgesellschaftlich engagieren können – und nicht im Unternehmen selbst, das in sich keinen Selbstzweck trage.

Die ‚österreichische‘ Wirtschaftstheorie rekonstruiert die unternehmerische Tätigkeit als einen dynamischen Prozess der ‚schöpferischen Zerstörung‘ von Innovations- und Imitationsphasen. Gerald Mann und Harald Bergbauer (FOM München) zeichnen zum Abschluss dieses Tagungsbandes die Spuren der dynamischen Vorstellung der Unternehmenstätigkeit im Werk Joseph Schumpeters nach, der wesentlich zu dieser Sichtweise beigetragen hat. Obwohl Schumpeters Skepsis gegenüber der Rolle des Unternehmers überdacht werden muss und trotz der Änderungen des kapitalistischen Wirtschaftssystems, betonen die Autoren, dass Schumpeters Konzept des Unternehmers im Jahr 1911 eine großartige Entdeckung war, das vermehrt studiert werden sollte, da jedes ökonomische und wirtschaftliche System immer den intellektuellen Vordenker und ‚Mann der Tat‘ braucht, der Neukombinationen testet und genuin Neues schafft.

Die Mainzer Tagung der GWE wäre ohne die finanzielle Unterstützung durch die Geschwister-Zabel-Stiftung nicht möglich gewesen, der die Herausgeber hierfür herzlich danken möchten. Dankbar sind wir auch für die Aufnahme unseres Bandes in die Schriftenreihe der Joseph-Höffner-Gesellschaft. Nicht zuletzt danken wir Florenz Altmeppen (Universität Münster), der zur Publikation des vorliegenden Bandes umfangreiche redaktionelle Vorarbeiten leistete.

Werner Lachmann, Harald Jung und Christian Müller

Werner Lachmann

Einführung

1. Hinführung

Der Tagungstitel „Verantwortliches Unternehmertum in der Sozialen Marktwirtschaft" beinhaltet einige Begriffe, die etwas genauer untersucht und erklärt werden müssen, nämlich: ‚Verantwortung', ‚Unternehmertum' und ‚Soziale Marktwirtschaft'. Natürlich kann nicht das ganze Tagungsprogramm in diesem Einleitungsvortrag vorweggenommen werden. Dennoch sollen an dieser Stelle einige einführende Bemerkungen erfolgen, die wohl auch wegen des Bekanntwerdens von wirtschaftlichem Fehlverhalten einiger Unternehmen in den letzten Monaten notwendig geworden sind. Wer ist eigentlich verantwortlich für die Skandale bei der Deutschen Bank, für die Abgas-Betrügereien bei VW oder auch für das Entstehen der Weltwirtschaftskrise von 2008 und für das sie verursachende Zocken von Investmentbankern? Was heißt in diesem Zusammenhang eigentlich ‚Verantwortung übernehmen'? Kann man das? Inwieweit sind die Verursacher wem gegenüber rechenschaftspflichtig? Ist es wirklich moralisch vertretbar, wenn Verursacher dieser Krisen mit hohen Abfindungen versehen und kaum wirklich zur Rechenschaft gezogen werden? Eventuell müssen sie ihren Hut nehmen – nur um ihn in einem anderen Unternehmen wieder aufzusetzen. Heißt das ‚verantwortliches Unternehmerhandeln'? Haben vielleicht sogar Aufsichtsräte versagt, wenn sie solche Vereinbarungen mit den Vorständen abschließen, die den Vorstand vor Haftung so stark absichern? Wie kann dann verantwortliches Handeln vom Vorstand erwartet werden? Oder wäscht nur eine Hand die andere? Welche Besonderheiten entstehen nun durch den Bezug zur Sozialen Marktwirtschaft?

2. Was bedeutet Verantwortung?

Das Wort ‚Verantwortung' bedeutet in der sprachlichen Grundbedeutung zuerst ‚verstärkt antworten'. Die deutsche Vorsilbe „*ver*" weist oft auf ein zu häufiges Tun einer Sache hin, so wie ‚verlaufen' ein zu langes Laufen beinhaltet, ‚versprechen' ein mehrfaches Sprechen und ‚verlieben' ein zu häufiges lieben.[1] Später fand dieser Begriff „Verantwortung" in der Gerichtsbarkeit Verwendung, wenn ein Angeklagter vor Gericht intensiv befragt wurde, also mehrere Fragen beantworten musste[2]. Im Laufe der Zeit entwickelte sich die Bedeutung des Begriffs Verantwortung dann in Richtung auf ‚für etwas einstehen'.

Dieser Hintergrund wird noch deutlich an einem Ausspruch des jüdischen Religionsphilosophen Martin Buber: ‚Echte Verantwortung gibt es nur da, wo es wirklich Antworten gibt.' Wenn wir nun Verantwortung für unser Handeln übernehmen sollen, dann müssen wir uns zwei Fragen stellen: Gegenüber wem und für was haben wir uns denn zu verantworten; dabei müssen wir uns auch mit dem tieferen Sinn und Ziel unseres Lebens auseinandersetzen. Wann kann und muss sich überhaupt jemand „verantworten"? Was ist das gesellschaftliche Umfeld dieses Begriffes Verantwortung?

Dadurch muss ein weiterer Aspekt angesprochen werden. Der Gegensatz zur Pflicht ist nicht Pflichtlosigkeit, sondern Verantwortung. Wer seine Pflicht zu tun hat, muss nur entscheiden, ob er sie tut oder nicht. Für die Zielrichtung seiner Pflicht ist er nicht verantwortlich. Die setzt ein anderer. Wer jedoch Freiheit für sein Handeln beansprucht, muss auf Fragen, die sein Tun be-

---

1 Vgl. hierzu Werner Lachmann, Verantwortung zwischen Eigen-, Gruppen- und Gesamtinteresse, in: Reinhard Haupt/Werner Lachmann (Hrsg.), Unternehmensethik – Wahre Lehre oder Leere Ware?, Neuhausen-Stuttgart 1998, S. 55–70. Verwiesen sei auch auf Werner Lachmann, Verantwortung im Spannungsfeld von Eigeninteresse und Gemeinwohl, Wirtschaft und Ethik Vol. 22 Nr. 2 (Dezember 2011). S. 1–5.

2 Vgl. die Ausführungen in J. Holl, H. Lenk und N. Maring, Verantwortung, in: Historisches Wörterbuch der Philosophie, Band 11 (herausgegeben von Joachim Ritter, Karlfried Gründer und Gottfried Gabriel), Darmstadt 2001 (Wissenschaftliche Buchgesellschaft), Sp. 566–575.

treffen, antworten können und damit also für seine Handlungen die Verantwortung übernehmen. Damit kommen wir zu einem wichtigen Begriff, der mit Verantwortung liiert ist: ‚Freiheit'. Es gibt einen feinsinnigen Zusammenhang zwischen Freiheit und Verantwortung. Ohne Freiheit gibt es keine Verantwortung – es gilt aber auch: Ohne wirkliche Übernahme von Verantwortung kann keine Freiheit lange bestehen! So konnte George Bernhard Shaw behaupten: „Liberty means responsibility. That is why most men dread it". (Maxims for Revolutionists, S. 229). Und Jean Paul Sartre stellt klar, dass die absolute Verantwortlichkeit die „simple revendication logique des conséquences de notre liberté" ist. (L'être et le néant / Das Sein und das Nichts, S. 639 / S. 950)

Verantwortung ist ein Beziehungsbegriff, der in verschiedene Kategorien unterteilt werden kann.[3] So muss zwischen Kausalverantwortlichkeit, Rollenverantwortung, Fähigkeitsverantwortlichkeit und Haftbarkeit unterschieden werden. Inwieweit kann man für einen Schaden haftbar gemacht werden, wenn man ihn nicht selbst verursacht hat? Wer bestimmt die Zuschreibung von Verantwortlichkeiten und damit eine Rechenschaftspflicht?

Der Handelnde muss frei entscheiden können. Aber hören wir dabei im Hintergrund nicht eine bekannte ‚pädagogische Begleitmusik' der Art: ‚Du darfst frei sein – mach, was du willst, aber du musst die Folgen tragen?'[4] Dies impliziert dann Verantwortung im Sinne von Max Webers ‚Verantwortungsethik': Das Einstehenmüssen und Einstehenwollen für die Konsequenzen unserer jeweiligen Handlungen wird hierbei gefordert. Freiheit in einer Sozialen Marktwirtschaft bedeutet dann zweierlei, zuerst ein ‚gegenseitiges Zugeständnis' – Freiheit als ein Zuckerbrot – und Verantwortung dann als eine ‚gegenseitige Zumutung' – gewissermaßen die notwendige Peitsche. Nur so kann verantwort-

---

3 Vgl. hierzu Holl / Lenk / Maring, op. cit. Sp. 570.
4 Vgl. hierzu Robert Nef, Keine Freiheit ohne Verantwortung – keine Verantwortung ohne Freiheit, in: Roland Baader (Hrsg.), Die Enkel des Perikles, Liberale Positionen zu Sozialstaat und Gesellschaft, Gräfelfing 1995 (Resch), S. 127–141; hier: S. 128. Einige meiner Gedanken habe ich hier aus diesem sehr lesenswerten Beitrag aufgenommen, ohne sie jeweils zu kennzeichnen.

lich und frei, also gesellschaftlich nützlich gehandelt werden. Wären somit Zuckerbrot und Peitsche die Grundlagen für Freiheit und Verantwortung? Könnte Verantwortung hier nicht doch irgendwie als möglicher Zwang verstanden werden? Wer verantwortlich handeln will, der muss zeigen, dass er Forderungen erfüllt, die andere (vielleicht sogar anmaßende?) Autoritäten an den handelnden Unternehmer herantragen. Mit welchem Recht und in welchem Namen werden dann Ziele und Regeln aufgestellt, die dann aber von Unternehmen zu beachten und zu verfolgen sind?

Hat sich die Sichtweise heutzutage nicht wiederum etwas geändert? Gilt heute nicht vielmehr oft die Devise: „Es ist nicht mehr alles erlaubt, was nicht verboten ist, sondern es ist alles verboten, was gewissen, im Namen der Verantwortung" (Nef, op. cit., S. 129) von Autoritäten (dem Zeitgeist?) erhobenen Forderungen (man spricht dann oft von ‚*political correctness*‘) widerspricht? Kann dies manipulativ eingesetzt werden?

Wer zur Verantwortung gezogen wird, steht eigentlich in der Öffentlichkeit oft als Angeklagter vor einer höheren Instanz. Wer oder was aber ist diese Instanz? Sind es die Medien oder bestimmte Meinungsmacher, also irgendwie der Zeitgeist? Der Angeklagte scheint dabei jedoch oft als grundsätzlich Schuldiger seine Unschuld beweisen zu müssen. Er hat zu zeigen, dass er mit seinen Handlungen diese ‚gewissen Forderungen‘ (nochmals: die der ‚*political correctness*‘) erfüllt hat, die ihm von der Gesellschaft auferlegt werden.

Klingt es dann in unseren Ohren nicht eigentlich so – ähnlich wie einstmals bei der Erziehung der Jugendlichen – wie der oft gehörte Satz: „Du wählst frei, aber wenn du nicht das wählst, was ich für richtig halte, so ist dies unverantwortlich, und was verantwortlich ist, das bestimme ich…" (Nef, op. cit, S. 128) Da kann man doch nur mit Beethovens Neunter summen: „O Freunde, nicht diese Töne, lasset uns freudenvollere anstimmen". Steckt der Ruf nach Verantwortung dann nicht den Handelnden in eine unangenehme Zwangsjacke?

Schaut man in die komplexe Geschichte des Begriffes Verantwortung, so stellt man fest, wie viel auf Vorurteilen und wie viel auf Urteilen beruht. Die Fülle von Verantwortungsgenitiven hat mich überrascht[5]. Als letzte Instanz der Verantwortung – so fing es mal an – war einst Gott gemeint. Luther brachte diesen Begriff auf, der dann im 17. Jahrhundert von anderen Sprachen aufgegriffen und in der Philosophie im 20. Jahrhundert intensiv diskutiert wurde. Später sprach man sogar von Selbstverantwortung. Der Mensch avancierte damit zum eigenen Gott.

Kann man Menschen sogar zur Übernahme von Verantwortung zwingen? In Wolfgang Borcherts bekanntem Stück ‚Draußen vor der Tür' wird sogar die Rückgabe der Verantwortung thematisiert[6]. So sagt Beckmann in diesem Stück: „Herr Oberst, ich gebe Ihnen die Verantwortung zurück". Gibt es erzwungene Verantwortung, die man zurückgeben kann? Man denkt unwillkürlich ans Militär. Ist es ein Eingriff in die Freiheit des Menschen, wenn jemand (eine Obrigkeit?) gegen den Willen des Betroffenen den anderen verantwortlich machen will? Müssen wir nicht Verantwortung selber frei übernehmen können und dann dafür Verantwortung tragen und Rechenschaft geben? Welche Bedeutung hat dies für einen Unternehmer?

Zur Verantwortung gehört allerdings auch, wie schon angedeutet, eine Haftung. Dies gilt in der Privatrechtsgesellschaft schon von der Antike an. Wir finden dort eine systematische Verknüpfung von Person, Eigentum, Vertrag und Haftung. Dieser Aspekt wird aber heute oft ausgeklammert. Wenn Handelnde nicht mehr direkt haften, werden sie wahrscheinlich nicht so ‚verantwortlich' handeln und Entscheidungen eher kurzfristiger Art treffen. Für

5 Verwiesen wird auf die vielen Arten der Verantwortung in Holl/Lenk/ Maring, op.cit.
6 In der dritten Szene von ‚Draußen vor der Tür' erzählt Unteroffizier Beckmann seinem ehemaligen Offizier von seinen Alpträumen. Beckmann hatte von dem Offizier einst die Verantwortung für 20 Mann für einen Auftrag bekommen – davon fielen elf Mann bei der Durchführung des Auftrags. Im Traum erschienen Beckmann die Frauen der Getöteten und fragen ihn: Wo ist mein Sohn, mein Vater, unser Bruder? Er kann nicht mehr schlafen und das Nachfragen nicht mehr ertragen und will dem Offizier, der ja im Krieg die Verantwortung für Tausende hatte, seine Verantwortung zurückgeben. Für die elf von ihm könne er doch die Verantwortung auch wieder übernehmen. Kann man so leicht Verantwortung zurückgeben? Nach oben zurückgeben?

den politischen Bereich sind daher im Vertrag von Maastricht Konvergenzkriterien und ein Verbot des „Bailing-out" eingeführt worden, damit die jeweiligen Regierungen verantwortlich handeln und nicht zu lasten der anderen Mitglieder der Gemeinschaft „unverantwortlich" agieren.[7]

3. Was ist unter Unternehmen zu verstehen?

Ebenso kritisch ist der Begriff des Unternehmens, der auch eine Wandlung in der Gesellschaft erfahren hat. Obwohl er zu den ältesten Begriffen der Ökonomik gehört, ist er immer noch nicht eindeutig definiert. Das HGB spricht nur vom Kaufmann – nicht vom Unternehmer. Heute gibt es Unternehmen, die von Managern geleitet werden, nicht mehr von einem Unternehmer. Der ‚undertaker' hat im Englischen mittlerweile sogar eine andere Bedeutung. Gelegentlich werden Unternehmer heftig kritisiert: Ihre Bibel sei das Hauptbuch oder die Bilanz, die Börse ihre Kirche und das Geld ihr Gott.

In der BWL ist ein Unternehmen der Ort, an welchem Produktionsfaktoren kombiniert werden. Der Unternehmer stellt dabei Risikokapital zur Verfügung und trifft wichtige Dispositionen (er ist der ‚decision maker') und entscheidet über die Durchführung von Investitionen. Schwierigkeiten ergeben sich durch den historischen Wandel in der wirtschaftlichen Entwicklung. Waren vor 100 Jahren Unternehmer noch die Leiter des Unternehmens, so hat die Zahl der Kapitalgesellschaften gewaltig zugenommen und ebenso ihre wirtschaftliche Bedeutung. Das Risiko liegt heutzutage zwar immer noch bei den Eigentümern (bei den großen Konzernen, die ‚too big to fail' sind, leider auch beim Steuerzahler), die Entscheidungen aber fällt größtenteils das Management. Die

---

7 Zu den Konvergenzbedingungen und ihre Bedeutung siehe: Werner Lachmann: Volkswirtschaftlehre 2. Anwendungen. Berlin et al. 2. Auflage 2004 (Springer) S. 463–466 oder Werner Lachmann: Stabiles Geld hat seinen Preis – Der Weg zur Europäischen Wirtschaft- und Währungsunion, in Werner Lachmann, Reinhard Haupt und Karl Farmer (Hrsg.): Zur Zukunft Europas. Wirtschaftsethische Probleme der Europäischen Union. Berlin 2007 (LIT: Marktwirtschaft und Ethik, Band 12), S. 178–205.

Unternehmung wurde hierbei zu einer juristischen Person verselbständigt.[8]

In der britischen Fachliteratur war der ‚undertaker‘ oder ‚projector‘ derjenige, der das Kapital bereitstellte. Selbst Adam Smith benutzte noch den Begriff ‚undertaker‘ als ‚Eigentümer-Unternehmer‘. Französische Autoren unterschieden schon früh zwischen dem Kapitalisten und dem ‚entrepreneur‘. Letzterer ist derjenige, der Produktionsfaktoren zu bestimmten Preisen kauft und die daraus hergestellten Güter zu (noch) ungewissen Preisen anschließend verkauft. In Deutschland wurde dann seit dem 16. Jht. der Begriff ‚entreprenieren‘ zur Bezeichnung von gewerblichen Tätigkeiten verwendet. Im 19. Jht. wurde auch gelegentlich der Begriff ‚Übernehmer‘ verwendet, weil er bestimmte Lieferaufträge übernimmt.

Während der Zeit der Hochindustrialisierung (zweite Hälfte des 19. Jhts.) setzte sich die Spaltung zwischen dem gestaltenden Unternehmer und dem passiven Kapitalisten endgültig durch. Die moderne Wirtschaftstheorie mit ihren mathematischen Modellen konnte jedoch mit dem gestaltenden Unternehmer nicht mehr viel anfangen. Der einstmals gestaltende Unternehmer wurde zu einem ‚Gewinnmaximierer‘ degradiert.[9] Kritisiert wurde von Soziologen der damals vorherrschende ‚Herr-im-Hause-Standpunkt‘ der Unternehmerschaft. Selbst soziale Hilfe geschah damals patriarchalisch.[10] In der Fabrik müssten – so die Unternehmerschaft

---

8 Vgl. hierzu Hans Jaeger, Unternehmer, in: Otto Brunner / Werner Conze / Reinhart Kosellek (Hrsg.), Geschichtliche Grundbegriffe. Historisches Lexikon zur politisch-sozialen Sprache in Deutschland, Bd. 6, Stuttgart 1995, S. 707–732.

9 In der modernen Wirtschaftstheorie herrscht die neoklassische Gleichgewichtstheorie vor. Sie ist statisch ausgerichtet. Möglich ist allerdings ein ‚gleichgewichtiges Wachstum‘ – eigentlich nur ein statisches Wachstum. Der Unternehmer kann hierbei – liegen alle Informationen vor – durch ein Rechenprogramm ersetzt werden.

10 Eine sehr aufschlussreiche Darstellung findet sich in Heinz Lampert, Sozialpolitik, Berlin u. a. 1980, insbesondere der 2. Teil (Geschichte der deutschen staatlichen Sozialpolitik), S. 35–120. In solcher Ausführlichkeit wird dieses Problem in neueren Auflagen leider nicht mehr behandelt.

zur damaligen Zeit – Unterordnung, Gehorsam und Disziplin herrschen. Zu Beginn des 20. Jhts. wurde in den Industriestaaten – so auch in Deutschland – das Ideal des wagenden und gestaltenden Unternehmers (so noch bei Joseph Schumpeter!) abgelöst und durch den geschickt koordinierenden und organisierenden Manager ersetzt. Dabei gab es zusätzlich eine weitere Unterscheidung (gewissermaßen eine Zweiteilung der Aufgaben) zwischen technischer und kaufmännischer Leitung.

Nach Schumpeter ist der Unternehmer der wirtschaftliche „Innovator par excellence" (Jaeger, op. cit. S. 723). Nur durch die mit Risiko behafteten Innovationen des Unternehmers wird die Wirtschaft dynamisch, verlässt sie ihre bis dahin beobachtete Statik. Die Unternehmerleistung besteht also in der schöpferischen Kombination von Produktionsmitteln. Der Unternehmer ist der Risikogestalter. Max Weber arbeitete heraus, dass die erfolgreichen Unternehmen vorwiegend vom protestantischen Charakter der Kapitalbesitzer und Eigen-Unternehmer profitierten.[11] Den Einfluss des Glaubens auf Unternehmerentscheidungen, den Weber herausarbeitete, bezeichnete Sombart jedoch als lächerlich.

In der Sozialen Marktwirtschaft ist die Unternehmerschaft durch historische Kontinuität und einen Neubeginn geprägt. Betont werden in diesem Denken die folgenden Eigenschaften: Selbständigkeitsdrang, Schaffensfreude, Werktüchtigkeit und Führungswille, Kombinationsgabe und der Mut zur Verantwortung. Zur konkurrenzbetonten Wettbewerbsordnung kommen hierbei noch Elemente der christlichen Soziallehre und ein gewisser Staatsinterventionismus im Rahmen eines freien Sozialismus. Wirtschaftliche Freiheit und soziale Verantwortung führen zu

---

11 Siehe hierzu die Ausführungen in: Werner Lachmann, Wirtschaft und Ethik. Maßstäbe wirtschaftlichen Handelns aus biblischer und ökonomischer Sicht, Münster (LIT: Marktwirtschaft und Ethik, Band 11) 2016 (3. Auflage), insb. Kap. 6.1 Wirtschaftliches Handeln im Angesichte Gottes und die Bedeutung des Kalvinismus für die wirtschaftliche Entwicklung, S. 221–237.

einer allmählichen Neuorientierung des Unternehmerselbstver-
ständnisses. Trotz der enormen Wichtigkeit des Unternehmens
gibt es jedoch in Wirtschaft und Recht immer noch keinen
einheitlichen Rechtsbegriff des Unternehmens.

Es scheint als sei die soziale Stellung des Unternehmertums in
eine kritische Phase der Degeneration eingetreten. Die heutigen
Unternehmen sind mehr in einer Welt des Unternehmensmana-
gements zu Hause. Der Begriff des Managers hat wohl mehr und
mehr den des Unternehmers ersetzt.

4. Soziale Marktwirtschaft

Wenden wir uns nun dem dritten Begriff zu. Auch hier beobachten wir eine Begriffserosion. Eigentlich haben wir in Deutschland
eine Soziale Marktwirtschaft. Erst seit dem Einigungsvertrag ist
der Begriff „Soziale Marktwirtschaft" als Wirtschaftsordnung für
Deutschland verankert. Aber was ist darunter zu verstehen? Welche der vorhandenen Konzeptionen sollten wir hier als Maßstab
nehmen?

Zunächst muss eingestanden werden, dass es keine eindeutige
Definition der Sozialen Marktwirtschaft gibt. Die Ordoliberalen
um Walter Eucken hatten andere Vorstellungen als Müller-Armack oder gar Ludwig Erhard. Ludwig Erhard konnte einige seiner
Vorstellungen seit Mitte 1948 in der Bizone (Westdeutschland)
und dann als erster Wirtschaftsminister der Bundesrepublik längere Zeit in der wirtschaftspolitischen Praxis durchsetzen [12].

---

12 Leider oft im Clinch mit dem ersten Bundeskanzler Konrad Adenauer.
Mehrmals wollte der Bundeskanzler seinen Wirtschaftsminister entlas-
sen; musste aber auf Druck der FDP (Koalitionspartner) diesen Versuch einstellen, bzw. Erhard wieder als Wirtschaftsminister einsetzen.
Vgl. hierzu die interessanten Ausführungen in Horst Friedrich Wünsche, Ludwig Erhards Gesellschafts- und Wirtschaftskonzeption. Soziale
Marktwirtschaft als Politische Ökonomie, in: Bonn Aktuell, Stuttgart
1986.

Alfred Müller-Armack[13] bezeichnete die Soziale Marktwirtschaft einst als einen Wirschaftsstil, als eine dynamische, offene, anpassungsfähige Ordnung. Demzufolge kann es keine exakte Definition der Sozialen Marktwirtschaft geben. Es werden Forderungen des Ordoliberalismus nach einer funktionsfähigen Wettbewerbsordnung (Leistungswettbewerb) aufgegriffen, die jedoch durch wirtschaftspolitische Staatsaufgaben unter Betonung sozialpolitischer Ziele ergänzt werden. Mit dem Leitbild der Sozialen Marktwirtschaft werden sowohl Ziele als auch Lösungsvorschläge des Liberalismus, der christlichen Sozallehre und der sozialdemokratischen Programmatik verbunden.[14]

Bekannt ist die beschreibende Definition von Müller-Armack, die oft zitiert wird: „Soziale Marktwirtschaft ist überall dort, wo man sich den Kräften des Marktes anvertraut und versucht, alle vom Staat, von den sozialen Gruppen anzustrebenden Ziele in den Doppelaspekt einer freien Ordnung und einer sozial gerechten und gesellschaftlich humanen Lebensordnung zu verwirklichen."[15]

Als Leitbild der Sozialen Marktwirtschaft dient also eine freie Gesellschaft mit freiem Wettbewerb, in welcher soziale Aspekte nicht vernachlässigt werden. Erhard sprach deshalb anfänglich oft von ‚liberalem Sozialismus‘ und ‚sozialem Liberalismus‘. Wettbewerb ist nach Erhard dabei selbst Leitbild seiner Gesellschaftsordnung, wobei die sozialen Probleme eben nicht durch den Wettbewerb verursacht werden. Ein aus sozialen Gründen beschränkter

---

13 Der in Essen gebürtige Alfred Müller-Armack war Professor für wirtschaftliche Staatswissenschaften in Köln. Er prägte den Begriff der Sozialen Marktwirtschaft und war unter Ludwig Erhard Leiter der Abteilung Wirtschaftspolitik und der Grundsatzabteilung sowie Staatssekretär für europäische Fragen.

14 Vgl. hierzu Otto Schlecht, Die Genesis des Konzepts der Sozialen Marktwirtschaft, in: Ottmar Issing (Hrsg.), Zukunftsprobleme der Sozialen Marktwirtschaft, Berlin (Duncker & Humblot) 1981, S. 9–31.

15 Alfred Müller-Armack, Genealogie der Sozialen Marktwirtschaft, Bern / Stuttgart (Haupt) 1981, S. 12.

Wettbewerb würde aus seiner Sicht das soziale Problem noch verschärfen.[16]

Die Grundvorstellungen der Sozialen Marktwirtschaft im Verständnis von Ludwig Erhard lassen sich wie folgt zusammenfassen:

- Die Soziale Marktwirtschaft unterstellt einen Leistungswettbewerb der Anbieter und unterstreicht dabei Konsumentensouveränität, Freiheit und Selbstverantwortung des einzelnen Bürgers. Die Konzeption ist also verbraucherorientiert. Die Unternehmen haben dem Verbraucher zu dienen – nicht umgekehrt.
- Die Soziale Marktwirtschaft weist dem Staat eine soziale Verantwortung für den Einzelnen zu (Sozialstaatsprinzip). Menschen, die durch ihre eigene Leistung in der Wettbewerbsgesellschaft nicht in der Lage sind, ein zufrieden stellendes Einkommen zu erzielen, werden von der Gemeinschaft unterstützt (Sozialhilfe). Soziale Gerechtigkeit ist ein wichtiges Gestaltungskriterium für sozialpolitische Maßnahmen innerhalb der Konzeption der Sozialen Marktwirtschaft.
- Die Soziale Marktwirtschaft benötigt ebenfalls eine bestimmte Minimalmoral, ohne die ein gemeinsames gesellschaftliches Handeln kaum langfristig Bestand haben kann. Gemeinsame Werte sind für eine Volksgemeinschaft bekanntermaßen staatsbildend. Viele Aspekte lassen sich dabei auf christliche Traditionen und auf Vorstellungen des Humanismus zurückführen.[17]

Bei der Konzeption der Sozialen Marktwirtschaft sollten wir uns deshalb auf diese realisierte Wirtschaftsordnung in Deutschland

16 Zum Zusammenhang zwischen Ethik und Soziale Marktwirtschaft sei verwiesen auf Werner Lachmann, Ethik und Soziale Marktwirtschaft. Einige wirtschaftswissenschaftliche und biblisch-theologische Überlegungen, in: Helmut Hesse (Hrsg.), Wirtschaftswissenschaft und Ethik, Berlin 1988, S. 277–304.
17 Verwiesen sei auf Werner Lachmann, Protestantische Wurzeln der sozialen Marktwirtschaft und ihre biblische Bewertung, in: Ingo Resch (Hrsg.), Mehr als man glaubt. Christliche Fundamente in Recht, Wirtschaft und Gesellschaft, Gräfelfing (Resch) 2000, S. 187–217.

beziehen. Gibt es nun biblische Überlegungen zum verantwortlichen Handeln in dieser Wirtschaftsordnung? Immerhin waren einige der ‚Begründer‘ der Konzeption der Sozialen Marktwirtschaft überzeugte Christen.[18]

5. Einige biblische Überlegungen zum verantwortlichen Handeln

Lassen sich auch biblische Aspekte für das verantwortungsvolle Handeln eines Unternehmers finden? Ein Blick in das NT kann uns weiterhelfen.

In 2. Tim 3,16+17 schreibt Paulus: „Denn alle Schrift, von Gott eingegeben, ist nütze zur Lehre, zur Zurechtweisung, zur Besserung, zur Erziehung in Gerechtigkeit, dass der Mensch Gottes vollkommen sei, zu allem guten Werk geschickt." Dies bezieht sich nicht nur auf unser privates Leben. Auch unsere geschäftlichen Tätigkeiten sollten hierunter fallen. Die Bibel gibt zwar keine direkten Managementdirektiven; aber wir können Prinzipien finden, die auch im Unternehmen angewandt werden sollten. Wie aber können wir uns als Christen in unklaren Situationen verhalten?

In solchen Situationen, in denen keine klaren biblischen Direktiven vorliegen, können wir uns in der Stille mit Gott, im Gebet und im Gespräch mit anderen eine Meinung bilden, sodass wir dann entscheiden können – wie Paulus im Römerbrief (Kapitel 14) schreibt: „Ein jeder sei seiner Meinung gewiss" (5b) – jedoch unter der Berücksichtigung „So wird nun jeder von uns für sich selbst Gott Rechenschaft abgeben" (V.12). Vernon C. Grounds schreibt erläuternd dazu: „With our different backgrounds of presuppositions and experience, we study a text; we prayerfully seek the illumination of the Holy Spirit; we read the work of scholarly predecessors; we consult members of our own spiritual community; we

---

18 Vergleiche hierzu die Ausführungen in Stephan Holthaus, Zwischen Gewissen und Gewinn: Die Wirtschafts- und Sozialordnung der ‚Freiburger Denkschrift‘ und die Anfänge der Sozialen Marktwirtschaft, Bd. 18 der Reihe ‚Marktwirtschaft und Ethik‘ (LIT), Berlin 2015.

may even take into account the ideas of informed nonChristians, appreciating that God in His common grace operates outside the confines of professional faith in Christ to grant an insightful understanding of social structures and dynamics."[19]

Dabei sollten wir in allen unseren Überlegungen und Entscheidungen der Maxime von Kol. 3,23 folgen: „Alles was ihr tut, das tut von Herzen als dem Herrn und nicht den Menschen."

Erinnern möchte ich auch noch an das Gleichnis Jesu von den Talenten. Jesus erwartete verantwortliche, wirtschaftliche Aktivität. Diejenigen, die im profanen Bereich gut gewirtschaftet haben, wurden belohnt. Der Risikoscheue (er war kein Unternehmer, sondern ein Unterlasser!) wurde bestraft und das, was er hatte, dem unternehmerischsten, risikofreudigsten und erfolgreichsten Knecht gegeben. Aber beachten wir: Wem viel anvertraut wird, von dem wird auch viel gefordert werden!

Einige Prinzipien sind für dieses Handeln zu beachten:

Der Mensch ist Gottes Ebenbild. Bei der Unternehmensführung sollte die persönliche Würde der Mitarbeiter beachtet werden. Selbstbestimmung und Selbsterfüllung sollte möglich sein; stupide Arbeiten sollten besser von Maschinen geleistet werden.[20]

An die Korinther schreibt Paulus (1. Kor. 10,31): „Ob ihr nun esst oder trinkt oder was ihr auch tut, das tut alles zur Ehre Gottes". Jesus sagt, dass es der Ehre des Vaters diene, wenn wir als seine Jünger viel Frucht bringen. (Joh. 15,8) Nur wie kann das so Geforderte aussehen?

Ein Hinweis auf den lutherischen Begriff des Berufs (im Englischen ‚calling') kann in diesem Zusammenhang sinnvoll sein. Wel-

---

19 Vernon C. Grounds, Responsibility and Subjectivity: Applying Biblical Principles to Business, in: Richard C. Chewning (Hrsg.), Biblical Principles & Business. The Foundations, Christians in the Market Place, Bd. 1, Colorado Springs 1989, S. 118–132, hier S. 124.

20 Interessant sind hierbei die Ausführungen von Helmut Thielicke in seiner mehrbändigen Theologische Ethik, Band 2: Entfaltung, 1. Teilband: Mensch und Welt, Tübingen (J. C. B. Mohr) 1986, insbesondere die Seiten 554 ff.: Gefährdungen der Arbeit, wobei er auf Probleme der Sinnentleerung und die Konsequenzen der Rationalisierung zu sprechen kommt und dabei die Verantwortung des Unternehmers betont, den Arbeiter nicht nur als Zweck oder Objekt zu sehen und zu behandeln.

chen Platz ein Christ auch immer einnimmt, es ist eine Berufung von Gott. Der Schuster, Schmied oder Farmer arbeitet für Gott – leistet damit mehr als ein Bischoff. Was wir in unserem eigenen Hause oder im Beruf arbeiten, ist genauso viel wert wie die Arbeit im Himmel für Gott. Gutes Management ist ebenso Gottesdienst. Verantwortliches Unternehmerhandeln ist damit auch berufene Arbeit im Reiche Gottes.

Noch einen weiteren Punkt muss ich ergänzen, nämlich den der Haushalterschaft. Alle unsere wirtschaftlichen Aktivitäten sollten unter diesem Aspekt geschehen. In Matt. 20, 25–28 weist Jesus darauf hin, dass wir verantwortungsvoll dienen sollen – nicht herrschen wie es in der hiesigen Welt üblich ist. Diese Haushalterschaft nimmt auch die Bewahrung der Schöpfung ernst. Gott ist der Schöpfer und daher auch der Eigentümer aller Ressourcen dieser Erde (auch meiner), wie es in den Psalmen (24,1) heißt: „Die Erde ist des Herrn und was darinnen ist, der Erdkreis und die darauf wohnen." Alles Gut ist anvertrautes Gut!

Natürlich gehört nicht nur wirtschaftliches, sondern auch ethisches Handeln zu einem Unternehmen. Zuverlässigkeit, Verantwortlichkeit, Integrität, Fleiß und Fairness sind ein Muss. Max Weber nannte sie die puritanischen Werte. Als Jesus nach dem höchsten Gebot gefragt wird, antwortet er (Matthäus 22,37-40)[21]: „Du sollst den Herrn, deinen Gott, lieben von ganzem Herzen, von ganzer Seele und von ganzem Gemüt. Dies ist das höchste und größte Gebot. Das andere aber ist ihm gleich; Du sollst deinen Nächsten lieben wie dich selbst." Damit gehört auch die ‚Nächstenliebe' in den Pflichtenkatalog des christlichen Unternehmers.[22]

---

21 Ähnlich auch in Markus 12,18-31 sowie Lukas 10,25-28.

22 Aber diese Nächstenliebe hat die „Eigenliebe" als Maßstab. Auf die Wichtigkeit des geistlich betonten Eigeninteresses für das wirtschaftliche Handeln und die Bedeutung der Institutionen, sei auf den sehr aufschlussreichen Beitrag verwiesen von Wolfgang Schmitz: Eigeninteresse – Gruppeninteresse – Gesamtinteresse. Das Eigeninteresse durch Lebenssinn und Institutionen legitim, effizient und unersetzlich, in Wolfgang Schmitz und Rudolf Weiler (Hrsg.): Interesse und Moral. Gegenpole oder Bundesgenossen?. Berlin 1994 (Duncker & Humblot) S. 61–104.

Wenn diese beiden Gebote in unserer Gesellschaft wieder stärker beachtet würden, sähe das gesellschaftliche Leben in Deutschland (und weltweit) anders aus. In diesen Zusammenhang gehört auch die goldene Regel aus Matt. 7,12: „Alles nun, was ihr wollt, dass euch die Leute tun sollen, das tut ihr ihnen auch! Das ist das Gesetz und die Propheten."

Schön hat Micha (Micha 6,8) ganz allgemein die von Gott erwartete Maxime des menschlichen Handels zusammengefasst in: „Es ist dir gesagt, Mensch, was gut ist und was der Herr von dir fordert, nämlich Gottes Wort halten und Liebe [23] üben und demütig sein (wandeln) vor deinem Gott."

---

23 Im Hebräischen steht dort חסד (chäsäd), was mit Güte, Liebe, Freundlichkeit, Gunst, Barmherzigkeit oder Wohlwollen übersetzt werden. Hans Walter Wolff übersetzt diesen Begriff sogar mit ‚Solidarität'. Er beinhaltet eine positive, gemeinschaftsgemäße Verhaltensweise. Vgl. dazu Hans Walter Wolff, Dodekapropheton 4 – Micha, Biblischer Kommentar zum Alten Testament, Neukirchen-Vluyn 1982 (Neukirchener Verlag), zur angegebenen Stelle, insbesondere S. 153 ff. Erhellend sind auch die Ausführungen in Hans Walter Wolff, Anthropologie des Alten Testaments, München 1977 (Chr. Kaiser), insbesondere § 25 (Die Bestimmung des Menschen), S. 321 ff.

Christian Müller

Das Gewinnparadox in der Unternehmensführung

*Oder: Ist unternehmerische Nachhaltigkeit
nur ein frommer Wunsch?*

1. Unternehmensverantwortung und das Gewinnparadox in der Unternehmensethik

Das Schlagwort von der Unternehmensverantwortung ist in aller Munde. Täglich lesen wir in der Zeitung, dass Unternehmen Abgaswerte manipulieren, Firmenbilanzen fälschen oder Hühnereier mit Giftstoffen versetzen. Am Pranger stehen Unternehmen, die sich nicht scheuen, in ihren Betriebsstätten in Indien oder Bangladesch Kinderarbeit zu nutzen oder Textilarbeiterinnen mit Hungerlöhnen abzuspeisen. Die ganze Finanz- und Wirtschaftskrise der letzten Jahre wird mitunter damit erklärt, dass die Entscheidungsträger in Unternehmen blind nach Profiten streben, statt in verantwortlicher Weise auch die Bedürfnisse von Gläubigern, Kunden, Mitarbeitern und anderen Anspruchsgruppen des Unternehmens in den Blick zu nehmen.[1] Die Gier der Manager, so scheint es, ist grenzenlos.[2] Ist der Ruf nach verantwortlicher Unternehmensführung in der Sozialen Marktwirtschaft also nicht mehr als nur ein frommer Wunsch?

---

[1] Vgl. Lothar Funk, Kontroverse volkswirtschaftliche Interpretationen zur Finanzmarktkrise – einige kritische Anmerkungen, in: Sozialer Fortschritt 4, 2009, S. 81.

[2] Vgl. Anne T., Die Gier war grenzenlos. Eine deutsche Börsenhändlerin packt aus, München 2010.

Folgt man der wirtschaftsethischen Fachdiskussion, so sollten die Chancen für die moralische Verantwortlichkeit von Unternehmen eigentlich gar nicht so schlecht stehen. Denn zu den wesentlichen Aussagen in der unternehmensethischen Diskussion gehört, dass sich Moral für Unternehmen zumindest langfristig auszahlen kann. Norman E. Bowie, Professor für Strategisches Management und Philosophie an der University of Minnesota, verdichtet diesen Sachverhalt sogar zu einem ‚Gewinnparadox‘: Unternehmen, die *nicht* primär nach Gewinn streben, sondern danach, in verantwortlicher Weise das moralisch Gute zu tun, können ebenso erfolgreich sein wie gewinnmaximierende Unternehmen. Mit anderen Worten: Wenn Unternehmen versuchen, zuerst und vor allem moralisch verantwortlich zu handeln, wird sich dies – mindestens indirekt – auch in Gewinnen niederschlagen.[3]

Andere Arbeiten scheinen diesen Sachverhalt zu bestätigen. In einem sechsjährigen Forschungsprojekt untersuchte eine von Collins und Porras geleitete Forschergruppe der Stanford University Graduate School of Business die Besonderheiten und Gemeinsamkeiten von herausragenden und langfristig erfolgreichen (‚visionären‘) Unternehmen im Vergleich zu ihren direkten profitorientierten Hauptkonkurrenten über ihren Lebenszyklus hinweg – von ihrer Gründung bis heute. Ihr Ergebnis ist überraschend: In 17 von 18 Unternehmenspaaren waren die ‚verantwortlichen‘, stärker werte- als gewinngetriebenen Unternehmen genauso erfolgreich wie ihre rein gewinnorientierten Konkurrenten.[4]

Die Beobachtung des Gewinnparadoxes stellt die übliche Sichtweise in der Unternehmensforschung auf den Kopf: Die traditionelle betriebs- wie volkswirtschaftliche Perspektive ist die der gewöhnlichen Gewinnmaximierung: Unternehmen streben danach, ihren Shareholder Value zu maximieren. Aber gerade dadurch,

3 Vgl. Norman E. Bowie, The Paradox of Profit, in: N. Dale Wright (Hrsg.), Ethics of Administration, Provo / UT 1988, S. 97. Für eine ausführlichere Diskussion siehe Janaina Drummond Nauck, Das Gewinnparadox in der Unternehmensethik: Eine spieltheoretische Analyse. Journal for Markets and Ethics 4, 2016, S. 43–60.

4 Vgl. James C. Collins und Jerry I. Porras, Built to Last: Successful Habits of Visionary Companies, New York u. a. 2004.

so betont das berühmte ‚Theorem der unsichtbaren Hand' von Adam Smith aus dem Jahr 1776, leisten die Unternehmen aus gesellschaftlicher Sicht etwas sehr Verantwortliches: Ohne es zu wissen und sogar ohne es zu beabsichtigen, fördern sie das gesellschaftliche Gemeinwohl.[5] Die soziale Verantwortung eines Unternehmens, so eine provokante Formulierung Milton Friedmans, bestehe folglich darin, dass es seine Gewinne maximiert.[6] In der Managementwissenschaft hat dieses Denken so starken Niederschlag gefunden, dass dort mitunter Betriebswirtschaftslehre und Unternehmensethik gleichgesetzt werden: Wer die Prinzipien der BWL verstanden habe, so der bekannte Betriebswirt Horst Albach, der brauche kein Geld mehr auszugeben für unternehmensethische Moralpredigten; ein eigenes Studienfach wie die Unternehmensethik sei daher vollkommen unnötig.[7] Das zugrundeliegende Motto dieses Ansatzes ist mithin: *Doing good by doing well*. Wenn Unternehmen ihre Gewinne maximieren, ergibt sich nach dieser Vorstellung die Erfüllung ihrer moralischen Verantwortlichkeiten ganz von alleine.

Dieser traditionellen Perspektive steht indes die Beobachtung des Gewinnparadoxes gegenüber. Hiernach sollten Unternehmen vor allem danach streben, soziale Verantwortung zu übernehmen. Wenn und soweit sie nicht nur die Interessen ihrer Anteilseigner, sondern auch die ihrer diversen anderen Stakeholder wahrnehmen, werden sich – so die Vermutung – die zum Überleben nötigen Unternehmensgewinne quasi von selbst einstellen. Aus Moralorientierung folgen danach die Gewinne. Das Motto hier ist also: *Doing well by doing good*.

Wie aber kann das sein? Dieser Frage soll im Folgenden näher nachgegangen und die ökonomischen Möglichkeiten einer moralisch verantwortlichen Unternehmensführung näher ausgelotet werden. In Abschnitt 2 wird zunächst danach gefragt, was

---

5 Vgl. hierzu N. Gregory Mankiw und Mark P. Taylor, Grundzüge der Volkswirtschaftslehre, 7. Auflage, Stuttgart 2018, S. 11.

6 Vgl. Milton Friedman, The Social Responsibility of Business is to Increase its Profits. The New York Times Magazine, 13. September 1970.

7 Vgl. Horst Albach, Betriebswirtschaftslehre ohne Unternehmensethik. Zeitschrift für Betriebswirtschaft 75, 2005, S. 809–831.

unternehmerische Nachhaltigkeit konkret verlangt. Ich werde argumentieren (in Abschnitt 3), dass die Soziale Marktwirtschaft im Kern eine ethische Konzeption ist, die dafür sorgt, Gewinn- und Moralinteressen von Unternehmen einander anzugleichen. Echte moralische Konflikte entstehen somit vor allem insoweit, als der Regelrahmen der Sozialen Marktwirtschaft unvollkommen wirkt oder überschritten ist. Es ist in solchen Situationen, in denen eine originäre ethische (Abschnitt 4) oder philanthropische Unternehmensverantwortung (Abschnitt 5) gefordert sind.

Wenngleich jedoch die Chancen gar nicht schlecht stehen, dass sich unternehmerische Verantwortlichkeit in Unternehmensgewinnen auszahlt, so gibt es doch – wie sich zeigen wird – keine Garantie dafür: Es gibt auch jene moralischen Dilemmata, in denen es keine Möglichkeit gibt, Moral und Gewinn in Übereinstimmung zu bringen. In einer solchen Situation bleibt einem Unternehmensleiter, der sich einer verantwortlichen Unternehmensführung verpflichtet weiß, kaum etwas anderes übrig, als einen Preis zu bezahlen: den Preis der eigenen moralischen Integrität (Abschnitt 6). Auch in solchen Situationen moralisch verantwortlich zu handeln, kann sich indes durchaus lohnen, wenngleich auf einer anderen Ebene.

2. *Der Imperativ der Unternehmensverantwortung*

Was konkret ist gemeint, wenn gefordert wird, Unternehmen sollten moralische Verantwortung übernehmen? Um die Analyse möglichst allgemein zu halten, soll im Folgenden ein Begriff von Moralität verwendet werden, der letztlich allen Ethiken und Religionen zugrunde liegt: der Begriff der ethischen *Universalisierung*.[8] Moralität setzt danach stets die Möglichkeit der Verallgemeinerung voraus. Moralisch ist das, von dem man wollen könnte, dass es jeder täte.

---

8 Vgl. z. B. John L. Mackie, Ethik: Die Erfindung des moralisch Richtigen und Falschen, Stuttgart 1981, S. 104 ff.

Eine der bekanntesten Formulierungen der ethischen Verallgemeinerungsnorm ist der *kategorische Imperativ* von Kant, der in seiner sog. ‚Gesetzesformel' lautet: „Handle nur nach derjenigen Maxime, durch die du zugleich wollen kannst, daß sie ein allgemeines Gesetz werde."[9] Danach darf man, um moralisch zu handeln, immer nur das tun, was mit den gleichberechtigten Wünschen und Interessen aller übrigen Betroffenen vereinbar ist. Eine zweite, als ‚Zweckeformel' bezeichnete Formulierung dieser Norm verlangt: „Handle so, daß du die Menschheit, sowohl in deiner Person, als in der Person eines jeden andern, jederzeit zugleich als Zweck, niemals bloß als Mittel brauchest."[10] Nach dieser Variante des kategorischen Imperativs darf man andere Menschen niemals lediglich für die Verfolgung eigener Interessen benutzen, sondern hat zu respektieren, dass auch andere Personen mit Würde begabt – ein ‚Zweck an sich' – sind und daher Respekt verdienen.

Der kategorische Imperativ greift einen Gedanken aus der Bibel auf, der als *Goldene Regel* bezeichnet wird[11] und dort in zwei Formulierungen vorkommt. Die negative Formulierung (‚Universalisierbarkeitsfassung') findet sich im deuterokanonischen Buch Tobit 4,15, die üblicherweise (in einer auf Wilhelm Busch zurückgehenden Formulierung) als Reimspruch zitiert wird: „Was du nicht willst, das man dir tu', das füg' auch keinem andern zu!" In positiver Formulierung (‚Liebesfassung') verlangt diese Norm: „Was ihr von anderen erwartet, das tut ebenso auch ihnen" (Lukas 6,31; ähnlich Matthäus 7,12).

Die verschiedenen Varianten der Norm hängen miteinander zusammen: Das biblische Doppelgebot der Gottes- und Nächstenliebe (Matthäus 22,37-40) impliziert logisch den kategorischen Imperativ bzw. die Universalisierbarkeitsfassung der Goldenen Regel: Wer liebt, darf andere nicht als „Mittel" betrachten, sondern hat ihre Würde zu respektieren. Nächstenliebe hingegen verlangt

---

9 Immanuel Kant, Grundlegung der Metaphysik der Sitten, in: Immanuel Kant, Werke in zehn Bänden, Band 6, hrsg. von Wilhelm, Sonderausgabe 1983 der Ausgabe Darmstadt 1956, Darmstadt, S. 51.

10 Immanuel Kant, Grundlegung der Metaphysik der Sitten, a. a. O., S. 61.

11 Ausführlich Martin Bauschke, Die Goldene Regel: Staunen – Verstehen – Handeln, Ettenheim 2010.

demgegenüber viel mehr: Danach soll man andere nicht nur nicht als „Mittel" des eigenen Vorteilsstrebens benutzen, sondern darüber hinaus sich selbst anderen als „Mittel" darbieten. „Wer mein Jünger sein will", sagt Jesus in Markus 10,43, „soll der Diener aller sein." Gesetzlich einklagbar wird immer nur jener Part der Goldenen Regel sein, nach dem man anderen nicht zufügen soll, was man selbst nicht erleiden möchte; alle darüberhinausgehenden Forderungen nach Liebe hingegen wird man kaum gerichtlich durchsetzen können.

Nach Ansicht mancher Managementethiker erfordert eine verantwortliche Unternehmensführung die Befolgung der Universalisierungsnorm in *allen* unternehmerischen Belangen: „Ein Unternehmensmanager", so Bowie, „der die Kantische Moralität akzeptiert, würde für jede gegebene Entscheidung fragen, ob das Prinzip, auf dem die Entscheidung gründet, den Test des kategorischen Imperativs besteht. Wenn das so wäre, dann wäre die Entscheidung moralisch erlaubt."[12] Verantwortlich handelt danach ein Unternehmensleiter (oder irgendein anderer Entscheidungsträger in einem Unternehmen), wenn und soweit *jede* unternehmerische Handlung – von der Beschaffung über die Produktion, Finanzierung und Rechnungslegung bis hin zum Absatz – dem kategorischen Imperativ entspricht.

Hier einige Beispiele:

– *Darf man lügen?* Dies ist eine klassische Frage der (insbesondere kantianischen) Ethik, die auch im Geschäftsleben eine unmittelbare Relevanz hat. Dort stellen sich Fragen wie: Darf man Bilanzen fälschen? Darf man Abgaswerte manipulieren, Falschaussagen in der Werbung oder in Arbeitszeugnissen machen etc.? Eine verallgemeinerbare Antwort auf diese Fragen kann wohl immer nur ein Nein sein. Denn wenn jeder lügen würde, könnte man niemandem mehr glauben; ein allgemeines Gesetz, das die Lüge erlaubte, wäre kaum denkbar (Gesetzesfassung). Der Lügner macht den Belogenen zum ‚Mittel' seiner eigenen Manipulationen (Zweckefassung). Und schließlich:

---

12 Norman E. Bowie, Business Ethics, A Kantian Perspective, Malden / MA – Oxford / UK 1999, S. 15 (eigene Übersetzung; C.M.).

Niemand würde selbst gern belogen werden (Goldene Regel). Lügen – im wirtschaftlichen wie im sonstigen Leben – ist unter allen Umständen untersagt. Oder, wie es Kant formuliert:

> „[...] *würde ich wohl zu mir sagen können: es mag jedermann ein unwahres Versprechen tun, wenn er sich in Verlegenheit befindet, daraus er sich auf andere Art nicht ziehen kann? So werde ich bald inne, dass ich zwar die Lüge, aber ein allgemeines Gesetz zu lügen gar nicht wollen könne; denn nach einem solchen würde es eigentlich gar kein Versprechen geben, weil es vergeblich wäre, meinen Willen in Ansehung meiner künftigen Handlungen andern vorzugeben, die diesem Vorgeben doch nicht glauben, oder, wenn sie es übereilter Weise täten mich doch mit gleicher Münze bezahlen würden, mithin meine Maxime, so bald sie zum allgemeinen Gesetze gemacht würde, sich selbst zerstören müsse.*"[13]

– *Darf man stehlen?*[14] Darf man – im Unternehmenskontext – also Schwarzarbeit anbieten oder annehmen? Darf man Steuern hinterziehen oder Versicherungen ‚abzocken' – also Handlungen unternehmen, die allesamt darauf hinauslaufen zu stehlen? Wiederum kann die verallgemeinerbare Antwort auf diese Fragen nur negativ ausfallen. Wenn nämlich jeder stehlen würde, gäbe es kein privates Eigentum, was allgemein nicht wünschenswert sein könnte (Gesetzesfassung). Diebstahl macht den Bestohlenen auch zum ‚Mittel' der Bedürfnisbefriedigung des Diebs (Zweckefassung). Und außerdem würde man selbst sich auch nicht wünschen, bestohlen zu werden (Goldene Regel).

– *Darf man nachvertraglich Preise drücken?*[15] General Motors (GM) verlangte in den 1990er Jahren vor allem unter Jose Lopez von Vertragspartnern, *nach* Vertragsabschluss unter dem ver-

---

13 Immanuel Kant, Grundlegung der Metaphysik der Sitten, § 18.
14 Siehe Norman E. Bowie, A Kantian Approach to Business Ethics, in: Thomas Donaldson, Patricia H. Werhane, and Margaret Cording, Ethical Issues in Business: A Philosophical Approach, 7. Auflage, New Jersey: Prentice Hall 2002, S. 61–71.
15 Vgl. zu diesem Beispiel Norman E. Bowie, A Kantian Approach to Business Ethics, a. a. O.

einbarten Preis zu liefern. Damit nutzte GM eine entstandene Abhängigkeitsstellung von Subunternehmern gegenüber ihrem Großabnehmer aus. Könnte das erlaubt sein? Offensichtlich nicht. Denn wenn eine Maxime, die das Brechen von Verträgen (und das Ausnutzen einer Abhängigkeitsstellung) erlaubte, verallgemeinert würde, gäbe es überhaupt keine Verträge mehr. Eine solche Maxime wäre selbstzerstörend und damit nicht verallgemeinerbar.

In allen diesen Beispielen verlangt die Forderung nach Verantwortlichkeit, dass Unternehmen und ihre Entscheidungsträger sich *immer* nach der moralischen Universalisierungsnorm verhalten und die Moralität – nicht aber das Profitstreben – als das Primärziel der Geschäftstätigkeit ansehen. Sie impliziert damit Vorstellungen von Unternehmensverantwortung, die sich an den Zielen aller ‚Stakeholder‘ des Unternehmens, also aller Träger legitimer Ansprüche an das Unternehmen, ausrichten, die keineswegs nur aus den gewinnorientierten Anteilseignern bestehen, sondern auch aus Gläubigern, Mitarbeitern, Managern, den Lieferanten, dem Staat sowie der interessierten Öffentlichkeit. Der Gewinn des Unternehmens ist dann nur eine Zielgröße unter mehreren – und sie ist keineswegs die wichtigste. Mehr noch: Gewinn ist selbst nur ein Mittel, um höherrangige moralische oder gesellschaftliche Ziele zu erreichen. Loza Adaui und Mion haben dafür kürzlich – zur Abgrenzung von der traditionellen Zweiteilung unternehmerischer Ziele in eine Gewinn- oder Non-Profit-Orientierung – den Ausdruck der „Metagewinn-Orientierung" geprägt:

> „[…] wir schlagen den Metagewinn als eine Idee vor, welche eine holistischere Betrachtung organisatorischer Ziele ermöglicht. Sie demonstriert, dass das letzte Ziel von Organisationen ein komplexes System vieler und aufeinander bezogener Ziele ist, die nicht auf die Gewinnerzielungstätigkeit reduziert werden können. Die Metagewinn-These verkörpert die Idee des Gewinns als einem Mittel zur Erreichung zusätzlicher Ziele."[16]

---

16 Cristian Loza Adaui und Giorgio Mion, Catholci Social Teaching, Organizational Purpose, and the For-Profit/Nonprofit Dichotomy: Exploring

Es gibt Unternehmen, die nach Aussage ihrer Gründer oder Manager tatsächlich auf ein solches Metagewinn-Ziel hin ausgerichtet sind. Zu ihnen gehört David Packard, der Gründer von Hewlett Packard, der die Zielfunktion seines Unternehmens wie folgt formulierte:

> *„Der tatsächliche Grund für unsere Existenz ist, dass wir etwas bereitstellen, das einzigartig ist. [...] Gewinn [...] ist nicht das letzte Ziel des Managements – er ist das, was die eigentlichen Ziele möglich macht."*

Nach Packard sollte ein Unternehmen so geführt werden, dass es

> *„zuerst und vor allem einen Beitrag für die Gesellschaft leistet. [...] unsere Hauptaufgabe ist es, die beste Elektronik zu entwerfen, zu entwickeln und zu produzieren für den Fortschritt der Wissenschaft und die Wohlfahrt der Menschheit."*[17]

Die unternehmensethische Literatur dekliniert im Anschluss an Carroll Unternehmensverantwortung – *Corporate Social Responsibility* (*CSR*) – üblicherweise als eine vierstufige ‚CSR-Pyramide' (Abbildung 1).[18] Danach muss jedes Unternehmen zunächst seiner ökonomischen Verantwortung (mindestens Kostendeckung) und seiner rechtlichen Verantwortung (Einhaltung von Rechtsvorschriften) gerecht werden, bevor es (v. a. im Bereich neu entstandener, noch unkodifizierter Werte wie Umweltschutz oder Bürgerrechten) moralische Verantwortung im Sinne eines fairen Unternehmenshandelns über die Gesetze hinaus entfalten kann. Zur (moralisch ungeschuldeten) philanthropischen Verantwortung (‚Corporate Citizenship') gehört darüber hinaus jedes weitergehende kreative gesellschaftliche Engagement zur Förderung des Gemeinwohls (z. B. Kunst, Bildung).

Konkret umsetzen können Unternehmen solche CSR-Ziele durch Investitionen in das Produkt, die Beziehungen, die Stand-

the Metaprofit ... Journal of Markets & Morality 19, 2016, S. 275–295, hier: S. 285 (eigene Übersetzung: C.M.).

17 Zitiert nach Jim Collins und Jerry I. Porras, Built to Last, a. a. O., Position 1353 (eigene Übersetzung: C.M.), S. 56.

18 Archie B. Carroll, The Pyramid of Corporate Social Responsibility. Business Horizons 1991, S. 42.

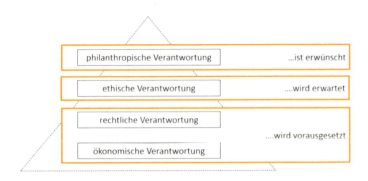

Abbildung 1: Pyramide der Unternehmensverantwortung nach Carrol

ortbedingungen oder in wirtschaftsethische Aufklärung.[19] Besondere Bedeutung haben dabei Investitionen in die Unternehmenskultur durch unternehmensindividuell zu gestaltende Wertemanagement-Systeme[20], welche Unternehmenswerte (,Mission, Vision, Values') kodifizieren, diese Werte über Arbeitsverträge und Lieferantenscreening kommunizieren, sie mit vorgegebenen Compliance-Strukturen implementieren und sie in die Aufbauorganisation des Unternehmens (durch Beauftragung von Compliance-Officers, Revision, Quality Management etc.) integrieren.

Betrachten wir im Folgenden die Arten von CSR-Engagements gemäß der CSR-Pyramide daraufhin, ob und inwieweit zu erwarten ist, dass die Übernahme von Unternehmensverantwortung mit Unternehmensgewinnen einhergehen wird.

19 Vgl. Andreas Suchanek, Ökonomische Ethik, 2. Auflage, Tübingen 2007, S. 136 ff.
20 Vgl. z. B. Josef Wieland, Wozu Wertemanagement? Ein Leitfaden für die Praxis, in: Josef Wieland (Hrsg.), Handbuch Wertemanagement, Hamburg 2004, S. 13–52.

3. Ökonomische und rechtliche Unternehmensverantwortung (1. und 2. Stufe)

In einer funktionierenden Sozialen Marktwirtschaft sorgt der Regelrahmen von Wirtschaft und Gesellschaft dafür, dass unternehmerische Verantwortung und Gewinnstreben in eins fallen. So weit der ‚Arm‘ der sozial-marktwirtschaftlichen Regulierung reicht, ist das Unternehmen mithin moralisch entlastet. Wenn Unternehmen nach Gewinn streben, ist insoweit die Dimension der Unternehmensverantwortung ‚automatisch‘ mitberücksichtigt. Gewinne, die unter dem Regelrahmen einer Sozialen Marktwirtschaft erzielt werden, unterliegen damit stets einer „Richtigkeitsvermutung"[21]. Denn die Soziale Marktwirtschaft ist, was in der gesellschaftlichen Diskussion kaum berücksichtigt wird, letztlich eine wirtschafts- (institutionen-) ethische Konzeption.[22]

Grundlegend für die Konzeption der Sozialen Marktwirtschaft ist das „Denken in Ordnungen"[23]:

- Auf der einen Seite wird die Wahl *innerhalb* von Restriktionen betrachtet, Regeln der Wirtschafts- und Gesellschaftsordnung, die natürlicher oder historischer Art, von anderen Personen, durch Sitte oder Gewohnheit gesetzt sein können.
- Daneben gibt es auch die Wahl *zwischen* Regeln, also von Ordnungen oder Institutionen selbst.

Man kann ein Fußballspiel entscheiden, indem man selbst den Ball schießt (Wahl innerhalb von Regeln; sog. Prozesspolitik); man kann das Spielergebnis aber auch dadurch beeinflussen, dass man die Regeln des Spiels selbst ändert und z. B. die Größe des Feldes oder anderer Markierungen variiert (Wahl von Regeln).

---

21 Horst Steinmann und Albert Löhr, Grundlagen der Unternehmensethik, 2. Auflage, Stuttgart 1994, S. 107.

22 Vgl. dazu ausführlich Christian Müller, Die Soziale Marktwirtschaft als wirtschaftsethische Konzeption, in: A. N. Krylov (Hrsg.), Corporate Social Responsibility: Wirtschaftsmodelle – Moral – Erfolg – Nachhaltigkeit, Moskau – Berlin 2013, S. 41–64.

23 Walter Eucken, Grundsätze der Wirtschaftspolitik, 7. Auflage, Stuttgart 2004, S. 19.

Nach der Konzeption der Sozialen Marktwirtschaft hat der Staat durch sog. *Ordnungspolitik* die Spielregeln für die Marktwirtschaft vorzugeben. Nach Walter Eucken, einem der zentralen Vordenker dieses Ansatzes, zielt Wirtschaftspolitik primär darauf, mittels eines langfristig angelegten Regelrahmens die marktwirtschaftlichen Prozesse so zu regulieren, dass ihre Ergebnisse die Menschenwürde nicht verletzen.[24] Der Staat hat somit vor allem die Funktion eines Regelsetzers: Er soll durch die Gestaltung einer Rahmenordnung dafür Sorge tragen, dass die Ergebnisse des einzelwirtschaftlichen Handelns der Marktakteure ‚universalisierbar' im Sinne des kantischen ‚kategorischen Imperativs' sind. Explizit strebt Eucken nach einer „Wirtschaftsordnung […], in der die Menschen nicht nur Mittel zum Zweck, nicht nur Teilchen des Apparates sind"[25], und wählt damit eine Formulierung, die dem kategorischen Imperativ Kants in seiner Zweckefassung entspricht.

Bei Maßnahmen, die über eine bloße Rahmensetzung in einer Volkswirtschaft hinausgehen und direkt die ‚Spielergebnisse' des Marktprozesses zu korrigieren suchen, spricht man demgegenüber von *Prozesspolitik*. Zu solchen prozesspolitischen Interventionen greifen politische Entscheidungsträger, um Arbeitslosigkeit, Wachstumsschwächen oder Inflationsraten zu reduzieren oder den wirtschaftlichen Konjunkturverlauf aus Boom und Rezession zu ‚glätten'. Leitschnur für das prozesspolitische Handeln ist aber auch hier die Erreichbarkeit universalisierbarer Marktergebnisse.

Mit dieser moralischen Orientierung der Wirtschaftspolitik trifft sich das Programm Euckens mit dem des klassischen Liberalismus, der das staatliche Handeln ebenfalls am ethischen Postulat der Universalisierung ausrichten und den Bürgern gewisse – verallgemeinerbare – Grundrechte zusichern wollte. Die Klassiker betonten vor allem den Rechtsstaat, der selbst unter das Recht gestellt wurde und andererseits dazu dienen sollte, den Frieden der Bürger untereinander zu sichern.[26] Rechtliche Regelungen

---

24 Vgl. Walter Eucken, Die Grundlagen der Nationalökonomie, Berlin u. a. 1989, S. 240.

25 Walter Eucken, Grundsätze der Wirtschaftspolitik, a. a. O., S. 179.

26 Vgl. Walter Eucken, Grundsätze der Wirtschaftspolitik, a. a. O., S. 48.

der Vertragsfreiheit, der Gleichheit vor dem Gesetz sowie Vorkehrungen für die innere und äußere Sicherheit sind folglich die Aufgaben, welche die Klassiker dem Rechtsstaat übertrugen. Die Grundidee dabei war, dass die Fairness der Verfahren die Akzeptabilität der Handlungsergebnisse schafft.

Aber dieser Ordnung des Rechts stand, wie Eucken kritisierte, keine Ordnung der Wirtschaft gegenüber, welche die grundsätzliche Gleichheit aller Bürger auf die Interaktionen im Markt übertrug. Was der *Laissez-faire*-Ansatz übersah, war damit die Tatsache, dass die Funktion rechtsstaatlicher Institutionen mit dem Ordnungsgefüge der Wirtschaft selbst variiert.[27] Insofern der *Laissez-faire*-Liberalismus den Wettbewerbsgedanken ohne Rücksicht darauf in den Mittelpunkt stellt, dass Konkurrenz – wenn sie nicht an Leistung orientiert ist – auch negative Wirkungen für den Menschen haben kann, besteht nach seiner Auffassung auch in dieser Konzeption die Gefahr, dass Menschen von anderen Menschen systematisch benutzt werden. Wer sich etwa auf Strategien des fairen Leistungswettbewerbs beschränkt, während seine Konkurrenten zu Praktiken des Behinderungs- oder gar Vernichtungswettbewerbs greifen, wird – ohne eine staatliche Rahmensetzung, die dem entgegenwirkt – am Markt unterliegen. Auf diese Weise können Situationen entstehen, in welchen die grundsätzlich geltenden – verallgemeinerbaren – Freiheitsrechte durch Marktprozesse ausgehöhlt werden; die Menschen sind dann „nur formell frei, faktisch aber unfrei".[28]

Die Kritik Euckens am wirtschaftlichen (oder Paläo-) Liberalismus zielt also im Kern darauf, dass er sich zwar am ethischen Universalisierungsgedanken orientierte, aber in der Sphäre der Wirtschaft gerade *keinen* Raum für ein Tätigwerden des Staates sah. Im ökonomischen Liberalismus ist es der Rechtsstaat, welcher der unbegrenzten Freiheit aller eine Grenze in der Freiheit des jeweils anderen setzen will, um gerade erst hierdurch allen Menschen ein menschenwürdiges Dasein zu ermöglichen. Der Motor der Wirtschaft ist nach dieser Auffassung der menschliche Eigennutz, ihr Ordnungsprinzip der Wettbewerb. Beeinflusst von der

---

27 Vgl. Walter Eucken, Grundsätze der Wirtschaftspolitik, a. a. O., S. 50.
28 Walter Eucken, Grundsätze der Wirtschaftspolitik, a. a. O., S. 50.

Philosophie des Deismus glaubte der Paläoliberalismus an eine
‚natürliche‘, aus der Vernunft ablesbare Ordnung der Wirtschaft.
Ebenso wie der von Harmonie und Ordnung geprägte Kosmos,
besitze auch die Ökonomie eine ‚prästabilierte Harmonie‘, in die
einzugreifen sich der Regierung verbiete.

Nach Smith’ berühmtem ‚Theorem der unsichtbaren Hand‘
koordiniert der sich selbst überlassene Marktwettbewerb – wie
von ‚unsichtbarer Hand‘ geleitet – die Vielzahl der individuellen Einzelinteressen auf ein einziges übergeordnetes Gesamtinteresse der Gesellschaft. Das wirtschaftliche Ordnungsproblem
scheint hier auf genial einfache Weise gelöst: Ganz ohne eine Ko-
ordination durch den Staat fördern die Wirtschaftssubjekte bloß
dadurch, dass sie egoistisch nach Gewinn oder Nutzen streben,
„ohne es zu beabsichtigen, ja ohne es zu wissen, das Interesse
der Gesellschaft“.[29] Nicht eine planmäßige Wirtschaftsordnungspolitik empfiehlt daher diese Konzeption der praktischen Wirtschaftspolitik, sondern – etwas überspitzt formuliert – das schiere
Nichtstun. Wer als Regierender will, dass es der Allgemeinheit gut
geht, braucht danach nur die Hände in den Schoß zu legen und
abzuwarten – getreu dem paradigmatischen Motto ‚Laissez faire,
laissez passer‘.

Doch gerade in dieser Empfehlung lag das eigentliche „Versagen des Wirtschaftsliberalismus“[30], der übersah, dass das Laissez-
faire-Prinzip allenfalls für bestimmte Arten von Wettbewerb eine
geeignete wirtschaftspolitische Leitlinie sein mag, doch keineswegs für alle. Zu universalisierbaren Marktergebnissen führt wohl
regelmäßig nur ein „Leistungswettbewerb“[31], in dem die Unternehmen mit Preisen, Qualitäten und Konditionen in paralleler

---

29 Adam Smith, Theorie der ethischen Gefühle, Hamburg 1994, S. 316 f.
30 Alexander von Rüstow, Das Versagen des Wirtschaftsliberalismus als re-
ligionsgeschichtliches Problem, 2. Auflage, Heidelberg 1950.
31 Grundlegend zu diesem Begriff Franz Böhm, Wettbewerb und Monopol-
kampf. Eine Untersuchung zur Frage des wirtschaftlichen Kampfrechts
und zur Frage der rechtlichen Struktur der geltenden Wirtschaftsordnung, Berlin. 1933, S. 210 ff.; ebenso Alexander von Rüstow, Das Versagen
des Wirtschaftsliberalismus, a. a. O., S. 68 ff., Walter Eucken, Grundsätze
der Wirtschaftspolitik, a. a. O., S 42 und S. 247.

Richtung und Anstrengung um Problemlösungen im Sinne ihrer Konsumenten konkurrieren. Ein Schädigungs- oder Behinderungswettbewerb (‚Nichtleistungswettbewerb‘), in dem die Konkurrenten danach streben, sich mit Strategien des ‚raising rival's costs‘ gegenseitig zu behindern, wäre hingegen ineffizient. Mehr noch: Wenn der Staat es versäumt, durch Wirtschaftsordnungspolitik allgemeine, universalisierbare Regeln für den Wettbewerb durchzusetzen, werden sich gerade die unerwünschten Formen des Nichtleistungswettbewerbs am Markt durchsetzen.

Was die Theorie der Sozialen Marktwirtschaft im Wesentlichen von der Doktrin des Laisser-faire-Kapitalismus unterscheidet, ist die Erkenntnis, dass ein menschenwürdiger Leistungswettbewerb in der Wirtschaft von einer sozialen Dilemmasituation bedroht ist. Ein Wettbewerb, der den Menschen dient, ist ein Kollektivgut und muss daher staatlicherseits – durch Ordnungspolitik – geschaffen werden; und ist er einmal in Kraft, so bedarf es der Prozesspolitik, um ihn zu verteidigen. Denn der Leistungswettbewerb hat die Tendenz, sich selbst aufzuheben, wenn alle strikt eininteressiert handeln.

Betrachten wir, um dies zu illustrieren, nur den Fall einer Wirtschaft mit mehreren Unternehmen, die vor der Frage stehen, ob sie eine bestimmte Regel des Leistungswettbewerbs – sagen wir: den Verzicht auf Preisabsprachen – freiwillig befolgen sollen oder nicht. Jedes Unternehmen verfügt also über die beiden Handlungsalternativen ‚Wettbewerbsregel einhalten‘ und ‚Wettbewerbsregel brechen‘. Die einzelnen Zellen der Matrix in Abbildung 2 enthalten die ‚Payoffs‘ aller Beteiligten, wobei die Auszahlungen eines beliebigen Unternehmens *A* vor dem Komma stehen, die Auszahlungen aller übrigen Unternehmen (hier zur Vereinfachung zu einem einzigen Entscheider *B* zusammengefasst) dahinter. Die Situation rechts unten beschreibt dabei den Zustand eines allseitigen Nichtleistungswettbewerbs, in dem alle Teilnehmer die Wettbewerbsregel brechen; die Zelle links oben hingegen markiert den kollektiv gewünschten – universalisierbaren – Zustand einer allgemeinen Befolgung der Wettbewerbsregel. In einer solchen Entscheidungssituation wird jedes Unternehmen – unabhängig von der Entscheidung seiner Konkurrenten – rationalerweise die Wettbewerbsregel brechen. Für das Unternehmen

		alle übrigen Unternehmen	
		Wettbewerbsregel einhalten	Wettbewerbsregel brechen
Unternehmen A	Wettbewerbsregel einhalten	r,r	s,t
	Wettbewerbsregel brechen	t,s	p,p

Abbildung 2: Die Selbstaufhebung des Wettbewerbs als soziales Dilemma (mit $t > r > p > s$)

A ergibt sich das aus dem folgenden Kalkül: Wenn alle übrigen Unternehmen die Regel einhalten, steht *A* besser da, wenn es selbst die Regel bricht und sich Vorteile sichert, welche die anderen nicht für sich in Anspruch genommen haben; denn der Regelbruch zahlt sich aus, insofern (in der Zelle links unten) die Auszahlung *t* größer ist als die Auszahlung *r* in der Situation der allseitigen Regelbefolgung. Wenn hingegen alle übrigen Unternehmen die Wettbewerbsregel nicht einhalten, so ist es – schon aus Gründen des Selbstschutzes – für Unternehmen *A* erst recht besser, die Regel ebenfalls zu brechen (Situation rechts unten), denn nur dann erhält *A* die höhere Auszahlung *p* statt *s*. Was immer also die übrigen Unternehmen tun, für Unternehmen *A* liegt es *immer* im Eigeninteresse, die Wettbewerbsregel zu missachten. Analoges gilt aufgrund der Symmetrie der Entscheidungssituation umgekehrt für die übrigen Marktteilnehmer. Die Beteiligten befinden sich hier in einem Dilemma zwischen individueller und kollektiver Vernunft: Obwohl alle Marktteilnehmer ein gemeinsames Interesse an der Kooperation haben, weil die gemeinschaftlichen Auszahlungen (*r,r*) bei allgemeiner Normbefolgung für jeden Einzelnen höher sind als im Auszahlungspaar (*p,p*) bei allseitigem Regelbruch, drängt das individuelle Eigennutzstreben einen jeden Konkurrenten dazu, sich gegen das Gemeinwohl zu entscheiden. Da jeder so handelt, finden sich im Ergebnis alle Unternehmen in der kollektiv schlechtesten – aber stabilen – Situation eines allseitigen Bruchs der Wettbewerbsregel wieder: im kollektiv ungewünschten Schädigungswettbewerb (Zelle rechts unten).

Die moralischen Konflikte, in denen sich Unternehmen befinden, haben typischerweise die Struktur einer solchen sozialen Dilemmasituation. Ein Beispiel ist der Arbeitnehmerschutz: Wenn alle übrigen Mitbewerber eine bestimmte Arbeitsschutzregel befolgen, hat jedes einzelne Unternehmen einen Kosten- und damit Wettbewerbsvorteil, wenn es selbst diese Regel bricht. Halten sich aber auch alle übrigen Unternehmen nicht an diese Regel, dann würd die unilaterale Einhaltung dieser Regel sogar einen Wettbewerbsnachteil gegenüber der Konkurrenz bedeuten. Was immer die anderen Marktteilnehmer also tun, jedes einzelne Unternehmen hat gute Gründe, eine solche Arbeitsschutzregel nicht zu befolgen.

Nicht anders verhält es sich mit der Bilanzierung[32]: Wenn alle übrigen Unternehmen freiwillig nur wahre Angaben in ihren Jahresabschlüssen machen, dann hat jedes einzelne Unternehmen für sich genommen einen Wettbewerbsvorteil davon, genau dies nicht zu tun. Bilanzieren hingegen auch alle übrigen Unternehmen falsch, dann wäre es aus der Sicht eines individuellen Unternehmens sogar ein Konkurrenznachteil, wenn man selbst ein den tatsächlichen Verhältnissen entsprechendes Bild der Vermögens- und Ertragslage zeigen würde. Im Ergebnis wird also – ohne irgendeine Form der Regulierung – niemand wahr bilanzieren.

Aus den gleichen Gründen haben Unternehmen, die mit anderen in Konkurrenzbeziehungen stehen, handfeste Gründe, ihre Haftung zu verlagern, Marktmacht anzuhäufen, Auftraggeber zu bestechen oder die natürliche Umwelt zu übernutzen. Solange sich ein Unternehmen in einer sozialen Dilemmasituation wie diesen befindet, hat es zumindest individuell gute Gründe, die unternehmerische Nachhaltigkeit dem jeweiligen Gewinninteresse unterzuordnen. Die Liste der Beispiele ließe sich verlängern.

Universalisierbare Marktergebnisse stellen sich also nicht einfach von selbst ein. Eine zerstörerische Nichtleistungskonkurrenz, in der jeder Marktteilnehmer versucht, jeden anderen zum ‚Mittel‘ seines privaten Gewinn- oder Nutzenstrebens zu machen, ist

---

32 Vgl. Christian Müller, Bilanzskandale: Eine institutionenökonomische Analyse. Perspektiven der Wirtschaftspolitik 5, 2004, S. 211–225.

möglich und – gegeben das Eigennutzstreben der Marktakteure – sogar wahrscheinlich. Zumindest in seiner Universalität ist Smith' Theorem von der unsichtbaren Hand damit falsch. Leistungswettbewerb, der allein zu einer Harmonie der individuellen Einzelinteressen mit dem Gesamtinteresse der Gesellschaft führen kann, entsteht selbst dann nicht einfach von selbst, wenn der Rechtsstaat die allgemeine Geltung universalisierbarer Grundrechte verfassungsmäßig garantiert. Der Staat muss die Marktteilnehmer vielmehr – in ihrem eigenen Interesse – dazu zwingen, die Regeln des Leistungswettbewerbs einzuhalten und damit die Verallgemeinerbarkeit der Marktergebnisse sicherzustellen.

Abbildung 3: Prinzipien sozialmarktwirtschaftlicher Wirtschaftspolitik nach Eucken[33]

Es ist dies der Grund, warum die Theorie der Sozialen Marktwirtschaft – neben der Schaffung und dem Erhalt eines Rechtsstaats mit verallgemeinerbaren Regeln – auch die Herstellung und den Schutz von (Leistungs-) „Wettbewerb als Aufgabe"[34] des Staa-

---

[33] Alfred Schüller und Hans G. Krüsselberg (Hrsg.), Grundbegriffe zur Ordnungstheorie und Politischen Ökonomik, 6. Auflage, Marburg 2004.

[34] Leonhard Miksch, Wettbewerb als Aufgabe, 2. Auflage, Stuttgart – Berlin 1947. Siehe auch Arnold Berndt und Nils Goldschmidt, „Wettbewerb als Aufgabe" – Leonhard Mikschs Beitrag zur Ordnungstheorie und -politik.

tes betrachtet. Der Mensch soll nach ordoliberaler Überzeugung durch den Staat davor geschützt werden, in seiner Eigenschaft als Marktakteur zum ‚Mittel' des Erfolgsstrebens anderer Menschen zu werden, zu dem ihn ein ungezügelt freier Marktprozess leicht machen könnte. Der Staat muss daher einen Regelrahmen für die Marktwirtschaft schaffen, welche die individuellen Entscheidungen der einzelnen Unternehmensleiter so lenkt, dass sie im Ergebnis universalisierbar und menschenwürdig sind, also dem kategorischen Imperativ entsprechen. Eucken formuliert aus diesem Grund eine Reihe *konstituierender und regulierender Prinzipien*, welche den Leistungswettbewerb schaffen (konstituierende Prinzipien) bzw. erhalten (regulierende Prinzipien) sollen. Alle diese Euckenschen Grundsätze der Wirtschaftspolitik (Abbildung 3) sind letztlich moralische Prinzipien zur Umsetzung der ethischen Universalisierungsnorm in der Wirtschaft.

Im Mittelpunkt dieser normativen Prinzipien der Wirtschaftspolitik steht dabei der *Grundsatz des Strebens nach vollständiger Konkurrenz (funktionsfähiges Preissystem)*. Das ist insofern konsequent, als nur die Vollkommenheit eines Marktes garantieren kann, dass alle systematisch zu erwartenden positiven wie negativen Handlungsfolgen einer Markttransaktion beim Verursacher internalisiert werden.[35] Konsumiert ein Verbraucher nämlich beispielsweise ein privates Gut wie ein Brot, so sind bei dessen Produktion Grenzkosten angefallen, die bei vollkommener Konkurrenz (dem Grenzanbieter) exakt durch den Preis entgolten werden. Könnte der (marginale) Nachfrager stattdessen einen Preis erzwingen, der unter den angefallenen Grenzkosten liegt, so entstünde dem Hersteller ein Defizit; der Anbieter würde insoweit zum ‚Mittel' der Bedürfnisbefriedigung des Nachfragers. Könnte hingegen der Produzent – etwa, weil ein nur unvollkommener

ORDO – Jahrbuch für die Ordnung von Wirtschaft und Gesellschaft 51, 2000, S. 33–74.

35 Vgl. Christian Müller und Manfred Tietzel, Property Rights and their Partitioning, in Jürgen G. Backhaus (Ed.), Elgar Companion to Law and Economics, 2nd Edition, Cheltenham / UK – Northampton / MA 2005, S. 40–52.

Anbieterwettbewerb ihm Marktmacht verleiht – einen Preis oberhalb der dem marginalen Nachfrager entstandenen Grenzkosten verlangen, so würde umgekehrt der Konsument zum Objekt des Verkäufers; es wäre seine Marktmacht, nicht aber seine Leistung, die ihn in die Lage versetzte, die schwächere Position des Käufers auszubeuten. Nur wenn – wie bei vollkommener Konkurrenz – beide Marktseiten einander gleichmächtig gegenüberstehen, entspricht der Preis genau den Grenzkosten. Es dürfte in diesem Sinne zu verstehen sein, wenn Eucken sich von der Realisation der Wettbewerbsordnung nicht nur die Herstellung einer *funktionsfähigen*, sondern auch die einer *gerechten* Ordnung erwartet:

> *„Was Gleichgewicht bedeutet, kann einem im Angesicht dieser doppelten Aufgabe klar werden: Die Funktionsfähigkeit ist eine Frage des Gleichgewichts. Nicht weniger aber ist es – was hier nur angedeutet werden soll – die Gerechtigkeit. Dem Gleichgewicht kommt also mehr als eine bloß ökonomisch-technische Bedeutung zu.“*[36]

Der Staat als Hüter der Wettbewerbsordnung hat den Leistungswettbewerb nicht nur zu schaffen, sondern auch dauerhaft zu schützen. Dazu gehört, dass er sich selbst aller Eingriffe in das Marktgeschehen zu enthalten hat, die nicht lediglich der Gestaltung des wirtschaftlichen Ordnungsrahmens dienen. Für die praktische Wirtschaftspolitik bedeutet dies, dass beispielsweise staatliche Subventionen grundsätzlich nichts im Instrumentarium des Ordnungspolitikers zu suchen haben. Sie ermöglichen den geförderten Wirtschaftsakteuren, Risiken zu übernehmen, für die Dritte geradestehen müssen. Der Mensch wäre hierdurch ‚Mittel‘ des Eigennutzstrebens des Anderen – und nicht, im Kantischen Sinne, ‚Zweck an sich‘.

Der Leistungswettbewerb kann aber nur zur Internalisierung solcher Entscheidungsfolgen beitragen, für welche exklusive Eigentumsrechte durchgesetzt sind. Eine zweite wesentliche Voraussetzung für die Funktionsfähigkeit der Wettbewerbsordnung schafft daher das Instrument des *Privateigentums*. Privateigentum ist ein Instrument, das systematisch zur verursachungsgerechten

---

36 Walter Eucken, Grundsätze der Wirtschaftspolitik, a. a. O., S. 166.

Internalisierung von Handlungsfolgen verwendet werden kann. [37] Dies zeigt zum Beispiel der Emissionshandel, den die Europäische Union im Gefolge des Kyoto-Prozesses für CO_2-Emissionen initiiert hat. Der Staat beschränkt sich dabei darauf, Eigentumstitel in Form von ‚Schädigungsrechten‘ (sog. ‚Umweltzertifikate‘) zu definieren, ohne deren Besitz es Produzenten nicht länger erlaubt ist, Schadstoffe zu emittieren. Insofern das Gut ‚Umwelt‘ hierdurch überhaupt erst handelbar wird, bildet sich ein Markt, auf dem Produzenten, die eine höhere als die zugelassene Schadstoffmenge emittieren wollen, anderen Anbietern ihre nicht ausgenutzten Schädigungsrechte abkaufen können. Die Umwelt ist nun nicht mehr zum Nulltarif zu haben, sondern erhält einen (Knappheits-) Preis. Getrieben von dem Kostendruck, den der Produktionsfaktor Umwelt jetzt bereitet, erhalten Unternehmen einen Anreiz, nach kostengünstigeren Produktionsalternativen zu suchen. Die Inanspruchnahme der Umwelt wird reduziert und – wie bei anderen Produktionsfaktoren auch – auf jenes Maß zurückgeführt, für das die Nutzer bereit sind, einen Preis zu entrichten.

Durch die Möglichkeit zum Tausch erhält jeder private Eigentümer einen Anreiz, den Marktwert seines Vermögensgegenstandes zu erhalten. *Vertragsfreiheit* ist darum eine weitere Voraussetzung eines funktionierenden Leistungswettbewerbs. Nach dem Universalisierungsprinzip findet die Freiheitssphäre eines jeden Einzelnen ihre Grenze in der Freiheit aller anderen Personen. Die Institution der Vertragsfreiheit und jene des Privateigentums an Produktionsmitteln ist stets im Zusammenhang mit der Marktform der vollständigen Konkurrenz zu sehen; beide Rechte bedürfen der ‚Kontrolle durch die Konkurrenz‘ (Eucken). Wären Kartell- und Monopolverträge erlaubt, so könnten Arbeiter in genau jener Weise von Unternehmern abhängig werden, die Karl Marx mit Recht an der Wirtschaftsordnung seiner Zeit kritisierte. Was Marx indes übersah – und was ihn paradoxerweise dazu brachte, mit der Überführung von Produktionsmitteln in ‚Kollektiveigentum‘ die Ersetzung der Monopolnachfrage privater Unternehmen nach Arbeit ausgerechnet durch die Arbeitsnachfrage

---

37 Vgl. Christian Müller und Manfred Tietzel, Property Rights and their Partitioning, a. a. O.

des noch größeren Staatsmonopols zu fordern –, war die Tatsache, dass nicht das Privateigentum die Ursache der seinerzeitigen Ausbeutung von Arbeitern war, sondern die (monopolistische oder oligopolistische) Marktstruktur, unter der es verwendet wurde.[38]

Die Kontrolle von Vertragsfreiheit und Privateigentum durch die Konkurrenz dient damit auch der *Beseitigung von Marktzu- und -austrittsbeschränkungen* aller Art. Dazu ist es erforderlich, alle Formen des Schädigungswettbewerbs – Monopolisierungen und Kartellierungen, Treuerabatte, Exklusivverträge oder Kampfpreise, die allein dem Erwerb von wirtschaftlicher Macht dienen – zu verbieten, wie es in Deutschland im Gesetz gegen Wettbewerbsbeschränkungen geschehen ist.

Diese und – wie sich zeigen ließe – auch alle übrigen Prinzipien der Wirtschaftspolitik in der Sozialen Marktwirtschaft dienen dazu zu garantieren, dass die Ergebnisse des Wirtschaftens der Individuen und Unternehmen dem kategorischen Imperativ entsprechen. Für unsere Frage nach den Bedingungen und den Anforderungen unternehmerischer Nachhaltigkeit bedeutet dies: Wo die Soziale Marktwirtschaft (vollkommen) funktioniert, entsprechen die Marktergebnisse quasi automatisch dem ethischen Postulat der Universalisierung. Es ist insoweit unnötig, die Unternehmen zu einem explizit moralisch-nachhaltigen Verhalten im Wettbewerb aufzufordern. Der Regelrahmen der Sozialen Marktwirtschaft garantiert, dass Moralität und unternehmerisches Gewinnstreben zusammenfallen. Die Notwendigkeit unternehmensethischer Entscheidungen ergibt sich insoweit nur, als der Regelrahmen der Sozialen Marktwirtschaft *nicht* funktioniert. Es sind mithin die Stufen 3 und 4 der obigen CSR-Pyramide – die Schichten der moralischen und philanthropischen Unternehmensverantwortung –, in welchen eigenständige ethische Entscheidungen von Unternehmen erwartet werden müssen.

---

38 Vgl. Walter Eucken, Grundsätze der Wirtschaftspolitik, a. a. O., S. 272 f.

4. Ethische Unternehmensverantwortung
(3. Stufe)

Natürlich wird der Regelrahmen einer Sozialen Marktwirtschaft niemals vollständig funktionieren. Transaktionskosten der Definition und der Durchsetzung von Rechten, aber auch Probleme der Voraussicht künftig auftretender Dilemmaprobleme werden dafür sorgen, dass die Verfassung der Wirtschaft niemals perfekt reguliert sein wird. Offenbar funktioniert der Regelrahmen der deutschen wirtschaftspolitischen Konzeption aber durchaus so gut, dass die großen moralischen Unternehmenskonflikte besonders dann auftreten, wenn deutsche oder europäische Unternehmen im außereuropäischen Ausland tätig werden. Moralische Konflikte wie das Klimaproblem, der Einsatz von Kinderarbeit, die Bezahlung von Hungerlöhnen oder der Bestechung von Auftraggebern treten vor allem dann auf, wenn westliche Unternehmen in Bereichen der Welt tätig werden, in welche der Regelrahmen der deutschen oder europäischen Sozialen Marktwirtschaft nicht hinreicht. Dann und insoweit finden sich diese Unternehmen in jene Dilemmasituationen versetzt, welche im europäischen Binnenmarkt zumeist durch die Wirtschaftsverfassung reguliert werden. In solchen Situationen sind die Unternehmen gefordert, originäre ethische Entscheidungen zu treffen, um ihrer Unternehmensverantwortung gerecht zu werden.

Die moderne, vor allem wirtschaftswissenschaftliche Literatur zur Wirtschaftsethik betont, dass aber auch hier originär moralische Entscheidungen keineswegs zu Gewinneinbußen des Unternehmens führen müssen. Häufig werden auch ohne rechtliche Regulierungen Moralitäts- und Gewinnstreben in Übereinstimmung zu bringen sein. „Die Verantwortung von Unternehmen", so schreibt Andreas Suchanek in seinem Lehrbuch zur Ökonomischen Ethik, „besteht darin, in den dauerhaften Erhalt der Licence to operate als Grundlage langfristiger Gewinnerzielung zu investieren."[39] Dazu unterscheidet er eine Reihe von Investitionen in Unternehmensveranwortung[40], die alle in der einen oder anderen

---

39 Andreas Suchanek, Ökonomische Ethik, 2. Auflage, Tübingen 2007, S. 135.
40 Andreas Suchanek, Ökonomische Ethik, a. a. O., S. 136 ff.

Weise dazu dienen können, die Gewinnerzielung mit dem moralisch Richtigen zu verbinden:

– Da sind zunächst Investitionen in das am Markt angebotene *Produkt* selbst, das in der einen oder anderen Weise z. B. ökologisiert wird, so dass seine ,Umweltfreundlichkeit' zu einer wesentlichen Produkteigenschaft wird. Investitionen dieser Art dienen dem unmittelbaren Markterfolg. Moralität und Gewinnstreben gehen insoweit Hand in Hand.
– Das Gleiche gilt für Investitionen in die *Unternehmenskultur*, etwa zur Formulierung eines Unternehmensleitbildes. Solche Investitionen können zu einem wesentlichen Reputationsgewinn des Unternehmens führen und sich wiederum in klingende Münze umsetzen lassen.
– Als dritte Art der CSR-Investitionen unterscheidet Suchanek die Investitionen in die *Beziehungen des Unternehmens* – Ausgaben, welche den Geschäfts- oder Firmenwert steigern.
– Das Unternehmen könnte zudem auch in seine *Standortbedingungen* investieren und z. B. Jugendzentren mitfinanzieren oder in den Bau von Arbeitersiedlungen – Investitionen also, welche der langfristigen Gewinnerzielung dienen dürften.
– Weiterhin könnten Unternehmen in die *Kooperation mit Konkurrenten* investieren und z. B. Freiwillige Selbstverpflichtungen eingehen, um eine bestehende soziale Dilemmasituation gemeinsam mit den Wettbewerbern zu überwinden. Solche Selbstverpflichtungen, wie wir sie besonders im Bereich des Umweltschutzes kennen, dienen jedoch häufig dazu, einer späteren strengeren Regulierung durch den Gesetzgeber zuvorzukommen – und damit wiederum der Sicherung des längerfristigen Gewinninteresses.[41]
– Auch CSR-Investitionen in *wirtschafts- und unternehmensethische Aufklärung* durch unternehmenseigene gemeinnützige Stiftungen dürften letztlich dem Versuch gelten, sich vor nachteiliger Politik zu schützen.

---

41 Eickhof, N. (2004): Selbstverpflichtungen im Bereich des Umweltschutzes, in: ORDO – Jahrbuch für die Ordnung von Wirtschaft und Gesellschaft, Bd. 55, 2004, S. 269–286.

Nach der ökonomischen Theorie der privaten Bereitstellung von Kollektivgütern[42] wird sich unternehmerische Nachhaltigkeit umso wahrscheinlicher in Unternehmensgewinnen auszahlen, je kleiner die Zahl der beteiligten Wettbewerber ist. So war die Abschaffung der ozonschädlichen FCKW im Zuge des Montrealer Protokolls deshalb so erfolgreich, weil nicht nur die Zahl der FCKW-produzierenden Ländern klein war, sondern auch die Zahl der produzierenden Unternehmen. Jedes der Unternehmen sah insoweit die eigene Signifikanz bei der Abschaffung des globalen Schadstoffs.[43] Ganz anders hingegen verhält es sich bei der Abschaffung der klimaschädlichen Treibhausgase im Zuge des Kyoto-Protokolls, bei welcher bereits die Zahl der beteiligen Länder sehr groß und die Zahl der Verursacher schier unüberschaubar ist.

Gewinn- und moralisches Interesse von Unternehmen werden wahrscheinlich auch dann Hand in Hand gehen, wenn sich Nachhaltigkeit unmittelbar mit Marktgütern verbinden lässt. Das Krombacher Regenwaldprojekt oder die GoGreen-Initiative von DHL mögen hier als Beispiele dienen.

Auch dann, wenn die Interaktionen mit Wettbewerbern sehr häufig sind und ein Ende nicht unmittelbar absehbar ist, dürften unternehmerische Moralität und Gewinninteresse häufig in Einklang miteinander zu bringen sein, insofern der Aufbau von Reputation, die ihrerseits dem langfristigen Gewinninteresse dient, möglich wird. Wie wir aus der ökonomischen Spieltheorie wissen, existieren in unendlich oft wiederholten Dilemmasituationen unendlich viele Gleichgewichte, die auch kooperativ sein können. Die dauerhaft Wahl der im moralischen Interesse liegenden Strategie C in der Interaktionssituation in Abbildung 2 kann dann direkt im Eigeninteresse liegen.[44] Auf solchen Interaktionswieder-

---

42 Vgl. grundlegend Olson 1968. Für einen Überblick Guy Kirsch, Neue Politische Ökonomie, 5. Auflage, Stuttgart 2004, S. 168–200.

43 Vgl. Todd Sandler, Global Challenges: An Approach to Environmental, Political, and Economic Problems, Cambridge 1997, S. 106–115.

44 Vgl. z. B. die Übersicht bei Andreas Diekmann, Spieltheorie Andreas Diekmann, Spieltheorie: Einführung, Beispiele, Experimente, Hamburg 2009, S. 134 ff.

holungen basierte auch das Konstrukt des ehrbaren Kaufmanns, das bis heute in § 1 IHK-Gesetz das Leitbild unternehmerischer Nachhaltigkeit liefert:

> *„Die Ehre des Kaufmanns diente [...] gewissermaßen als Pfand in Transaktionen, mit welchem glaubhaft signalisiert werden konnte, dass der Kaufmann im Falle einer kurzfristigen Gewinnmaximierung auf Kosten des Vertragspartners etwas zu verlieren hätte."*[45]

Auch empirische Untersuchungen bestätigen, dass unternehmerische Nachhaltigkeit sich ökonomisch auszahlen kann. Wenn Unternehmen gefragt werden, aus welchen Gründen sie CSR-Investitionen tätigen, so geben sie in empirischen Studien fast ebenso häufig moralische Motive an wie das eigennützige Motiv der Profiterzielung.[46]

5. Philanthropische Unternehmensverantwortung (4. Stufe)

Nach der CSR-Pyramide der Wirtschaftsethik besteht die vierte und höchste Stufe der Unternehmensverantwortung darin, solche unternehmensethischen Strategien zu ergreifen, welche zwar das gesellschaftliche Leben verbessern, die aber von der Gesellschaft nicht legitimerweise eingefordert werden können. Nach Carrol krönt die Wahrnehmung philanthropischer Unternehmensverantwortung das unternehmerische Handeln mit einem ‚Sahnehäubchen': Es ist gesellschaftlich erwünscht, wird aber ohne jede Verpflichtung erbracht.

---

45 Vgl. Nick Lin-Hi, Der ehrbare Kaufmann: Tradition und Verpflichtung, in: IHK Nürnberg für Mittelfranken (Hrsg.), Der ehrbare Kaufmann, Nürnberg 2010, S. 13.

46 Vgl. Josef Arweck, Gesellschaftliche Verantwortung und Reputation von Unternehmen. Eine theoretische und empirische Analyse. Göttingen 2011. S. 192; KPMG: KPMG International Survey of Corporate Responsibility Reporting 2011, 22.09.2013, URL: http://www.kpmg.com/PT/pt/IssuesAndInsights/Documents/corporate-responsibility2011.pdf (abgerufen am 05.10.2017), S. 21.

Auch die Wahrnehmung einer solchen sog. Corporate Citizenship (CC), die in der Literatur in einzelne CC-Strategien unterschieden wird[47], kann sich indes unternehmensindividuell auszahlen. Im engeren Sinne spricht man von Corporate Citizenship, wenn ein Unternehmen Geld- oder Sachspenden für einen sozialen Zweck tätigt, wie es etwa der Otto-Versand mit seinem Projekt gegen Kinderarbeit oder die Deutsche Bank mit ihrer Millionenspende für die Tsunami-Opfer im Jahr 2004 tat. So wünschenswert solche Spenden aus moralischer Sicht auch sind, so wird man diesen Unternehmen nicht zu nahe treten, wenn man ihnen immer auch eine marketingorientierte Motivation mit unterstellt.

Zur Corporate Citizenship gehört auch die Gründung von Stiftungen (Novartis Foundation for Sustainable Development, Bertelsmann-Stiftung o. ä.) oder das Social Sponsoring – das Sponsoring mit Interesse an einer Gegenleistung (z. B. Commerzbank Arena Frankfurt, Jakobs University) –, die wesentliche Instrumente der Markenpflege und damit der langfristigen Gewinnerzielung darstellen. Auch das Cause Related Marketing – die Verknüpfung von Produktverkauf mit einem sozialen Zweck – dürften im Wesentlichen der langfristigen Gewinnerzielung dienen.

6. Vom Gewinnparadox zum Paradox des Evangeliums

Die gute Nachricht dieses Beitrags ist: Unternehmerische Nachhaltigkeit kann sich auszahlen! Unternehmensethik muss kein Verlustgeschäft sein; oft dürfte sie sogar mit Gewinn verbunden sein. Ein moralisch handelndes Unternehmen muss im Marktwettbewerb nicht per se unterliegen. Vielmehr kann moralische Unternehmensführung zu Gewinnen führen. Dies ist der Kern des Gewinnparadoxes in der Unternehmensethik.

Dies bedeutet indes *nicht*, dass man nur deshalb moralisch sein sollte, *weil* Moral sich auszahlt oder weil Moralität sich *immer*

---

47 Vgl. Felix Dresewski et al., Corporate Citizenship oder: Mit sozialer Verantwortung gewinnen, in: Josef Wieland (Hrsg.), Handbuch Wertemanagement, Hamburg 2004, S. 497 f.

auszahlen würde. Denn das ist nicht der Fall. Manchmal wird ein Unternehmen, das sich im Sinne unternehmerischer Nachhaltigkeit engagieren will, bereit sein müssen, einen Preis zu bezahlen: So wird ein verantwortungsbewusstes Unternehmen auch dann auf den Einsatz von Kinderarbeit in ausländischen Betriebsstätten verzichten müssen, wenn die unmittelbaren Wettbewerber sie in Anspruch nehmen. Man wird auch dann die Aufrüstung von autokratischen Regimen unterlassen müssen, wenn die Wettbewerber solche Rüstungsgüter verkaufen. Man wird auf die Fälschung von Bilanzen verzichten, selbst wenn die Wettbewerber ihre Jahresabschlüsse türken. Man wird sich umweltschonend verhalten, künftige Generationen zu achten suchen und keine Tötungssubstanzen für Hinrichtungen in anderen Ländern liefern, selbst wenn die Wettbewerber all dies tun.

Der christliche Wirtschaftsethiker W. Michael Hoffman bringt die Sache auf den Punkt, indem er schreibt:

> *„Ich sage nicht, dass gute Ethik kein gutes Geschäft sein darf. In den meisten Fällen ist es das, glaube ich. Ich sage nur, dass das nicht der einzige oder sogar der Hauptgrund für eine ethische Unternehmensführung oder für das Studium von Unternehmensethik sein sollte. Denn die ethische Handlung mag nicht immer im besten Firmeninteresse liegen. […] Wir sollten Unternehmensethik nicht vorantreiben, weil gute Ethik ein gutes Geschäft wäre, sondern weil wir ethisch verpflichtet sind, einen moralischen Standpunkt in allen unseren Belangen mit anderen Menschen einzunehmen – und das Unternehmen ist keine Ausnahme. Im Unternehmen, so wie in allen anderen menschlichen Unternehmungen auch, müssen wir bereit sein, den Preis eines moralischen Verhaltens zu bezahlen. Der Preis mag uns manchmal hoch erscheinen, aber das ist das Risiko, das wir eingehen, wenn wir unsere Integrität wertschätzen und bewahren wollen."*[48]

Doch selbst in diesem Fall gibt es eine gute Nachricht: Wer die unmittelbaren Eigeninteressen zurückstellt und nach persönlicher

---

48 W. Michael Hoffman, A Blueprint for Corporate Ethical Development, in: Peter Ulrich und Josef Wieland (Hrsg.), Unternehmensethik in der Praxis, Impulse aus den USA, Deutschladn und der Schweiz, 2. Auflage, Bern u. a. 1999, S. 53 f. (eigene Übersetzung; C.M.)

Integrität auch im Geschäftsleben strebt, kann nach einer alten Weisheit der Philosophie ein viel höheres Gut erlangen als den unmittelbaren Vorteil: das Glück. So betrachtet, ist das unternehmensethische Gewinnparadox nur ein Spezialfall jenes Phänomens, das sich in der allgemeinen Ethik als ‚hedonisches Paradox‘ findet. Es „besagt, dass eine Person, die Lust oder Glück um ihrer selbst willen anstrebt, sie nicht finden wird, aber eine Person, die anderen hilft, dies schafft (oder sie hat eine größere Chance darauf, es zu finden).“[49]

Wer nach Glück sucht, sollte mit anderen Worten *nicht* zuerst nach Glück streben, sondern nach moralischer Integrität.

Das hedonische Paradox findet sich in verschiedenen Varianten in der Philosophie[50] oder Psychologie.[51] Für den wiedergeborenen Christen kann es seine Parallele im „Paradox des Evangeliums“[52] finden: So fordert Jesus dazu auf, in *allem* – und damit wohl auch in einer unternehmerischen Tätigkeit – zuerst nach

---

49 James Konow und Joseph Earley, The Hedonistic Paradox: Is homo economicus happier? Journal of Public Economics 92, 2008, S. 1–33 (eigene Übersetzung; C.M.).

50 Etwa bei Plato (o. J.,), S. 55: „Denn den tugendlichen Mann und das tugendliche Weib nenne ich glücklich, den ungerechten und schlechten unglücklich.“ „Nur diejenigen […] sind glücklich, die ihren Sinn auf irgend ein anderes Objekt gerichtet haben als auf ihr Glück, auf das Glück anderer, auf den Fortschritt der Menschheit, sogar auf irgendeine Kunst oder ein Streben, dem man nicht als Mittel, sondern das man selbst als ein ideales Ziel verfolgt.“ John Stuart Mill 1893, Autobiography, London 1989, S. 117 (eigene Übers.; C.M.)

51 „[W]ohl gibt es im Leben auch Freude – aber sie kann nicht angestrebt werden, nicht als Freude ‚gewollt‘ werden, sie muß (sic!) sich vielmehr von selber einstellen –, und sie stellt sich auch von selber ein, so wie sich eine Folge einstellt: Glück soll und darf und kann nie Ziel sein, sondern nur Ergebnis […] Auf jeden Fall ist alles Glücksstreben des Menschen insofern verfehlt, als ein Glück ihm nur in den Schoß fallen kann, niemals jedoch sich erjagen läßt (sic!).“ Viktor Frankl (1981), Die Sinnfrage in der Psychotherapie, München 1981, S. 88

52 Manfred Spieker, Jeder seines Glückes Schmied? Thesen der Christlichen Sozialethik zu einigen Ansätzen der Glücksforschung in der Wirtschaftswissenschaft. ORDO – Jahrbuch für die Ordnung von Wirtschaft und Gesellschaft 91, 2010, S. 200.

dem Reich Gottes und seiner Gerechtigkeit zu suchen, denn alles andere werde den so handelnden Menschen hinzugegeben (Matthäus 6:33). Explizit formuliert Jesus das hedonische Paradox in dem berühmten Satz:

> *„Wer das Leben gewinnen will, wird es verlieren; wer aber das Leben um meinetwillen verliert, wird es gewinnen."* (Mt 10,39)

Das Paradox des Evangeliums „besteht darin, dass der Mensch nur im Loslassen das Leben gewinnen kann. […] Nicht die Selbstbehauptung, sondern die Selbsthingabe ist der Schlüssel zum Glück."[53] Jeder wird sein Glück nur finden, indem er in Gottes individuellen Plan für ihn einwilligt und ihn vollkommen zu realisieren trachtet.

Unternehmen, so lässt sich daraus lernen, sind keine ,Ethikausnahmebereiche': In ihnen und für sie gelten vielmehr die gleichen moralischen Normen, die wir auch im Privatleben als selbstverständlich bei unseren Mitmenschen voraussetzen. Wenn wir somit auch im Unternehmen nach moralischer Verantwortlichkeit streben, so sollten wir auch dort die gleichen persönlichen Folgen erwarten dürfen.

Für Christen ist dies nicht zuletzt eine weitere Bestärkung darin, die Normen des Evangeliums nicht nur als Privatier zu leben, sondern auch im Geschäftsleben. Ob nämlich in Gewinneinheiten oder der Freude, die der Herr Jesus jedem, der glaubt, schenkt: Unternehmerische Nachhaltigkeit zahlt sich aus – so oder so!

---

53 Manfred Spieker, Jeder seines Glückes Schmied? a. a. O., S. 200.

Giuseppe Franco

Die Methodologie der Wirtschaftsethik nach der spanischen Spätscholastik

Zusammenfassung

Der Artikel analysiert den historischen Beitrag der spanischen Spätscholastik zur Methodologie der Wirtschaftsethik. Die spanischen Spätscholastiker und vor allem die Vertreter der Schule von Salamanca erarbeiteten eine wissenschaftliche Wirtschaftsanalyse, die in normative Fragestellungen eingebettet war. Sie begriffen die Ökonomie als eine empirische Wissenschaft und betonten die Berücksichtigung der konkreten wirtschaftlichen Realität. Darüber hinaus haben sie eine solide Legitimierung der Wirtschaftsethik und der Beziehung zwischen Wirtschaft und Moral entwickelt. In ihren Auffassungen kommen die Grundzüge einer Anthropologie der Freiheit zum Ausdruck, mit der sie versuchten, die Rolle des Subjekts mit den Forderungen des objektiven Realismus zu versöhnen.

Summary: The Methodology of Business Ethics according to the Spanish Late Scholasticism

In this article, the historical contribution of the Spanish Late Scholasticism to a methodology of business ethics is analysed. The Spanish Late Scholastics, especially the representatives of the school of Salamanca, developed an economic analysis which incorporated normative perspectives. Following an empirical approach they emphasised the consideration of actual economic reality. Moreover, they established a solid legitimisation of business ethics as well as of the relationship between economy and morality. Within their perception they laid the grounds for the anthropology of freedom. In this way, they sought to reconcile the role of the subject on the one side with the claims of objective realism on the other side.

1. Einleitung

In der historiographischen Debatte und Periodisierung wird einstimmig anerkannt, dass die wichtigste philosophische und theologische Entwicklung der Spätscholastik im katholischen Spanien stattfand, das starkes kulturelles, religiöses und politisches Prestige gewonnen hatte. Diese Rolle geht historisch betrachtet auch auf die Expansion des spanischen Kolonialreiches zurück. Aufgrund der über mehrere Jahrhunderte anhaltenden, zentralen kulturellen und theologischen Bedeutung Spaniens wird die Zweite Scholastik auch als spanische Scholastik bezeichnet. Das grundlegende kulturelle und universitäre Zentrum und die Hochburg des westlichen Christentums wurden von der Schule von Salamanca geprägt. Von dieser Schule aus, die am Ende des 16. Jahrhunderts gegründet wurde und eine erstaunliche theologische Aktivität hervorbrachte, nahmen am Konzil von Trient (1545–1563) mehr als sechsundsechzig Gelehrte teil, unter anderem auch Bischöfe. Innerhalb der Gruppe der Spätscholastiker, die wichtige Beiträge über ökonomisches, ethisches und juristisches Denken geleistet haben, spielten die Vertreter der Schule von Salamanca eine erhebliche Rolle.[1] Dieser Name bezeichnet eine Gruppe von

---

[1] Für einen systematischen Überblick über die Methodologie und Theologie der spanischen Spätscholastik sowie über ihre Entstehung vgl. Franz Pelster, Zur Geschichte der Schule von Salamanca, in: Gregorianum 12, 1931, S. 303–313; Vincente Beltrán de Heredia, Los orígenes de la Universidad de Salamanca, Salamanca 1953; Ramón Hernández Martín, Le figure di Francisco de Vitoria e di Domingo de Soto e il loro metodo teológico, in: Inos Biffi / Constante Marabelli (Hrsg.), La teologia dal XV al XVII secolo. Metodi e prospettive, Mailand 2000, S. 95–111; Marjorie Grice-Hutchinson, El concepto de la Escuela de Salamanca: sus origines y su desarrollo, in: Revista de Historia Económica 7/2, 1989, S. 21–26 sowie Giuseppe Occhipinti, La Scuola teologica di Salamanca, in: ders. (Hrsg.), Storia della teologia. Da Pietro Abelardo a Roberto Bellarmino, Bd. 2,

Theologen und Naturrechtsphilosophen, die an der Universität in
Salamanca lehrten oder mit ihr in Verbindung standen.
Der Gründer der Schule von Salamanca war Francisco de Vitoria (1492–1546). Der Höhepunkt des Schaffens dieser Denk-
schule kann im 16. Jahrhundert gesehen werden. Zu den wichtigsten Vertretern dieser Schule zählten Dominikaner wie Fransisco
de Vitoria und Domingo de Soto (1494–1560), Jesuiten, wie z. B.

Rom 1996, S. 439–476. Zum philosophischen und theologischen Denken
der Spätscholastik vgl. Carlo Giacon, La seconda Scolastica, Bd. 3, Mi-
lano 1945/1950; Elios G. Mori, Il motivo della fede. Da Gaetano a Suarez,
Rom 1953; Ada Lamacchia, La filosofia nel siglo de oro. Studi sul tardo
Rinascimento spagnolo, Bari 1995 sowie Mondin Battista, Storia della
teologia. Bd. 1, Età moderna, Bologna 1996, S. 266–342, S. 396–421. Zum
theologischen Problem des Molinismus und zum Gnadestreit vgl. Friedrich Stegmüller, Geschichte des Molinismus. Neue Molinaschriften, Bd. 1,
Münster 1935. Eine ausdifferenzierte und thematisch bibliographische
Einführung findet sich in Franco Todescan, Il problema del diritto natu-
rale fra Seconda scolastica e giusnaturalismo laico secentesco. Una introduzione bibliográfica, in: Fausto Arici/Franco Todescan (Hrsg.), Iustus
ordo e ordine della natura. Sacra Doctrina e saperi politici fra XVI e XVIII
secolo, Padova 2007, S. 1–61. Zum status quaestionis der historiographischen Debatte und zum Überblick über die wirtschaftsethischen Auffassungen der Schule von Salamanca vgl. Joseph Höffner, Wirtschaftsethik und Monopole im fünfzehnten und sechzehnten Jahrhundert, in:
ders. Wirtschaftsordnung und Wirtschaftsethik. Ausgewählte Schriften,
Bd. 3, Paderborn 1941/2014, S. 33–188; Wilhelm Weber, Wirtschaftsethik
am Vorabend des Liberalismus. Höhepunkt und Abschluß der scholastischen Wirtschaftsbetrachtung durch Ludwig Molina S. J. (1535–1600),
Münster 1959; Marjorie Grice-Hutchinson, The School of Salamanca.
Readings in Spanish Monetary Theory (1544–1605), Oxford 1952; León
Gómez Rivas, Business ethics and the history of economics in Spain ‚The
School of Salamanca': A bibliography, in: Journal of Business Ethics 22,
1999, S. 191–202; Restituto Sierra Bravo, El pensamiento social y economico de la Escolastica desde sus origenes al comienzo del catolicismo
social, Bd. 1, Madrid 1975; Domènec Melé, Early business ethics in Spain:
the Salamanca School (1526–1614), in: Journal of Business Ethics 22, 1999,
S. 175–189; Francisco Gómez Camacho, Economía y filosofía moral. La
formación del pensamiento económico europeo en la Escolástica eu-
ropea, Madrid 1998 sowie Giuseppe Franco, Da Salamanca a Friburgo.
Joseph Höffner e l'Economia Sociale di Mercato, Città del Vaticano 2015.

Luis de Molina (1535–1600), Francisco Suárez (1548–1617), Giovanni Botero (1544–1617), und Franziskaner, wie Alfonso de Castro (1495–1558), Johannes Medina (1490–1546) und weitere Mitglieder anderer religiöser Orden oder weltliche Priester. Man unterscheidet zwei Phasen oder Perioden der spanischen Spätscholastik im 16. Jahrhundert: Den Beginn markiert ‚Die Zeit des Aufstiegs‘, die sich über den Zeitraum von der Reformation bis zum Konzil von Trient (1545–1563) erstreckt. Diese Aufstiegszeit wurde insbesondere von Vitoria geprägt. Unter den Wirtschaftsethikern sind vor allem de Soto und Medina zu erwähnen. Die zweite Phase oder ‚Die Blütezeit‘ umfasst die zweite Hälfte des 16. Jahrhunderts, die Jahrzehnte nach dem Konzil von Trient. Diese Phase ist vor allem durch die Arbeiten der Jesuiten gekennzeichnet, insbesondere durch Molina. [2]

Vitoria ist eine Erneuerung der theologischen Forschung und der Lehrmethode zu verdanken. Eine seiner wichtigsten Neuerungen bestand darin, dass er als Lehr- und Textbuch die *Summa theologiae* von Thomas von Aquin an Stelle der *Sentenzen* des Petrus Lombardus (1435–1515) eingeführt hatte. Die Lehre des Aquinaten, der im Jahre 1567 durch Papst Pius V. (1504–1572) zum Kirchenlehrer erhoben wurde, setzte sich fast vollständig durch. Erwähnenswert ist zudem, dass Vitoria mit der Einführung des Diktates als Vorlesungsform eine didaktische Innovation zu verdanken ist. [3] Die theologische Methode der Schule von Salamanca lässt sich nicht nur durch eine Rückkehr zu den Quellen, also der Heiligen Schrift und der Tradition charakterisieren, sondern auch dadurch, dass diese Schule eine kreative Aufnahme und Erarbeitung früherer Traditionen – wie der franziskanischen und thomistischen Tradition – durchgeführt hat, die kritische Instanz des entstehenden Humanismus aufgenommen hat, und darüber hinaus das antik-römische philosophische und juristische Denken

---

2 Vgl. hierzu Joseph Höffner, Wirtschaftsethik und Monopole im fünfzehnten und sechzehnten Jahrhundert, a. a. O., S. 129.

3 Vgl. hierzu ebd., S. 128 sowie Ada Lamacchia, Francisco de Vitoria e l'innovazione moderna del Diritto delle genti. Introduzione storico-filosofica, in: ders. (Hrsg.), Francico de Vitoria, Relectio de Indis. La questione degli Indios, Bari 1996, X-XXVIIII.

wiedergewonnen hat. In ihren Traktaten haben diese philosophischen und theologischen Genies ferner die Klarheit und die Genauigkeit der vorherigen scholastischen Methodik beibehalten.[4] Gleichzeitig haben sie spekulatives Denken mit der wissenschaftlichen Analyse der historischen, wirtschaftlichen und politischen Erscheinungen jener Zeit kombiniert.

Die neuen historischen Umstände, welche durch die Entdeckung und Eroberung der neuen Welt, die Unterwerfung fremder Völker, die kolonial-ethischen Probleme, die überseeischen und internationalen Handelsbeziehungen, die Rolle der aufstrebenden Mittelschicht und des unternehmerischen Mittelstandes und deren Auseinandersetzung mit der Bauerwirtschaft gekennzeichnet waren, warfen für diese Denker neue Fragen und Probleme auf. Die Mitberücksichtigung der historischen Zusammenhänge prägte ihre theologische Forschung und Reflexion. Die spanischen Spätscholastiker erarbeiteten und verwendeten eine kontextuelle Theologie, d. h. sie versuchten, die theologische Lehre im damaligen historischen Zusammenhang zu vermitteln; darüber hinaus formulierten sie neue Ideen, indem sie Antworten und Lösungen auf bestimmte Fragen suchten, die aus den verschiedenen neuen sozialen und wirtschaftlichen Umständen hervorgegangen waren[5].

Die spanischen Spätscholastiker des 15. und 16. Jahrhunderts waren die ersten, die überwiegend für eine subjektive Werttheorie argumentierten. Sie standen in der jahrhundertalten franziskanischen Tradition des 13. Jahrhunderts und erarbeiteten eine Geldtheorie aus, die die Quantitätstheorie des Geldes vorwegge-

---

4 Vg. etwa Giuseppe Occhipinti, La Scuola teologica di Salamanca, in: ders. (Hrsg.), Storia della teologia. Da Pietro Abelardo a Roberto Bellarmino, Bd. 2, Rom 1996, S. 439–476, hier S. 439–448.

5 Zum historischen Kontext, in dem die Spätscholastiker wirkten und lebten vgl. Rainer Specht, Die Spanische Spätscholastik im Kontext ihrer Zeit, in: Frank Grunert / Kurt Seelmann (Hrsg.), Die Ordnung der Praxis. Neue Studien zur Spanischen Spätscholastik, Tübingen 2001, S. 3–17 sowie Louis Vereecke, Da Guglielmo d'Ockam a sant'Alfonso de Liguori. Saggi di storia della teologia morale moderna. 1300–1787, Cinisello Balsamo 1990, S. 489–500.

nommen hat. Sie entwickelten eine Theorie des gerechten Preises (*iustum pretium*) und seiner Auswirkungen auf Löhne, Preisbildung und öffentliche Wirtschaftstätigkeit, vor allem in Bezug auf Ausbeutung und Monopolpreise. Nennenswert sind auch unter anderem ihre Beiträge zu Zinsfragen und Darlehensverträgen sowie zur Restitutionstheorie und zum Bankwesen.

Im Folgenden wird die Methodologie der Wirtschaftsethik der spanischen Spätscholastiker des 15. und 16. Jahrhunderts dargestellt und analysiert. Die Eigenschaften und Merkmale ihres methodologischen Ansatzes in Bezug auf die Ökonomie, auf die Theologie und auf das Naturrechtsdenken lassen sich mit folgenden Attributen beschreiben: eine historische, rationale, interdisziplinäre und empirische Methodologie. Die Auseinandersetzung der Spätscholastiker mit den ökonomischen Fragen war mit einer wirtschaftsethischen Reflexion verbunden. Sie bezogen die ökonomischen Überlegungen in normative und ethische Fragestellungen mit ein.[6] Die Methodologie und die Dynamik des Denkens dieser Spätscholastiker drückt sich bei der Erarbeitung einer Anthropologie der Freiheit aus, in der sie das Spannungsverhältnis zwischen voluntaristisch-individualistischem Denken und dem Realismus der thomistischen Auffassung zu vereinbaren suchten.

6 Zu den methodologischen Auffassungen der spätscholastischen Wirtschaftsethik vgl. Domènec Melé, Early business ethics in Spain, a. a. O., S. 175–189 sowie Louis Vereecke, Da Guglielmo d'Ockam a sant'Alfonso de Liguori, a. a. O., S. 489–613. Über den spätscholastischen Beitrag zur Entwicklung des modernen Privatrechts vgl. Giovanni Ambrosetti, Diritto privato ed economia nella seconda scolastica, in: Paolo Grossi (Hrsg.), La seconda scolastica nella formazione del diritto privato moderno, Mailand 1973, S. 23–52. Aus der Perspektive der christlichen Sozialethik vgl. Restituto Sierra Bravo, El pensamiento social y economico de la Escolastica desde sus origenes al comienzo del catolicismo social, Bd. 1, Madrid 1975, S. 11–67.

2. Wirtschaft als empirische Wissenschaft

Joseph Höffner (1906–1987) hat völlig zu Recht den Ausdruck „realistische Methode"[7] verwendet, um die Vorgehensweise der Spätscholastiker zu qualifizieren. Er betont im Gegensatz zu den damaligen geläufigen Interpretationen, dass die Spätscholastiker die realistische Erfassung der ökonomischen und sozialen Wirklichkeit ins Zentrum ihrer methodologischen Auffassungen gestellt hätten. Als Theologen waren sie keine Ökonomen im eigentlichen, modernen Sinn des Wortes: „Trotzdem haben sich die Scholastiker redlich Mühe gegeben, auch selber hinter den Schleier des wirtschaftlichen Geschehens zu schauen"[8].

Man kann diesen Ansatz am Beispiel von Molina nachweisen, der „wohl der bedeutendste"[9] unter den Wirtschaftsethikern der Spätscholastik des 16. Jahrhunderts war.[10] Der „liberalste"[11] Wirtschaftsethiker behauptete, dass es ihm vor jeder wirtschaftsethi-

---

7 Joseph Höffner, Der Wettbewerb in der Scholastik, in: ders. Wirtschaftsordnung und Wirtschaftsethik. Ausgewählte Schriften, Bd. 3, Paderborn 1953/2014, S. 229–249, hier S. 239.

8 Joseph Höffner, Wirtschaftsethik und Monopole im fünfzehnten und sechzehnten Jahrhundert, a. a. O., S. 95.

9 Ebd. S. 137; vgl. außerdem Joseph Höffner, Der Wettbewerb in der Scholastik, a. a. O., S. 239 sowie Joseph Höffner, Statik und Dynamik in der scholastischen Wirtschaftsethik, in: ders. Wirtschaftsordnung und Wirtschaftsethik. Ausgewählte Schriften, Bd. 3, Paderborn 1954/2014, S. 251–287, hier S. 258.

10 Zur Wirtschaftsethik von Molina vgl. Wilhelm Weber, Wirtschaftsethik am Vorabend des Liberalismus. Höhepunkt und Abschluß der scholastischen Wirtschaftsbetrachtung durch Ludwig Molina S. J. (1535–1600), Münster 1959; Diego Alonso-Lasheras, Luis de Molina's De Iustitia et Iure. Justice as Virtue in an Economic Context, Leiden/Boston 2011; Rudolf Schüssler, The economic thought of Luis Molina, in: Matthias Kaufmann/Alexander Aichele (Hrsg.), Companion to Luis de Molina (1535–1600), Leiden/Boston 2013, S. 257–288; Francisco Gómez Camacho, Introduction, in: Journal of Markets & Morality 8, 2005, V – XXXVI sowie Matthias Kaufmann / Alexander Aichele, Companion to Luis de Molina (1535–1600), Leiden/Boston 2013.

11 Wilhelm Weber, Wirtschaftsethik am Vorabend des Liberalismus, a. a. O., S. 205.

schen Urteilsfindung um die Kenntnis des Sachverhaltes, der „getreuen Geschichte"[12] (*fidelis historia*) ging, d. h. um die Erkenntnis und die Erforschung der Sachverhalte. Molina ging davon aus, dass die wirtschaftsethischen Werturteile „um so weniger nützlich und um so weniger richtig seien, je allgemeiner sie formuliert würden"[13]. Um sich ein Urteil über das Wolleinkaufsmonopol der Genuesen in der spanischen Stadt Cuenca in Kastilien bilden zu können, entschied sich Molina dazu, den genauen Tatbestand zuerst kennenzulernen.[14] Diese Absicht lässt sich im Rahmen der modernen epistemologischen Terminologie mit dem Ausdruck der Analyse der Problemsituation erklären.

In seinem Traktat *De Justitia et Jure* verwendet Molina dementsprechend auf die Darstellung der tatsächlichen Umstände einen beträchtlichen Teil seiner Untersuchung. Molina wandte nicht nur „die induktive Methode empirischer Erforschung der wirtschaftlichen Tatbestände"[15] an, sondern er besprach sich auch mit einigen erfahrenen Kaufleuten, um eine „wohldurchdachte"[16] Antwort geben zu können. Er bediente sich eines bestimmten methodologischen Prinzips, um die unterschiedlichen wirtschaftlichen und ethischen Fragen zu beantworten. Dieses bestand darin, dass Molina zunächst mit der empirischen Untersuchung begann, bevor er zu wirtschaftsethischen Aussagen gelangte. Dadurch artikuliert Molina das genaue und richtige Verhältnis zwischen der wirtschaftswissenschaftlichen Analyse und der ethischen Reflexion. Erst nachdem die konkreten Tatsachen geschildert worden

---

12 Luis de Molina, De Justitia et Jure, Moguntiae 1659, tr. II, disp. 35, n. 1, zitiert nach Joseph Höffner, Statik und Dynamik in der scholastischen Wirtschaftsethik, a. a. O., S. 259. Vgl. auch Wilhelm Weber, Geld und Zins in der spanischen Spätscholastik, Münster 1962, S. 35.

13 Luis de Molina, De Justitia et Jure, Moguntiae 1659, tr. II, disp. 35, n. 1, zitiert nach Joseph Höffner, Statik und Dynamik in der scholastischen Wirtschaftsethik, a. a. O., S. 259.

14 Vgl. Hierzu Louis Vereecke, Da Guglielmo d'Ockam a sant'Alfonso de Liguori, a. a. O., S. 489–500.

15 Joseph Höffner, Statik und Dynamik in der scholastischen Wirtschaftsethik, a. a. O., S. 259.

16 Joseph Höffner, Wirtschaftsethik und Monopole im fünfzehnten und sechzehnten Jahrhundert, a. a. O., S. 97.

sind, sollen sie, so stellte er fest, „nach den konkreten Umständen beurteilt werden"[17]. Das Urteil über die wirtschaftliche Frage beruhte auf „sorgfältiger Nachforschung"[18].

Dieselbe Methodologie wurde von den Spätscholastikern auch bei der Behandlung der kolonialethischen Probleme der Negersklaverei und des Sklavenhandels und ihrer sittlichen Erlaubtheit oder Unerlaubtheit verwendet. Die Probleme, mit denen sich die Spätscholastiker auseinandersetzten, waren „keine rein spekulative Angelegenheit", sondern basierten auf der „Kenntnis der Zustände" und auf einer „genauen Einsicht in den tatsächlichen Sachverhalt"[19]. Der Realismus ihrer Reflexionen macht den Spätscholastiker zum „[...] authentischen Kind [...] seiner Zeit, mehr Gründer eines völlig im Einklang mit der historischen Situation theoretischen Systems als Ideologen einer kristallisierten Wirklichkeit, die unbestimmt zu erhalten war"[20]. Die Spätscholastiker versuchten die Autonomie der Wirklichkeit in allen ihren Formen zu begreifen.

Wilhelm Weber (1925–1983) hat sich in seinen Studien mit den ökonomischen und wirtschaftsethischen Auffassungen der Spätscholastiker beschäftigt, in denen er auf den Betrag der *Doctores* von Salamanca zum Verständnis der Wirtschaft als empirische Wissenschaft ausführlich eingeht. In diesem Zusammenhang stellt er fest, dass die Methodologie der Vertreter der Schule von Salamanca von einem allgemeinen philosophischen Ansatz charakterisiert war, die inhaltlich „vor allem das Singulare, das Konkrete, das Geschichtlich-Wandelbare zum Gegenstand ihres

---

17 Luis de Molina, De Justitia et Jure, Moguntiae 1659, tr. II, disp. 360, n. 8, zitiert nach Joseph Höffner, Wirtschaftsethik und Monopole im fünfzehnten und sechzehnten Jahrhundert, a. a. O., S. 98. Vgl. auch Wilhelm Weber, Geld und Zins, a. a. O., S. 35.

18 Luis de Molina, De Justitia et Jure, Moguntiae 1659, tr. II, disp. 34, n. 3, zitiert nach Joseph Höffner, Kolonialismus und Evangelium. Spanische Kolonialethik im Goldenen Zeitalter, Trier 1969, S. 372.

19 Ebd. S. 250 f.

20 Paolo Grossi, La proprietà nel sistema privatistico della seconda scolastica, in: ders. (Hrsg.), La seconda scolastica nella formazione del diritto privato moderno, Mailand 1973, S. 117–222, hier S. 123.

besonderen Interesses machte"[21]. Die Philosophie der iberischen Spätscholastik stellt eine Metaphysik des Individual-Konkreten gegen eine Metaphysik des Spezifisch-Abstrakten dar, die durch eine kritisch-induktive Gnoseologie gegenüber einer intuitiv-apriorischen Gnoseologie charakterisiert werden kann.

Weber zeigt, dass die Spätscholastiker bemüht waren, sich mit der Beobachtung der Tatsache und der empirischen Methode genaue Sachkenntnisse der sozialen, wirtschaftlichen und politischen Bereiche zu verschaffen, und sie einer kritischen Prüfung zu unterziehen.[22] Die ethischen Prinzipien und Urteile waren nicht als ‚moralische Apriori' aufgefasst, sondern sie wurden aus der Realität selbst entnommen, oder wie Molina schreibt, „aus der Natur der Sache" (*„Obligatio oritur a natura rei"*[23]). Die Wirtschaftsbetrachtung der spanischen Spätscholastik anerkannte die Eigengesetzmäßigkeit des wirtschaftlichen Prozesses. Der Augustineremit Petrus von Aragon (ca. 1546–1592) schreibt z. B., dass der Markt „seine eigenen Gesetze"[24] hat. Aber „Eigengesetzlichkeit heißt nicht Ungebundenheit; denn auch der wirtschaftlich tätige Mensch untersteht dem Sittengesetz"[25]. Weber bemerkt über die spanische Methodologie der Wirtschaftsethik: „Die Scholastiker begnügten sich nicht mit bloßer Spekulation über ethische Prinzipien, sondern bemühten sich ohne statistische Hilfsmittel um möglichst genaue Kenntnis und Darstellung aller wirtschaftlichen Vorgänge"[26].

---

21 Wilhelm Weber, Geld und Zins, a. a. O., S. 12.

22 Vgl. hierzu Ebd. S. 26–38.

23 Luis de Molina, De Justitia et Jure, Genf 1733, tr. I, d. 4, n. 3, zit. nach Wilhelm Weber, Geld und Zins., a. a. O., S. 35 f.

24 Petrus von Aragón, In Secundam Secundae Divi Thomae Doct. Ang. Commentaria ‚De justitia et jura', Lugduni 1596, qu. 77, art. 1, S. 437, zitiert nach Joseph Höffner, Wirtschaftsethik und Monopole im fünfzehnten und sechzehnten Jahrhundert, a. a. O., S. 95.

25 Joseph Höffner, Wirtschaftsethik und Monopole im fünfzehnten und sechzehnten Jahrhundert, a. a. O., S. 187.

26 Wilhelm Weber, Geld und Zins, a. a. O., S. 35.

3. Interdisziplinäre Arbeit und das argumentativ-rationale Verfahren

Die universellen Gelehrten der Spätscholastik setzten sich mit den konkreten Umständen des realen Geschehens auseinander und versuchten im Lichte der empirischen Beobachtung, der ethischen Reflexion, der scholastischen Tradition, der Prinzipien der Offenbarung und der Vernunft Antworten auf die aus der damaligen neuen historischen Situation entstandenen Fragen zu geben. Die Spätscholastiker entwickelten eine Herangehensweise, die die philosophischen, theologischen und juristischen Erkenntnisse mit der neuen sozialen und ökonomischen Situation verbindet. Mit ihrem Nachdenken zeigten sie eine Sensibilität für das individuelle und konkrete Geschehen, d. h. für die sozialen politischen, juristischen, gesellschaftlichen und ökonomischen Zusammenhänge, die sie in ihre theologischen Arbeiten mit einbezogen.

Ihre Abhandlungen und ihre Arbeitsweise waren von einer „Kultur des Konkreten" geprägt, die zu neuen Idealen von Wissen, Untersuchungsmodellen und dialektischer Auseinandersetzung zwischen den empirischen Wissenschaften und den Geisteswissenschaften führten.[27] In ihren moraltheologischen Traktaten findet sich eine dreistufige Lehrmethode: „Beschreibung des Sachverhaltes; Diskussion der konkurrierenden Lösungen; Entscheidung in der Sache"[28]. Durch die kasuistische Methodologie der Anwendung von allgemeinen Normen auf konkrete Einzelfälle und durch die Berücksichtigung der Zentralität des Individuums, des Vorrangs des Rechtes und des Interesses für die Realität erarbeiteten sie eine interdisziplinäre Methodologie, die eine Vermittlung zwischen Theorie und Praxis, zwischen moralischen Prinzipien und den konkreten Situationen ermöglichte.[29]

---

27 Vgl. hierzu Vincenzo Viva, Identità e rilevanza: l'argomento teologico-morale in bioetica. Un'indagine storica in prospettiva sistematica. Roma 2006, S. 25.

28 Rainer Specht, Die Spanische Spätscholastik im Kontext ihrer Zeit, a. a. O., S. 11. Vgl. hierzu auch Domènec Melé, Early business ethics in Spain. A. a. O., S. 180 f.

29 Vgl. hierzu Vincenzo Viva, Identità e rilevanza, a. a. O., S. 20–40.

Hier kann man auf die Auffassungen von Jakob Lainez (1512–1565) – dem ersten Jesuitengeneral nach Ignatius von Loyola – hinweisen, um eine zusammenfassende Beschreibung der scholastischen Methode in wirtschaftsethischen Fragen zu nennen. Lainez hielt fest, dass die Behandlung wirtschaftsethischer Fragen schwierig sei und dass sie eine interdisziplinäre Herangehensweise mit dem Wissen der Kaufleute, der Theologen und der Juristen erfordert. Folglich könnte am besten über diese Fragen urteilen, „[...] wer von den Kaufleuten durch tägliche und sorgfältige Beobachtung die Tatbestände und Geschäfte kennengelernt hat, aus der Heiligen Schrift und Moralphilosophie die Grundsätze der göttlichen und natürlichen Billigkeit weiß, vom Rechtsgelehrten aber das erfahren hat, was sich aus den Gesetzen ergibt"[30].

Bedeutend ist auch in diesem Zusammenhang die positive Würdigung des wissenschaftlichen Charakters der spätscholastischen Wirtschaftsanalyse durch Joseph Schumpeter (1883–1950): „Dieser realistische Charakter des Werkes der späten Scholastiker sollte besonders unterstrichen werden. Sie ergingen sich nicht in bloßer Spekulation. Soweit es in einem Zeitalter, das die Hilfe der Statistik nicht kannte, möglich war, arbeiteten sie an der Feststellung von Tatsachen. Ihre Verallgemeinerungen entstammten stets der Erörterung tatsächlicher Verhältnisse und wurden reichlich mit praktischen Beispielen illustriert"[31].

4. Die Einbettung der Wirtschaftsanalyse in normative Fragestellungen

Die Intellektuellen der Schule von Salamanca waren zunächst Theologen, die sich in ihren moraltheologischen Traktaten inten-

---

30 Jakob Lainez, Disputatio de usura variisque negotiis mercatorum, in: Grisar Hartmann (Hrsg.), Jakobi Lainez Disputationes Tridentinae, Bd. 2, Innsbruck 1886, cap. II, S. 229 f., zitiert nach Joseph Höffner, Wirtschaftsethik und Monopole im fünfzehnten und sechzehnten Jahrhundert, a. a. O., S. 99.
31 Joseph A. Schumpeter, Geschichte der ökonomischen Analyse, Bd. 1, Göttingen 2009, S. 146.

siv mit wirtschaftlichen Fragen auseinandersetzen, um letztlich ethische Ziele zu verfolgen. Ihr Anliegen war nicht, prioritär und direkt ökonomische Fragen und Theorien zu formulieren. Dies war vielmehr eine wichtige unbeabsichtigte Folge ihres eigentlichen Anliegens, welches ein wirtschaftsethisches und religiössittliches war. Es war ihnen bewusst, dass sie als Theologen keine Fachleute in Wirtschaftsfragen waren, wie es auch Petrus von Aragón feststellte. Demzufolge sei die Monopolfrage schwieriger als die Lehre von der Dreifaltigkeit, weil die Dreifaltigkeit „durch den Glauben von einem christlichen und frommen Menschen erkannt wird", während „[...] die Betrügereien und Geschäfte der Kaufleute nicht bloß von den religiösen Menschen, sondern auch von sehr klugen Männern nur schwer durchschaut werden"[32].

Tatsächlich hatten die Traktate der Spätscholastiker auch ein pastorales Ziel. Sie dienten dazu, die Beichtväter auszubilden und ihnen bei der kirchlichen Praxis zu helfen. Die Summen der Scholastiker weisen eine besondere Struktur auf, die eine wichtige theologische und methodologische Relevanz besitzt. Im ersten Teil der Traktate behandelten sie das Thema Gott als den Ursprung der Welt. Im zweiten Teil befassten sie sich mit der theologischen Anthropologie und setzten sich mit dem Weg der Menschen zu Gott auseinander. Im dritten Teil fand sich die Behandlung vom Christus, dem Erlöser und Vollender. Daraus ergibt sich, dass die Beschäftigung mit den ethischen und wirtschaftlichen Fragen im zweiten Teile der Traktate enthalten war. Das zeigt, dass das sittliche Leben in den christlichen Glauben vereint und integriert war. Darüber hinaus erinnert Höffner daran, dass bis zum 16. und 17. Jahrhundert in den scholastischen Traktaten Dogmatik und Moral zusammengefasst waren.[33] Am Ende des 16. Jahrhunderts wurde die Morallehre als Fachdisziplin jedoch zunehmend von der Dogmatik getrennt.

---

32 Petrus von Aragón, In Secundam Secundae Divi Thomae Doct. Ang. Commentaria „De justitia et jura", Lugduni 1596, qu. 77, art. 4, S. 461, zit. nach Joseph Höffner, Wirtschaftsethik und Monopole im fünfzehnten und sechzehnten Jahrhundert, a. a. O., S. 95.

33 Vgl. Joseph Höffner, Wirtschaftsethik und Monopole, a. a. O., S. 94.

Um ihre theologischen und seelsorglichen Zielen zu erreichen, war es für die Spätscholastiker erforderlich, sich Kenntnisse und Daten aus den ökonomischen und juristischen Bereichen anzueignen. Dasselbe galt für die Auseinandersetzung mit wirtschaftlichen Fragen. Die Spätscholastiker gingen davon aus, dass man auch im wirtschaftlichen Leben sittlich handeln müsse. Aber um Antworten auf Fragen zu geben wie: Welche Preise sind gerecht? Sind Monopole sittlich erlaubt? – reichte die Offenbarung nicht: „Die Scholastiker erklärten deshalb, man müsse sich hier an die Natur der Dinge halten"[34]. Doch auch wenn sich die Spätscholastiker die Aufgabe gestellt hatten, sich in allen Detailfragen des Wirtschaftslebens auszukennen, blieb das Primat ihrer Überlegungen einem ethischen Ziel untergeordnet.[35] Nach Höffner haben sich die Scholastiker und Spätscholastiker gewissenhaft Mühe gegeben, „[…] ihre Aussage über das Preis- und Monopolproblem nicht etwa bloß auf theologische, sondern vor allem auf wirtschaftliche Kenntnisse zu gründen […] Letztlich aber ging es den Scholastikern nicht um volkswirtschaftliche Erkenntnisse, sondern nur darum, eine auch volkswirtschaftlich haltbare Wirtschaftsethik aufzustellen."[36]

Auch Wilhelm Weber betont die primär ethische Fragestellung in den wissenschaftlichen Arbeiten der Spätscholastiker hervor. Die von ihnen behandelten wirtschaftlichen Fragen innerhalb der umfangreichen moraltheologischen Summen bildeten einen Teil der speziellen Ethik und standen unter dem „Postulat der Gerechtigkeit"[37]. Der eigentliche Grund dieser wirtschaftlichen Auseinandersetzung liegt in dem Versuch, eine Antwort aus ethischer Sicht auf die Fragen zu geben, die die neuen historischen Zusammenhänge hervorgebracht hatten. Das Primat liegt in der wirtschaftsethischen Perspektive, in der Forderung nach Gerechtigkeit im Handeln der Kaufleute. Und genau die Verfolgung von ethischen Zielen gibt diesen Denkern Anlass, sich intensiv mit der Beobachtung und Darstellung der Tatsachen zu beschäftigen.

---

34 Ebd. S. 95.
35 Vgl. hierzu Wilhelm Weber, Geld und Zins, a. a. O., S. 20–26, hier S. 26.
36 Joseph Höffner, Wirtschaftsethik und Monopole, a. a. O., S. 88.
37 Wilhelm Weber, Geld und Zins, a. a. O., S. 20–26, hier S. 20.

Das sieht auch Schumpeter so, wenn er behauptet, dass die wissenschaftliche Methode der spanischen Scholastiker auch von einem normativen Element beeinflusst war: „Das Motiv der scholastischen Analyse war offensichtlich nicht reine wissenschaftliche Neugier, sondern der Wunsch, zu verstehen, was sie vom moralischen Standpunkt zu beurteilen berufen waren. [...] Und auch die Methode war strikt wissenschaftlich; insbesondere war sie völlig realistisch, da sie lediglich die Beobachtung von Tatsachen und deren Interpretation umfaßte. Es war die Methode des Ausarbeitens allgemeiner Prinzipien aus ‚Fällen‘, ähnlich der Methode der englischen Jurisprudenz. Die Moraltheologie kam erst nach Abschluß der analytischen Arbeit zu Wort, um das Ergebnis unter eines ihrer Gebote zu subsumieren."[38]

5. Anthropologie der Freiheit und objektiver Realismus

Ein weiterer Aspekt der methodischen Grundlagen und philosophisch-theologischen Ausarbeitung der Spätscholastiker betrifft die Bedeutung der Freiheit und des Subjektes. Diesbezüglich kann man einige Unausgeglichenheiten bei ihren Auffassungen und Formulierungen feststellen. Sehr spannende und umstrittene Aspekte der Auffassungen der Spätscholastiker stellen die objektive und subjektive Dimension ihres Denkens sowie die Beziehung zwischen der Universalität des Rechts und seiner geschichtlichen wandelbaren Anwendung. Diese hängen von verschiedenen Faktoren ab, wie etwa dem Einfluss der franziskanischen Schule, den neuen sozialen und kulturellen Szenarien sowie dem Aufkommen einer neuen Mentalität, die durch den Humanismus und die Reformation angestoßen worden war.

Höffner betont, dass „die Sehnsucht nach Freiheit", „dieser subjektive, persönliche Zug"[39] das Denken der Spätscholastiker durchzieht, sich aber ihre Wurzeln in dem italienischen und

---

38 Schumpeter, Joseph A., Geschichte der ökonomischen Analyse, Bd. 1, a. a. O., S. 148 f.
39 Joseph Höffner, Wirtschaftsethik und Monopole, a. a. O., S. 37 f.

theologischen Denken der vorherigen Jahrhunderte finden. Die Dialektik zwischen Dynamik und Statik der Marktwirtschaft, die die Spätscholastiker auf der ökonomischen Ebene verteidigten, ist Ausdruck ihrer allgemeinen theologischen Reflexion und Methodologie. In diesem Zusammenhang haben die Scholastiker „[…] die gegebenen gesellschaftlichen und wirtschaftlichen Verhältnisse als geschichtlich wandelbar und dynamisch bezeichnen können, ohne in diesem Wandel einen Widerspruch zu den ewigen, gottgesetzten Normen zu sehen"[40].

Auch Weber geht auf dieses Thema ein und unterstreicht, dass die erkenntnistheoretische und ontologische Auffassung der Spätscholastiker den Schlüssel bietet, um die Dynamik und Elastizität ihres Denkens zu erfassen, mit dem sie eine spannungsreiche und bewegende Synthese zwischen christlichen Auffassungen und der säkularen Kultur erarbeitet haben.[41] Ihre metaphysische und theologische Position impliziert eine Anthropologie der Freiheit, die die schöpferische Kraft des Menschen, seine individuelle Persönlichkeit, sein Selbstbewusstsein, seine Verantwortung und das Verhältnis von Gott und Mensch betont. Bei Molina kommt diese Auffassung exemplarisch zum Ausdruck, nach der „ein starker Optimismus […] zu der natürlichen sittlichen Fähigkeit des Menschen"[42] passt. Weber weist darüber hinaus auf die Bedeutung des menschlichen Willens und der Freiheit bei der Betrachtung des Verhältnisses zwischen der Geschichtlichkeit und Unveränderlichkeit der Normen und Werte der Offenbarung auf der einen Seite sowie der Beziehung zwischen subjektiver und objektiver Reflexion der Spätscholastiker auf der anderen Seite hin. Unter Berufung auf Molina betont Weber jedoch, dass die elastische Anwendung der Naturrechtsprinzipien die Veränderlichkeit des Naturrechts selbst nicht impliziert, denn was sich ändert, sind schließlich nicht diese Prinzipien, „sondern die Umstände […], auf welche diese Prinzipien angewendet werden"[43].

---

40 Joseph Höffner, Statik und Dynamik, a. a. O., S. 269.
41 Vgl. hierzu Wilhelm Weber, Wirtschaftsethik am Vorabend des Liberalismus, a. a. O., S. 20–28, S. 37–61.
42 Ebd. S. 45.
43 Ebd. S. 92.

Die methodologische Sicht der Spätscholastiker, die Ausrichtung ihrer Aufmerksamkeit auf die konkreten und individuellen Verhältnisse sowie ihr Freiheits- und Verantwortungsbegriff bezeugen eine enge Verbindung zwischen philosophischer Methode und der Rechtswissenschaft.[44] Wichtig sind in diesem Zusammenhang das Erbe und der Einfluss der gesellschaftspolitischen und wirtschaftlichen Auffassungen der franziskanischen Tradition des 13. Jahrhunderts auf die Spätscholastik, vor allem in Bezug auf den Begriff des *dominium* und des Privateigentums[45].

Genau die voluntaristisch-franziskanische Tradition hat das Denken der Spätscholastik in eine individualistische Richtung gelenkt und es entscheidend geprägt. Dies erlaubt auch ein besonderes Verständnis und eine außerordentliche Würdigung des Spannungsverhältnisses zwischen Freiheit und Eigentum bei den spanischen Theologen. Die franziskanische Reflexion über die Armut ist die Grundlage für die spätere spätscholastische Tradition über die dynamische Beziehung zwischen Eigentum und Güter, Subjekt und Freiheit, Subjektivität und Objektivität dar; und darüber hinaus zwischen dem Eigentum, „verstanden als erster Ausdruck des Willens und der individuellen Freiheit" und dem *usus* oder Gütegebrauch, „verstanden als die ökonomische Sicht der Sache, als Dimension selbst der Sache" und von daher als eine Tatsache, die „der Welt der Souveränität des Subjektes" fremd ist und „dem anonymem Bereich der Objekte" zugestellt wird.[46]

Allerdings lässt sich die spätscholastische voluntaristische und individualistische Interpretation der ökonomischen und sozialen

---

44 Vgl. hierzu Giovanni Ambrosetti, Diritto privato ed economia nella seconda scolastica, a. a. O., S. 23–26 sowie Paolo Grossi, La proprietà nel sistema privatistico della seconda scolastica, a. a. O., S. 117–122.

45 Zum Thema der subjektiven Rechte nach der Tradition der franziskanischen Schule vgl. Paolo Grossi, La proprietà nel sistema privatistico della seconda scolastica, a. a. O.; Luigi Parisoli, Volontarismo e diritto soggettivo. La nascita medievale di una teoria dei diritti soggettivi nella Scolastica francescana, Rom 1999 sowie Maurizio Ormas, La libertà e le sue radici: l'affermarsi dei diritti della persona nella pastorale della Chiesa dalle origini al XVI secolo, Canatalupa 2010.

46 Eigene Übersetzung der Zitate aus diesem Beitrag aus Paolo Grossi, La proprietà nel sistema privatistico della seconda scolastica, a. a. O., S. 164.

Verhältnisse nicht auf diese Perspektive reduzieren, weil die Spätscholastiker versuchten, diese individualistische Sicht mit dem
Objektivismus der thomistischen Auffassung zu vereinbaren, indem sie die Übertreibungen bestimmter nominalistischer Strö-
mungen vermieden. Es ging ihnen darum, eine Subjektmetaphy-
sik zu formulieren, die von der Metaphysik der Natur losgelöst
war und zum Filter der Interpretation der Sache gemacht wurde.
Die Vielfalt der theoretischen und intellektuellen Ausprägungen
der verschiedenen einflussreichen philosophischen und theologischen Richtungen kennzeichnet die Komplexität der spätscholastischen Ausarbeitung, die oft zu „Widersprüchen"[47] führt. Bei
dem Versuch, die subjektive Seite mit der objektiven Seite ihrer
Reflexion im Einklang zu bringen, stehen die Spätscholastiker vor
der franziskanischen und der thomistischen Tradition. Das Auf-
tauchen einer starken individualistischen und voluntaristischen
Tendenz in einer vorkapitalistischen Gesellschaft impliziert ein
besonderes Verhältnis zum Denken von Thomas von Aquin. Der
Bezug auf sein Denken dient als eine „Verbindung mit einer ob-
jektivistischen Stimme", die in einer lebendigen Dialektik mit den
subjektivistischen Tendenzen des 16. Jahrhunderts stand. Das tho-
mistische Denken spielte dabei eine besondere Rolle; seine Aufgabe war es nämlich „die Übertreibungen einer ausschließlichen
voluntaristischen Diagnose der Gesellschaft zu überprüfen und
einzuschränken"[48].

Da sie einen besonderen Wert auf die Rolle des Subjektes
legten, entwickelten die Spätscholastiker eine Freiheitsidee, die
als ‚eine im Wesentlichen herrschaftliche Stellung' verstanden
wurde, nach der das freie Subjekt ein ‚dominus, dominus sui, dominus suorum actuorum' ist. Dies hatte zur Folge, dass die Freiheit
des Einzelnen mit dem Eigentum an sich selbst übereinstimmt,
d. h. mit dem Recht, über sich selbst frei zu verfügen. Damit wird
das Konzept des Eigentums in das Subjekt selbst eingebaut. Dieses
Konzept ist der Ausdruck der eigenen Freiheit und der Fähigkeit,
sich zu entfalten. Aus dem Begriff des ‚dominus sui' leiteten die
Spätscholastiker logisch das Recht auf und die Herrschaft über

47 Ebd. S. 128 f.
48 Ebd. S. 127.

Sachen und Güter ab, wodurch die Unabhängigkeit des Einzelnen zum Ausdruck kommt. Darüber hinaus verfügt der Mensch zugleich über sich selbst und die sachlichen Güter, und dabei kann er so auch sein Eigeninteresse und eine Vorteilslogik verfolgen.

Da die Spätscholastiker die Autonomie der irdischen Wirklichkeiten anerkannten und die Idee verteidigten, dass die wirtschaftlichen und sozialen Prozesse eigengesetzlich sind, legten sie auch besonderen Wert auf die Autonomie der einzelnen Individuen. Dabei berücksichtigten sie die soziale und individuelle Natur des Menschen. Diese Anthropologie der Freiheit und der Eigentumstheorie waren in der Schöpfungstheologie verankert. Der Mensch ist frei, weil er Anteil an der Gotteskindschaft besitzt. Als Ebenbild Gottes gehört dem Menschen im umfassendsten Maße das dominium, das als Ausdruck der Freiheit wahrgenommen und erfahren wird. Damit ist die ontologische Grundlage des Privateigentums, das sich in der Freiheit, der Unabhängigkeit und dem Güterbesitz des Menschen manifestiert, theologisch verwurzelt.

Freilich schließt die Ausrichtung der Aufmerksamkeit der spätscholastischen Wirtschaftsanalyse auf den individuellen und subjektiven Moment die Berücksichtigung des Gemeinwohles nicht aus, das wiederum auf das höhere ethisch Gute des Seelenheils gerichtet war.[49] In diesem Zusammenhang ist Molinas Bezug zu der „natura rei" von großer Bedeutung, die er als objektive Grenze für die Freiheit des Subjekts versteht. Die *natura rei* ist „[...] die Verbindung zwischen einem abstrakten und rationalistischen Objektivismus und einem konkreten historistischen Objektivismus; sie ist die Kombination von Anforderungen, die *ab intrinseco* aus der historischen Individualität des Objekts stammen"[50].[51]

---

49 Vgl. hierzu Giovanni Ambrosetti, Diritto privato ed economia nella seconda scolastica, a. a. O., S. 33.

50 Paolo Grossi, La proprietà nel sistema privatistico della seconda scolastica, a. a. O., S. 191.

51 Zu dem Begriff und der Lehre von der ‚natura rei' bei Molina vgl. Hans Rapp, Die Bedeutung der Lehre Molinas (1535–1600) von der natura rei für die Theorie des Naturrechts, Freiburg i. Br. 1963. Zu Molinas Rechtslehre und seinen Auffassungen über subjektive Rechte vgl. Matthias Kaufmann, Luis de Molina über subjektive Rechte, Herrschaft und Skla-

6. *Würdigung und Ausblick*

Die spanischen Spätscholastiker bekunden „[...] ein lebhaftes Interesse für die wirtschaftliche Umwelt, die sie weder moralisierend verwerfen, noch vorbehaltlos bejahen, sondern mit kritischen Augen betrachten"[52]. Bei ihrer wirtschaftlichen Auseinandersetzung wandten die Spätscholastiker eine Methodologie an, die darin besteht, zunächst die ökonomischen Sachverhalte zu erklären und dann „Kriterien bereitzustellen, um ökonomische Situationen zu bewerten"[53]. Sie haben die wirtschaftliche Wirklichkeit analysiert und die Freiheit der wirtschaftlichen Initiative, die Rolle des Wettbewerbs, der Verträge und des Handels anerkannt. Allerdings haben sie diese Aspekte durch die Einbettung in eine ethisch-rechtliche Rahmenordnung gerechtfertigt.

Die Theologen der Schule von Salamanca erweisen sich als Denker, die eine Wirtschaftsethik formuliert haben, die den Prinzipien der politischen Ökonomie standhält. Unter Berücksichtigung der vorherigen thomistischen und franziskanischen Traditionen und im Lichte der theologischen Schöpfungsordnung haben die Spätscholastiker das Prinzip der Gerechtigkeit und die Würde des Menschen in das Zentrum ihrer ethischen Reflexion und Wirtschaftsanalyse gestellt. Zunächst folgt aus ihrem methodologischen Ansatz die Anerkennung der Eigengesetzlichkeit der wirtschaftlichen Gesetze und die Idee, dass die ethische Reflexion nicht in einem reinen Moralismus verfallen soll, sondern die

verei, in: Matthias Kaufmann/Robert Schnepf (Hrsg.), Politische Metaphysik. Die Entstehung moderner Rechtskonzeptionen in der Spanischen Scholastik. Frankfurt am Main u. a. 2007, S. 205–226 sowie Matthias Kaufmann, Subjektive Rechte als Grenzen der Rechtssetzung bei Luis de Molina, in: Kristin Bunge/Stefan Schweighöfer/Anselm Spindler/Andreas Wagner (Hrsg.), Kontroversen um das Recht: Beiträge zur Rechtsbegründung von Vitoria bis Suárez, Stuttgart-Bad Cannstatt 2013, S. 291–310. Zu Molinas politischer Philosophie vgl. Frank B Costello, The political philosophy of Louis de Molina S. J. (1535–1600), Roma 1974.

52 Joseph Höffner, Wirtschaftsethik und Monopole, a. a. O., S. 170.

53 Ulrich Fehl, Die Frage nach dem gerechten Preis, in: Gernot Gutmann/Alfred Schüller (Hrsg.), Ethik und Ordnungsfragen der Wirtschaft. Baden-Baden 1989, S. 240–267, hier 263–264.

entsprechende Sacherkenntnis aus der wissenschaftlichen Wirtschaftsanalyse und aus weiteren Disziplinen erworben werden sollte. Aus den Erkenntnissen der Spätscholastiker folgt auch die Notwendigkeit einer interdisziplinären Verfahrensweise, die die Ergebnisse und Kenntnisse aus dem rechtlichen, dem ökonomischen und den sozialen Bereichen berücksichtigt. Zentral bleibt auch ihre Forderung, die ökonomischen Fragen, das Wettbewerbsprinzip und das ökonomische Handeln im Allgemeinen auf gesellschaftliche und ethische Ziele auszurichten, wie auf den Unterhalt der Familie, die Unterstützung der Armen und den Dienst an der Gemeinschaft.[54]

Man kann die methodologischen Auffassungen, das ethische Anliegen und die theologischen Beiträge der spanischen Spätscholastiker mit den Worten von Papst Johannes Paul II. bei seiner Ansprache anlässlich seines Besuches der Päpstlichen Universität Salamanca im Jahre 1982 zusammenfassen: „Zusammen mit der Rückkehr zu den Quellen – der Heiligen Schrift und den Überlieferungen – öffneten sie [die Theologen der Schule von Salamanca] den Blick auf eine neue Kultur, die in Europa aufkam, und auf menschliche Fragen (religiösen, ethischen und politischen Inhalts), die mit der Entdeckung neuer Welten im Westen und Osten entstanden sind. Die unantastbare Würde jedes Menschen, die universelle Perspektive des Völkerrechts („jus gentium") und die ethische Dimension zur Regelung der neuen sozio-ökonomischen Strukturen, fanden vollauf Eingang in die Arbeit der Theologen und erhielten aus der Theologie das Licht der christlichen Offenbarung."[55]

Als normative Wissenschaft benötigt die Wirtschaftsethik eine solide Grundlage in wirtschaftlicher und ethischer Theorie. Aufgrund des Bruches zwischen Sozialwissenschaft und Moraltheo-

---

54 Vgl. hierzu Joseph Höffner, Wirtschaftsethik und Monopole, a. a. O., S. 105.

55 Johannes Paul II., Discurso a los Profesores de Teologia en la Universidad Pontifica de Salamanca, am 1. November 1982, http://www.vatican.va/holy_father/john_paul_ii/speeches/1982/november/documents/hf_jp-ii_spe_19821101_universita-salamanca_sp.html (zuletzt eingesehen am 06.03.2014). Eigene Übersetzung.

rie, der im frühen 19. Jahrhundert begann und von der positivistischen Wende der Sozialwissenschaften in der ersten Hälfte des 20. Jahrhunderts abgeschlossen wurde, sind Ethik und Ökonomie jedoch heute völlig verschiedene Forschungsbereiche geworden. Daraus folgt, dass die ethische Argumentation in die ökonomische Analyse entweder als Fremdkörper eingeführt wird oder moralische Konzepte in rein ökonomischen Begriffen formuliert und neu interpretiert werden müssen. Die wirtschaftlichen Auffassungen der spanischen Theologen der Spätscholastik, und vor allem der Schule von Salamanca, stellen dagegen einen der gelungensten, bedeutendsten sowie aktuellsten Versuche dar, das wirtschaftliche Verhalten und die wirtschaftlichen Institutionen von einem umfassenden ethischen Standpunkt aus zu analysieren. Diese spanischen Theologen sind die „Pioniere" und Vorläufer des modernen ökonomischen Denkens dar. Die der Schule von Salamanca zu Grunde liegende epistemologische Auffassung kann man als eine realistische Methodologie bezeichnen. Die Vertreter der Spätscholastik erarbeiteten eine wissenschaftliche Wirtschaftsanalyse, die in normativen Fragestellungen eingebettet war. Sie begriffen die Ökonomie als eine empirische Wissenschaft und betonten die Berücksichtigung der konkreten wirtschaftlichen Realität.

Die spanischen Spätscholastiker haben eine solide Legitimierung der Wirtschaftsethik und der Beziehung zwischen Wirtschaft und Moral entwickelt. Dabei haben sie einerseits das Risiko des reinen Wirtschaftsdenkens ausgeschlossen, das von dem historischen und sozialen Zusammenhang absieht, in dem sich die wirtschaftlichen Prozesse abspielen. Andererseits haben sie die Gefahr eines blinden Moralismus vermieden, der die ökonomischen Gesetze und Sachverhalte nicht berücksichtigt. Dieser Ansatz stellt ein Erbe dar, das es wiederzuentdecken gilt. Es ist ein Korrektiv für diejenigen, die sich auf moralische Appelle oder leere Moralismen berufen aber auch diejenigen, die in Namen einer missverstandenen Wertfreiheit der Wissenschaft eine absolute Trennung zwischen der Wirtschaftsanalyse und der ethischen Reflexion vertreten und ebenso für jene, die die Wirtschaft auf eine bloße Technik oder eine formalistische Modellbildung reduzieren. Die ethische und ökonomische Reflexion der Spätscholastiker ist eine Bereicherung und ein Gewinn für die wissenschaftliche Wirtschaftsanalyse und die christlichen Sozialethik. In den letzten Jahren ist das Erbe dieser Tradition wiederentdeckt worden, und es erfreut sich zunehmender Wertschätzung.[56]

---

56 Vgl. hierzu unter anderem Barry Gordon, Economic Analysis before Adam Smith. Hesiod to Lessius, London u. a. 1975, S. 219–243; Odd Langholm, The legacy of scholasticism in economic thought: antecedents of choice and power, Cambridge 1998; Domènec Melé, Scholastic Thought and Business Ethics: An Overview, in: Christoph Lütge (ed.), Handbook of the Philosophical Foundations of Business Ethics, vol. 1., Dordrecht u. a. 2013, S. 133–158; Nils Jansen, Theologie, Philosophie und Jurisprudenz in der spätscholastischen Lehre von der Restitution, Tübingen 2013 sowie Giuseppe Franco, Da Salamanca a Friburgo. Joseph Höffner e l'Economia Sociale di Mercato, Città del Vaticano 2015.

Christian Hecker

Der Bankensektor in Deutschland im Wandel

Ökonomische Umbrüche und ethische Herausforderungen

[Der vorliegende Beitrag stellt ausschließlich die persönliche Auffassung des Autors dar und gibt nicht notwendigerweise Positionen der Deutschen Bundesbank wieder.]

1. Einleitung

Der Bankensektor in Deutschland war in den vergangenen 25 Jahren durch epochale Veränderungen gekennzeichnet, die auch die Wahrnehmung der Finanzbranche in der Öffentlichkeit bestimmten. So galten Banken noch in den frühen neunziger Jahren als Inbegriff der Seriosität. Zwar tauchten in den Medien mitunter Klagen über die ‚Macht der Banken' in Wirtschaft und Gesellschaft auf, aber das änderte nichts daran, dass die meisten Bundesbürger ihren Bankberatern Vertrauen entgegenbrachten und das Ansehen von Bankmitarbeitern deutlich über dem Renommee vieler anderer Berufsgruppen lag. Seit dem Ende der neunziger Jahre änderte sich dieses Bild dramatisch. So sorgten zunächst die Kursentwicklungen an den Aktienmärkten für Faszination in der Öffentlichkeit, die aber bald einer tiefgreifenden Ernüchterung wich, nachdem kurz nach der Jahrtausendwende eine Kursblase – insbesondere im Bereich von Internetaktien – geplatzt war und viele Anleger erhebliche Verluste verzeichnen mussten. Die Folge war eine nach wie vor anhaltende Skepsis breiter Bevölkerungsschichten gegenüber dieser Anlageform. Anfang des 21. Jahrhunderts zogen dann spektakuläre Verdienstmöglichkeiten und Renditeversprechen im Investmentbanking das öffentliche Interesse auf sich. Nunmehr war in den Medien oft von einer unersättlichen ‚Gier der Banker‘ die Rede. Diese Kritik schien sich zu bewahrheiten, als im Jahre 2007 im Bankensektor eine schwere Krise ausbrach, die nach wie vor nicht vollständig bewältigt ist. Vor diesem Hintergrund reihte sich auch der damalige Bundespräsident Horst Köhler ins Lager der Banken- und Finanzmarktkritiker ein, wie folgende Äußerung Köhlers aus dem Jahre 2008 belegt: „Jetzt muss jedem verantwortlich Denkenden in der Branche selbst klar geworden sein, dass sich die internationalen Finanzmärkte zu einem Monster entwickelt haben, das in die Schranken gewiesen werden muss“.[1]

Der vorliegende Beitrag setzt sich mit den Ursachen dieser Phänomene auseinander. In diesem Rahmen wird die Entwicklung des Banken- und Finanzsektors in Deutschland seit der Wiedervereinigung dargestellt sowie aus ökonomischer und ethischer Sicht reflektiert. Dabei werden insbesondere auch wirtschaftsethische Spannungsfelder aufgezeigt und Lösungsansätze skizziert.

2. Der Finanzsektor in der Bundesrepublik Deutschland im Wandel

2.1 Die Rolle der Banken im bundesrepublikanischen Wirtschaftsmodell der Nachkriegszeit

Das in der Bundesrepublik Deutschland nach dem Zweiten Weltkrieg unter dem Schlagwort der ‚Sozialen Marktwirtschaft‘ praktizierte Wirtschaftsmodell beruhte grundsätzlich auf einer maßgeblichen Funktion der Banken bei der Bereitstellung von Finanzdienstleistungen. Dies galt zum einen für die Unternehmensfinanzierung, die – insbesondere im mittelständischen Bereich – fast ausschließlich über Banken ablief. Dabei spielte für kleine und mittelgroße Unternehmen zumeist eine einzelne Bank, die sog.

---

1 O.V., Köhler nennt Finanzmärkte „Monster“, STERN, 14.05.2008.

‚Hausbank', eine zentrale Rolle. [2] Hierin unterschied sich Deutschland maßgeblich von anderen Wirtschaftsräumen, wie den USA, wo sich Unternehmen bereits seit längerer Zeit in großem Umfang direkt über Kapitalmärkte finanzierten.

Das für Deutschland charakteristische ‚Hausbankprinzip' galt für Unternehmen und Privatkunden gleichermaßen und fand an der Spitze der Wirtschaft seinen Ausdruck durch die Rolle großer Banken für die Konzernsteuerung. Es zeigte sich ein Modell, das oft als ‚Deutschland AG' bezeichnet wurde, in dem Konzerne über ein enges Netzwerk von Aufsichtsratsvertretern kontrolliert wurden und an den entscheidenden Schnittstellen vielfach Repräsentanten großer Banken zu finden waren. [3] Die damit einhergehende ‚Macht der Banken' wurde in der Öffentlichkeit bisweilen kritisiert, aber in der Praxis war damit zugleich ein hohes Maß an Verlässlichkeit bei der Unternehmenssteuerung und -finanzierung verbunden.

Stabile Hausbankbeziehungen führten dazu, dass Banken ihre Unternehmenskunden in der Regel dauerhaft begleiteten. Sie boten ‚alle Bankdienstleistungen aus einer Hand' an, insbesondere Kredite, Zahlungsverkehr, Außenhandelsfinanzierungen etc. Damit einher ging ein hohes Maß an Sachkompetenz und unternehmensindividueller Expertise, denn Bankenvertreter waren in die Unternehmensstrategien dauerhaft eingebunden. Dadurch ergab sich ein Vertrauensverhältnis, von dem oftmals beide Seiten profitieren konnten. Banken erhielten Zinserträge und Provisionen und konnten zugleich ein hohes Maß an Kompetenz zur Bonität ihrer Kunden aufbauen. Sie kannten ihre Kunden über

---

2 Vgl. hierzu Klaus Segbers, Die Geschäftsbeziehung zwischen mittelständischen Unternehmen und ihrer Hausbank. Eine ökonomische und verhaltenswissenschaftliche Analyse, Frankfurt am Main et al. 2007.

3 Vgl. hierzu Jürgen Beyer, Deutschland AG a. D.: Deutsche Bank, Allianz und das Verflechtungszentrum des deutschen Kapitalismus, in: Wolfgang Streeck / Martin Höpner (Hrsg.), Alle Macht dem Markt? Fallstudien zur Abwicklung der Deutschland AG, Frankfurt a. M. / New York 2003, S. 118–146 sowie Christian Andres / André Betzer / Inga van den Bongard, Das Ende der Deutschland AG, in: Kredit und Kapital, Jg. 44, H. 2, 2011, S. 187–196.

lange Zeiträume hinweg, und diese Tatsache ermöglichte es, Kreditkonditionen relativ verlässlich und folglich unter Zugrundelegung moderater Risikoprämien zu kalkulieren. So konnten Banken langfristige Finanzierungen günstig anbieten und sich zumeist auch hinreichend gegen Kreditverluste absichern, indem sie nur Kredite an Kunden vergaben, die sie kannten bzw. einschätzen konnten.

Ähnliches galt im Privatkundenbereich. Auch hier dominierten zumeist langfristige Kundenbeziehungen. Die Kunden vertrauten bei der Ersparnisbildung im Regelfall ihrer Hausbank und griffen größtenteils auf deren Sparprodukte zurück. Dabei hielten sie ihrer Bank zumeist lebenslang die Treue und wechselten ihre Bankverbindung kaum, auch weil dies in einer Welt ohne Internet und online verfügbare Konditionenvergleiche mit verhältnismäßig viel Aufwand verbunden war. Auf diese Weise subventionierten die Privatkunden zugleich bis zu einem gewissen Grade das Geschäft ihrer Hausbanken, denn die meisten Banken – gerade aus dem Sparkassen- und Genossenschaftssektor – wussten, dass ihre Kunden nicht gleich abspringen würden, wenn man beispielsweise das Festgeld ein wenig niedriger verzinste. Und an Aktien oder festverzinsliche Wertpapiere – zumindest jenseits von Bundesschatzbriefen etc. – dachten die meisten Privatkunden kaum. Auch das sicherte den Banken auskömmliche Geschäfte, und dadurch war es möglich, ein dichtes Filialnetz zu unterhalten. Und wenn es kritisch wurde, ermöglichte eine langjährige Kundenbeziehung auch manchen Kredit, der sonst nicht ohne Weiteres darstellbar gewesen wäre.

Die erhebliche Bedeutung der Großbanken für den Wirtschaftsstandort Deutschland hatte zudem eine politische Dimension. So galten führende Repräsentanten großer Banken gleichermaßen als Sachwalter nationaler Interessen. Ein Beispiel dafür war das Engagement des Vorstandssprechers der Deutschen Bank, Hermann-Josef Abs, bei der Wiedereinbindung der deutschen Wirtschaft in die internationale Finanzwelt nach dem Zweiten Weltkrieg.[4] So nahm Abs unter anderem als Interessenvertreter

---

4 Vgl. hierzu Lothar Gall, Der Bankier Hermann Josef Abs. Eine Biographie, München 2004, S. 319–350.

der Bundesrepublik Deutschland am Londoner Schuldenabkommen im Jahre 1953 teil. Eine solche Interessenverbindung gab zwar der Kritik am Einfluss der Banken weitere Nahrung, aber gleichwohl bleibt festzustellen, dass in zahlreichen Fällen Banken mit der Politik zum wechselseitigen Vorteil kooperierten, da beide Seiten auf die dauerhafte Stabilität des Finanzsystems und der politischen Beziehungen der jungen Bundesrepublik Deutschland angewiesen waren.

Zu der herausgehobenen Funktion der Banken für die Unternehmensfinanzierung in Deutschland trug auch die Struktur des Bankensektors bei, die trotz aller Konsolidierungsprozesse der vergangenen Jahre im Grundsatz unverändert geblieben ist.[5] So untergliedert sich der Bankensektor in Deutschland in drei Sektoren, die sich vor allem hinsichtlich ihrer Rechtsformen und ihres Geschäftsverständnisses unterscheiden: den Privatbankensektor, den Sparkassensektor und den genossenschaftlichen Bankensektor. Hinzu kommen Spezialkreditinstitute und öffentliche Kreditinstitute mit Förderauftrag, wie die Kreditanstalt für Wiederaufbau (KfW). Der Privatbankensektor umfasst neben deutschlandweit tätigen Großbanken auch Regionalbanken und kleinere Privatbanken, wobei die meisten privaten Banken als Aktiengesellschaften firmieren. Die Kreditinstitute des Sparkassensektors befinden sich im Regelfall im Eigentum der öffentlichen Hand und sollen bei ihrer Geschäftspolitik einen öffentlichen Auftrag verfolgen, zu dem neben der Förderung der Ersparnisbildung insbesondere die Unterstützung der regionalen Wirtschaft durch Kredite zählt. Der genossenschaftliche Bankensektor, der nach wie vor knapp 1.000 selbstständige Kreditinstitute von sehr unterschiedlicher Größe umfasst, versteht sich als Instrument zur Unterstützung der wirtschaftlichen Tätigkeit seiner Mitglieder. Die Bedeutung der drei Sektoren wird in Abbildung 1 deutlich. Dabei spielen Sparkassen und Genossenschaftsbanken insbesondere bei der Kreditversorgung mittelständischer Unternehmen unverändert eine wichtige Rolle.

---

5 Vgl. hierzu Deutsche Bundesbank, Strukturelle Entwicklungen im deutschen Bankensektor, in: Monatsbericht April 2015, S. 33–59.

*Abbildung 1: Das Bankensystem in Deutschland im
Jahr 2016 – Überblick*

Quelle: Deutsche Bundesbank

2.2 Herausforderungen dieses Modells
seit dem ausgehenden 20. Jahrhundert

Das dargestellte ‚Nachkriegsmodell' kam seit den neunziger Jahren von verschiedenen Seiten unter Druck, als sich in einem zunehmend verflochtenen globalen Wirtschafts- und Finanzsystem auch die Finanzierungsmodelle globalisierten.

Eine erste Herausforderung war das Vordringen kapitalmarktorientierter Finanzierungslösungen, beispielsweise in der Form, dass sich Unternehmen stärker über die Emission von Anleihen statt über Bankkredite finanzierten.[6] Zudem gründeten international agierende Konzerne immer öfter eigene Finanzierungsgesellschaften, welche die Kapitalallokation zwischen den verschiedenen Konzerntöchtern übernahmen.[7] So konnten die Margen der zuvor beteiligten Banken eingespart werden, sodass sich die Finanzierung auf Konzernebene vergünstigte. Hinzu kam vor allem bei mittelständischen Unternehmen ein Anstieg der Eigenkapitalquote, der die Abhängigkeit von Banken verringerte. Die Folge dieser Entwicklungen war ein Bedeutungsverlust der Bankkredite im Rahmen der Unternehmensfinanzierung, der in den Unternehmensbilanzen als Rückgang des Anteils der Bankverbindlichkeiten an den Passiva deutscher Unternehmen zum Ausdruck kam, während die Eigenmittelquoten und die Verbindlichkeiten gegenüber verbundenen Unternehmen – d. h. konzerninternen Finanzierungsgesellschaften – anstiegen (siehe Abb. 2).

Der Bedeutungsverlust der Bankkredite im Rahmen der Unternehmensfinanzierung ging einher mit einem langfristigen Rückgang der Zinsspanne deutscher Banken, der sich seit den achtziger Jahren des 20. Jahrhunderts beobachten lässt (siehe Abb. 3).

Für die betroffenen Banken bedeutete dies, dass sie im Bereich der Finanzierung von Großunternehmen vor allem dann weiterhin Gewinne erwirtschaften konnten, wenn sie sich auf das Investmentbanking, d. h. die Emission und den Handel von Wertpapieren, konzentrierten. Banken entdeckten daher diesen Bereich zunehmend als lukrative Alternative zum Firmenkreditgeschäft. Im Kreditgeschäft mit kleinen und mittelgroßen Unternehmen

6 Vgl. unter anderem Johannes C. Bockenheimer, Kredit verspielt, in: Wirtschaftswoche, Nr. 43, 2011, S. 112–114.
7 Vgl. hierzu Deutsche Bundesbank, Die langfristige Entwicklung der Unternehmensfinanzierung in Deutschland – Ergebnisse der gesamtwirtschaftlichen Finanzierungsrechnung, in: Monatsbericht Januar 2012, S. 13–28.

Christian Hecker

Abbildung 2: Bedeutungsverlust des Bankkredites im Rahmen der Unternehmensfinanzierung

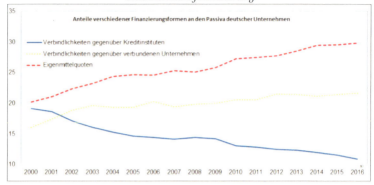

Quelle: Deutsche Bundesbank (Schätzwert).

Abbildung 3: Langfristiger Rückgang der Zinsspanne deutscher Banken

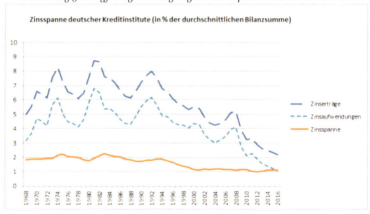

Quelle: Deutsche Bundesbank.

konnte das ‚Hausbankprinzip' hingegen seine dominante Rolle weitgehend behaupten .[8]

8 Vgl. Christoph Memmel / Christian Schmieder / Ingrid Stein, Relationship lending – empirical evidence for Germany, in: Deutsche Bundesbank Discussion Paper, Vol. 14, 2007.

90

Hinzu kamen neue Informations- und Kommunikationstechnologien, vor allem über das Internet, welche die Finanzintermediation im Unternehmens- und Privatsektor grundlegend veränderten.[9] So wurde es sehr einfach, Bankkonditionen über das Internet zu vergleichen und das jeweils lukrativste Angebot auszuwählen. Damit einher ging eine Dynamisierung der Kundenbeziehungen, da immer mehr Privatkunden diverse Bankverbindungen parallel unterhielten und bei Veränderungen der Konditionen schnell zwischen verschiedenen Anbietern hin und her wechselten. So wurde die auf Dauer angelegte Hausbank-Beziehung immer stärker durch flexible Anlageentscheidungen abgelöst.

Weitere Herausforderungen brachte die mit der Digitalisierung des Finanzsystems verbundene Entstehung innovativer Finanzmarktanbieter (sog. ‚Fintechs‘), die immer stärker in Konkurrenz zu konventionellen Banken traten.[10] Die betroffenen Banken reagierten darauf unter anderem, indem sie selbst verstärkt Dienstleistungen über das Internet anboten und Kunden zur Inanspruchnahme dieses Vertriebskanals – v. a. durch Online-Banking – drängten.

Darüber hinaus begünstigten die verbesserten Informations- und Kommunikationstechnologien die Entstehung neuer (‚innovativer‘) Finanzprodukte, welche die Investitionsmöglichkeiten der Anleger erweiterten und – vor allem im Investmentbanking – lukrative Verdienstmöglichkeiten für Banken erschlossen. Ein Problem lag allerdings darin, dass diese innovativen Finanzprodukte oftmals mit einem hohen Maß an Intransparenz verbunden waren; d. h. Anleger verstanden vielfach die damit verbundenen Risiken nicht vollständig und wurden von ihren Bankberatern bisweilen auch nicht hinreichend darüber informiert.

Die dargestellten Herausforderungen im deutschen Bankensektor sind zugleich Ausdruck von Veränderungen auf globaler Ebene, die das internationale Finanzsystem in seiner Gesamtheit

---

9 Vgl. u. a. Andreas Dombret, Aussitzen ausgeschlossen: Was bedeutet Digitalisierung für den Bankensektor in Deutschland?, in: Zeitschrift für das gesamte Kreditwesen, Jg. 68, 2015, S. 860–864.

10 Vgl. u. a. Björn B. Schmidt, Fintechs: Neue Geschäftsmodelle für Banken, in: Die Bank, 9/2014, S. 75–77.

betreffen. Ausdruck dieses Wandels ist zunächst die gewachsene Bedeutung von Finanzmärkten für die Kapitalanlage und Investitionsfinanzierung, die sich unter anderem in einem deutlichen Anstieg der Handelsvolumina im Bereich von Wertpapieren und Derivaten widerspiegelt.[11]

Diese Tendenzen wirkten auch in den Bereich der traditionellen Bankgeschäfte hinein, beispielsweise in der Form, dass Kreditforderungen in zunehmendem Maße durch Verbriefungen in handelbare Finanzprodukte verwandelt wurden. So wurden beispielsweise Kredite an Unternehmen oder Privatpersonen durch Zweckgesellschaften in Form spezieller Wertpapiere (sog. ,Asset Backed Securities') verbrieft und an Kapitalmärkten gehandelt. Dementsprechend änderten sich auch die Geschäftsmodelle vieler Banken, die entweder durch den Erwerb derartiger Wertpapiere ihr Kreditportfolio diversifizierten oder aber diese Gelegenheit nutzten, um Teile ihrer Kredite aus der eigenen Bilanz zu entfernen und dadurch Möglichkeiten für neue Geschäfte zu gewinnen.

Im Zuge dieses Funktionswandels erhöhte sich zudem die Bedeutung anderer Finanzmarktakteure, die bankähnliche Geschäfte betreiben, aber nicht zu den Banken gezählt werden und damit auch keiner bankaufsichtlichen Regulierung unterliegen (sog. ,Schattenbanken'). Dazu zählen insbesondere Kapitalanlagegesellschaften, Versicherungen oder Zweckgesellschaften, beispielsweise zur Verbriefung von Kreditforderungen. Diese ,Schattenbanken' können durch ihre wechselseitigen Verflechtungen und ihre Verbindungen zum Bankensektor dazu beitragen, dass Instabilitäten im Finanzsystem (sog. ,systemische Risiken') entstehen, die durch die konventionelle Bankenregulierung und -aufsicht nicht adäquat eingedämmt werden.

Dieser Wandel im Bankensektor war zugleich Ausdruck tiefer gehender Veränderungen in Wirtschaft und Gesellschaft. So lässt sich der Bedeutungszuwachs des Investmentbankings zunächst durch die Deregulierung der internationalen Kapitalmärkte er-

---

11 Vgl. hierzu Stephan Schulmeister, Handelsdynamik und Preisschwankungen auf Finanzmärkten und das Stabilisierungspotential einer Finanztransaktionssteuer, in: WIFO-Monatsbericht, 8/2008, S. 607–626.

klären, die in den achtziger Jahren des 20. Jahrhunderts begann. Wichtige Eckpunkte dieser Entwicklung waren beispielsweise die Abschaffung wesentlicher Handelsbeschränkungen am Finanzplatz London (1986) oder die Aufhebung des Glass-Steagall-Acts in den USA (1999). Für Deutschland sind in diesem Zusammenhang die vier Finanzmarktfördergesetze aus den Jahren 1990 bis 2002 sowie das Investmentmodernisierungsgesetz aus dem Jahre 2004 zu nennen, die neben steuerlichen Vergünstigungen im Bereich der Finanzmärkte u. a. eine Zulassung neuartiger Finanzprodukte und eine Erweiterung des Anlagespektrums für Fondsgesellschaften beinhalteten.[12]

Zudem kam es durch den Fall des Eisernen Vorhangs, die wirtschaftliche Liberalisierung in vormals kommunistisch regierten Ländern und die damit verbundene Zunahme des Welthandels zu einer Ausweitung der Kapitalströme, die auf globaler Ebene nach neuen Investitionsmöglichkeiten suchten und weltweit agierenden Banken lukrative Geschäftsperspektiven, vor allem im Investmentbanking, boten.

Darüber hinaus wurden in den USA seit den siebziger Jahren die großen Investmentbanken sukzessive von Partnerschaften mit persönlicher Haftung in Aktiengesellschaften umgewandelt, was eine deutliche Zunahme der Risikobereitschaft in dieser Branche zur Folge hatte.[13] Daraus ergab sich ein Wettbewerbsdruck, dem sich auch andere Banken nicht entziehen konnten, insbesondere vor dem Hintergrund einer zunehmenden Orientierung der Unternehmenspolitik weltweit am Prinzip des sog. ‚Shareholder Value‘, das die Maximierung der Rendite der Anteilseigner in den Mittelpunkt stellte. So führte die öffentlichkeitswirksame Postulierung ehrgeiziger Zielwerte für die Eigenkapitalrendite durch einzelne Bankvorstände dazu, dass sich auch andere Banken an diesen Zielen messen lassen mussten. Die Folge war ein wettbewerbsinduzierter Veränderungsdruck, der neben den Geschäfts-

12 Vgl. hierzu Deutsche Bundesbank, Strukturelle Entwicklungen im deutschen Bankensektor, a. a. O., S. 33–59.
13 Vgl. hierzu Henry Kaufman, On Money and Markets. A Wall Street Memoir, New York et al. 2000, S. 85–98 sowie Robert Shiller, Finance and the Good Society, Princeton 2012, S. 174–177.

modellen im Finanzsektor zunehmend auch moralische Werte, wie den Umgang mit Kunden, umfasste.[14]

Verschärft wurde die Shareholder Value-Orientierung zudem durch eine immer stärkere Ausrichtung an einem sehr kurzfristigen Zeithorizont, die sich beispielsweise darin äußerte, dass bei der Unternehmensbewertung durch Analysten die Quartalsberichte eine immer wichtigere Rolle spielten, während langfristige Strategien kaum noch beachtet wurden. Diese Entwicklung, die sich in nahezu allen Branchen beobachten ließ, wurde inzwischen sogar durch führende Protagonisten der Shareholder Value-Idee, wie A. Rappaport, kritisiert.[15] Darüber hinaus war der Wandel im deutschen Bankensektor zugleich Ausdruck einer zunehmenden sozialen Mobilität, die dazu führte, dass lebenslange Bindungen im Bereich der Wirtschaft ebenso wie im Privatleben generell an Bedeutung verloren.[16] Dies galt für Arbeitsverhältnisse ebenso wie für Kunden- bzw. Lieferantenbeziehungen, und so war es nicht verwunderlich, dass auch das tradierte ‚Hausbank-Prinzip‘ darunter zu leiden hatte.

2.3 Problematische ordnungspolitische Rahmenbedingungen

Der verschärfte Wettbewerbsdruck – vor allem im Bereich des Investmentbankings – spielte sich zudem unter problematischen ordnungspolitischen Rahmenbedingungen ab, die zur Ausblen-

14 Vgl. hierzu Christian Hecker, Werte und Institutionen im Wettbewerb. Wirtschaftspolitik, Moral und Verantwortung unter den Bedingungen des gesellschaftlichen Wandels, in: Zeitschrift für Wirtschaftspolitik, Jg. 64, 2015, S. 139–170.
15 Vgl. hierzu Alfred Rappaport, Saving Capitalism From Short-Termism. How to Build Long-Term Value and Take Back Our Financial Future, New York 2011.
16 Vgl. hierzu auch Christian Hecker, Die Soziale Marktwirtschaft als Ausdruck bürgerlicher Werte und Lebensformen – Mentalitätsgeschichtliche und institutionenökonomische Überlegungen zum bundesdeutschen Wirtschaftsmodell der Nachkriegszeit, in: Zeitschrift für Wirtschafts- und Unternehmensethik, Jg. 15, Heft 1, 2014, S. 110–142.

dung von Risiken und damit zu einer verstärkten Krisenanfälligkeit von Banken führten.[17]

Dazu trug insbesondere die Entstehung sog. „systemischer Risiken" bei, in dem Sinne, dass Schieflagen bei einzelnen Finanzinstituten das gesamte Finanzsystem gefährden konnten. Ursächlich für diese Risiken waren und sind einerseits finanzielle Verflechtungen auf vertraglicher Grundlage, beispielsweise durch Interbankenkredite, Derivate-Kontrakte oder Beteiligungen. Aber auch ohne direkte vertragliche Beziehungen können systemische Risiken entstehen, insbesondere wenn es zu institutsübergreifenden Vertrauensverlusten kommt, die im Krisenfall in einen allgemeinen Abzug von Einlagen (sog. ‚Bank Run') münden können. Zudem können systemische Risiken über die Finanzmärkte weitergeleitet werden. Ein Beispiel hierfür sind Notverkäufe von Wertpapieren aufgrund von Verlusten einzelner Banken, die Kurseinbrüche an den Börsen und damit wiederum Verluste bei anderen Banken auslösen können.

Vor dem Hintergrund dieser Risikowahrnehmung hatte sich an den Finanzmärkten die Erwartung gebildet, dass der Staat im Krisenfall Unterstützung leisten würde, um den Zusammenbruch großer Finanzinstitute zu verhindern und dadurch unkalkulierbare Auswirkungen auf das gesamte Wirtschaftsleben abzuwenden. Große Banken galten als ‚too big to fail', mit der Folge, dass in Krisensituationen Unterstützungsmaßnahmen des Staates bzw. der Zentralbanken erwartet wurden. Diese Erwartung führte zu ‚Moral Hazard', d. h. Investoren gingen bewusst höhere Risiken ein, da sie darauf spekulierten, im Krisenfalle Verluste nicht in voller Höhe tragen zu müssen.[18] So bot die Erwartung von Staatshilfen beispielsweise einen willkommenen Anlass zur Reduzierung von Eigenkapitalquoten, um zu Gunsten der Anteilseigner hohe

---

17 Vgl. u. a. Anat R. Admati / Martin Hellwig, Des Bankers neue Kleider. Was bei Banken wirklich schiefläuft und was sich ändern muss, München 2013.

18 Vgl. Christian Hecker, Moral Hazard im Finanzsektor. Ökonomische und moralphilosophische Anmerkungen zu einer wirtschaftspolitischen „Dauerbaustelle" (2016), in: Wirtschaftswissenschaftliches Studium (WiSt), 45 (7), S. 369–375.

Eigenkapitalrenditen ausweisen zu können. Dadurch kam es zu einem generellen Anstieg der Risikobereitschaft im Finanzsektor, mit der Folge, dass die Verlustrisiken so groß wurden, dass Staaten während der Krise ab 2007 tatsächlich in vielen Fällen mit Steuergeldern einspringen mussten, um einen Zusammenbruch des Finanzsystems mit unkalkulierbaren Folgen für die gesamte Wirtschaft abzuwenden. Die Erwartung staatlicher Hilfsmaßnahmen wurde somit zu einer ‚self fullfilling prophecy'.[19]

Diese ‚implizite Staatsgarantie' für große Banken erschloss zugleich lukrative Verdienstmöglichkeiten in der Finanzbranche, von denen vor allem Finanzmathematiker, Physiker und quantitativ ausgerichtete Ökonomen profitieren konnten. In diesem Kontext kam es durch Wettbewerb zu weiteren Dynamisierungsprozessen. So ergaben sich beispielsweise bei der Gestaltung von immer komplexeren Verbriefungstransaktionen interessante Verdienstpotentiale für die beteiligten Investmentbanker, Anwaltskanzleien und Ratingagenturen. In Folge dessen mussten auch andere Finanzmarktakteure entsprechendes Know How aufbauen, wenn sie die neu entstandenen Produkte verstehen und an zukunftsträchtigen Marktentwicklungen partizipieren wollten. So waren auch andere Banken genötigt, sich an diesen Trend anzuschließen und Experten aus dem Investmentbanking einzustellen, wenn sie die Renditeerwartungen ihrer Investoren erfüllen wollten.

Besonders fatal war diese Entwicklung in Verbindung mit einer zunehmenden Verkürzung des Zeithorizontes der Akteure, die durch entsprechende bankinterne Boni-Systeme gefördert wurde. So wurden Boni in der Regel ausschließlich am Erfolg des jeweiligen Geschäftsjahres bemessen, so dass erhebliche Anreize zur Ignoranz mittelfristiger Risiken bestanden. Und in der Tat zeigte sich in den Jahren der Krise ab 2007, dass die meisten der verantwortlichen Akteure ihre persönlichen Gewinne längst gesichert hatten, als die öffentliche Hand die Verluste ihrer Finanzinstitute auffangen musste.

---

19 Vgl. auch Lammertjan Dam / Michael Koetter, Bank bailouts, interventions, and moral hazard, Deutsche Bundesbank – Discussion Paper, Series 2, 10/2011.

Auch unter dem Gesichtspunkt der Allokationseffizienz hatte dieser Trend problematische Auswirkungen. So kam es zu einer Fehlallokation in dem Sinne, dass Ressourcen aus der Realwirtschaft in den Finanzsektor umgeleitet wurden,[20] da es beispielsweise für karriereorientierte Hochschulabsolventen besonders lukrativ war, in der Finanzbranche zu arbeiten. Dabei lässt sich eindeutig von einer Fehlallokation sprechen, da inzwischen durch zahlreiche Studien nachgewiesen worden ist, dass ein übermäßiges Wachstum des Finanzsektors negative Auswirkungen auf die Entwicklung der jeweiligen Volkswirtschaft insgesamt hat. So wurde gezeigt, dass bei der Überschreitung nachweisbarer Grenzwerte ein weiteres Wachstum des Finanzsektors regelmäßig zu einer Verringerung des Produktivitätsfortschritts im realwirtschaftlichen Sektor führt.[21]

Als Folge dieser ordnungspolitischen Fehlentwicklungen ergab sich eine hochexplosive Risikolage, die sich ab 2007 in einer der schwersten Finanz- und Wirtschaftskrisen der Weltgeschichte entlud.

2.4 Reaktionen der Banken auf den zunehmenden Wettbewerbs- und Ertragsdruck

Die in Deutschland ansässigen Banken entwickelten verschiedene Strategien, um mit diesen Entwicklungen umzugehen.

Einerseits kam es gerade bei kleineren Sparkassen und Genossenschaftsbanken zu zahlreichen Fusionen (siehe Abb. 4), die im Bereich der Personal- und Sachkosten Synergieeffekte ermöglichten und zudem die Voraussetzungen dafür schafften, dass auch komplexere Wertpapierdienstleistungen flächendeckend angeboten werden konnten.

---

20 Vgl. hierzu Anton Korinek / Jonatahn Kreamer, The redistributive effects of financial deregulation: wall street versus main street, in: BIS Working Paper No 468, 2014.

21 Vgl. u. a. Ratna Sahay / Martin Cihák, Papa N'Diaye et al., Rethinking Financial Deepening: Stability and Growth in Emerging Markets, in: IMF Staff Discussion Note 08/2015.

Abbildung 4: Rückgang der Kreditinstitute in Deutschland

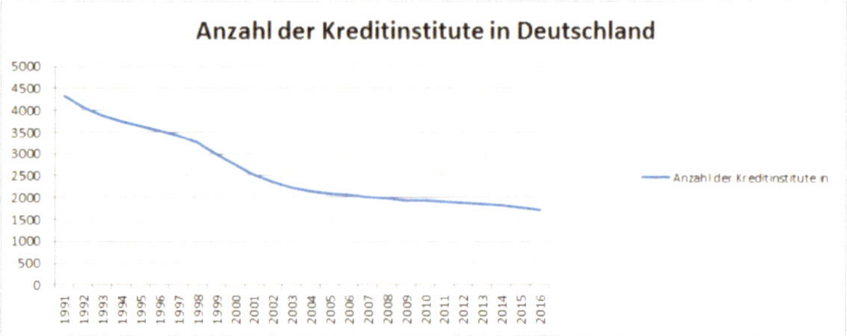

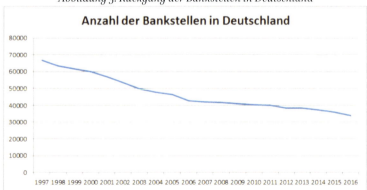

Anzahl der Kreditinstitute in Deutschland

Quelle: Deutsche Bundesbank.

Damit einher ging eine Intensivierung der Zusammenarbeit innerhalb der Sparkassen- und Genossenschaftsverbände. Diese Veränderungen waren zum Teil von existenzieller Notwendigkeit, um die Attraktivität gerade von Genossenschaftsbanken und Sparkassen in Anbetracht der dargelegten globalisierungs- und technologiebedingten Umbrüche weiterhin zu gewährleisten und den Marktanteil dieser Institute zu sichern.

Zudem wurden Kosten im Privat- und Firmenkundengeschäft eingespart, indem Filialen geschlossen wurden (siehe Abb. 5).

Abbildung 5: Rückgang der Bankstellen in Deutschland

Anzahl der Bankstellen in Deutschland

Quelle: Deutsche Bundesbank.

Darüber hinaus reagierten viele Kreditinstitute auf die dargelegten Umbrüche mit einer Veränderung ihrer Geschäftsmodelle.

Dabei gewann der Vertrieb kapitalmarktorientierter Anlageprodukte eine immer größere Bedeutung, wobei oftmals konzern- oder verbundinterne Vertriebsstrukturen entstanden, aus denen Vertriebsziele hinsichtlich einzelner Produktklassen, wie Investmentfondsanteile oder Lebensversicherungen, abgeleitet wurden.

2.5 Konsequenzen für Bankmitarbeiterinnen und -mitarbeiter

Für die Mitarbeiter in den Kreditinstituten bedeutete dies, dass sie immer häufiger mit neuartigen Vertriebsvorgaben konfrontiert wurden. Dieser Vertriebsdruck bestand insbesondere im Hinblick auf Kapitalmarktprodukte, die den Banken Provisionserträge ohne größere Marktpreis- oder Adressenausfallrisiken sicherten. Damit einher ging zumeist eine Veränderung der Vergütungsstrukturen, die immer öfter einen höheren Anteil variabler Vergütungskomponenten umfassten, dessen Auszahlung an die Erreichung bestimmter Zielvorgaben gekoppelt war. Infolge dessen ergaben sich bisweilen Interessenkonflikte, wenn diese Vertriebsvorgaben im Widerspruch zum Bedürfnis des Kunden standen.

Zudem waren auch die Bankmitarbeiter – gerade im Vertrieb – mit der Intransparenz von Produkten konfrontiert, deren Risiken sie nicht vollumfänglich einschätzen konnten. Konflikte entstanden dabei nicht nur durch bankinterne Zielvorgaben, sondern oftmals auch durch die Wünsche von Kunden, bei denen Renditeerwartungen und Risikobewusstsein auseinanderklafften.

Außerdem wurde vor allem das Beratungsgeschäft dadurch erschwert, dass die Beziehungen zwischen Banken und Kunden immer kurzfristiger wurden. So gab es auch für die Bankmitarbeiter keine Gewissheit mehr, dass Kunden eine seriöse Beratung durch langfristige Geschäftsbeziehungen honorieren würden. Darüber hinaus erschwerten die geringere Filialdichte und das stärkere Vordringen des Online-Bankings die Aufrechterhaltung individueller Beziehungen zu den einzelnen Kunden.

Viele Mitarbeiter in Banken, vor allem im Vertrieb, sahen sich daher zunehmend in einer ,Sandwich-Position', da sie von verschiedenen Seiten mit Renditeerwartungen konfrontiert wurden, die nicht komplett erfüllbar waren. Dies lag nicht nur an veränderten Vertriebsstrategien ihrer Banken, sondern auch daran, dass die Kunden im Online-Zeitalter immer seltener dazu bereit waren, zugunsten ihrer Hausbank auf Zinsprozentpunkte zu verzichten.

3. *Ethische Herausforderungen dieses Wandels*

3.1 Beispiele für ethisch fragwürdiges Verhalten im Bankensektor

Vor diesem Hintergrund erscheint es nicht verwunderlich, wenn sich in Anbetracht der aufgezeigten Interessenkonflikte vielfache Beispiele für ethisches Fehlverhalten feststellen lassen, die zum Teil die Grenze der Illegalität überschritten.

Ein derartiges Beispiel war die gezielte Schaffung bzw. Ausnutzung von Intransparenz gegenüber Kunden bzw. Geschäftspartnern. In diese Kategorie fällt insbesondere der Verkauf komplexer Zinsderivate (‚Zinswetten') an Kommunen oder mittelständische Unternehmen, bei dem die Unerfahrenheit der Geschäftspartner durch die gezielte Schaffung von Informationsasymmetrien bewusst ausgenutzt wurde.[22] So wurde den Partnern beispielsweise verschleiert, dass sich ihre Verluste tendenziell ohne Begrenzung entwickeln konnten, während die möglichen Zahlungspflichten der Bank durch eine Obergrenze (‚Cap') gedeckt waren.

Auch im Vertriebsgeschäft mit Privatkunden zeigten sich zahlreiche Indizien für ethisches Fehlverhalten, vor allem in der Form, dass Anlegern Produkte angedient wurden, die zwar in die Vertriebsstrategie der Bank, nicht jedoch zum Bedarf des Kunden passten. So wurden beispielsweise in diversen Fällen Senioren langjährige Sparverträge angeboten, die teilweise deren Lebenserwartung deutlich überstiegen. Ein weiteres Beispiel war der Vertrieb von Aktienfonds mit absehbar hohen Wertschwankungen an junge Familien, die aufgrund einer bereits geplanten Immobilien-

---

22 Vgl. hierzu Benedikt Fehr, Städte verlieren mit Zinswetten Millionen, in: Frankfurter Allgemeine Zeitung, 31. 08. 2007.

finanzierung nur einen kurzfristigen Anlagehorizont hatten. Desgleichen wurden offene Immobilienfonds oder Bank-Zertifikate mit Adressenausfallrisiken oftmals als vermeintliche Alternative zum Sparbuch offeriert, ohne dass hinreichend deutlich auf die damit verbundenen Risiken hingewiesen wurde.

Weitere Ebenen des Fehlverhaltens zeigten sich im Investmentbanking. Spektakuläre Beispiele, die bei ihrer Enthüllung für viel Medienresonanz sorgten, waren die Manipulationen von Referenzkursen bzw. -zinssätzen durch Händler großer Investmentbanken. So ließen sich insbesondere gezielte Beeinflussungen der Referenzzinssätze LIBOR und EURIBOR feststellen, die dazu führten, dass die Aufsichtsbehörden in den USA und auch in Europa erhebliche Geldbußen – bis in den Milliardenbereich – gegen die beteiligten Banken verhängten.[23] Einzelne überführte Händler wurden auch strafrechtlich verfolgt. Auch beim Goldfixing und bei der Feststellung von Devisenkursen wurden inzwischen spektakuläre Manipulationsfälle enthüllt.

Darüber hinaus wurden bereits seit längerer Zeit immer wieder Beispiele für Fehlverhalten von Analysten im Wertpapier-Research aufgedeckt. So ließ sich wiederholt beobachten, dass Kauf- oder Verkaufsempfehlungen von Analysten durch das Eigeninteresse ihrer Banken beeinflusst waren, um bestimmte Wertpapierkurse in eine gewünschte Richtung zu treiben.

Zudem lassen sich bestimmte Strategien im Investmentbanking grundsätzlich aus ethischer Sicht hinterfragen, wenn die dabei zu Grunde gelegten Geschäftsmodelle nicht auf Wertschöpfung zum Vorteil anderer beruhen, sondern ausschließlich spekulativer Natur sind. Beispiele dafür sind Verbriefungstransaktionen, die wiederum Verbriefungen umfassen (sog. ‚Verbriefungen im Quadrat‘). Spätestens in diesen Fällen liegen definitiv keine Transaktionen mit realwirtschaftlichem Bezug mehr vor, sondern reine Finanzmarktarithmetik, die aufgrund der damit einherge-

---

23 Vgl. bspw. Martin Hesse, ‚Schäbiger Umgang‘. Ein Skandal um manipulierte Zinssätze erschüttert Europas Finanzbranche, in: Der Spiegel, 28/2012, S. 64–67 sowie – aus analytischer Sicht – Darrell Duffie / Jeremy C. Stein, Reforming LIBOR and other financial market benchmarks, Jg. 29, Heft 2, 2015, S. 191–212.

henden systemischen Risiken mit Kosten zu Lasten Dritter, bzw. der Allgemeinheit, verbunden ist.[24] Somit handelt es sich hier aus wohlfahrtsökonomischer Sicht nicht um Geschäfte zur Steigerung der gesellschaftlichen Wohlfahrt, sondern in summa sogar um eine Wertvernichtung, da der Gewinn einzelner Akteure geringer ist als die Summe aus den Verlusten anderer unter Einbeziehung der sozialen Kosten systemischer Risiken.

3.2 Ebenen moralphilosophischer Kritik

Aus moralphilosophischer Sicht erweisen sich die genannten Problembeispiele zunächst als klare Verletzung des kategorischen Imperativs in der Tradition von Kant,[25] da hier nach Maximen – bis hin zum Betrug – gehandelt wird, die für das Zusammenleben innerhalb der Gesellschaft zerstörerisch sind. Dies kommt auch darin zum Ausdruck, dass einige dieser Praktiken inzwischen zum Gegenstand juristischer Auseinandersetzungen geworden sind.

Der Begriff ‚Moral Hazard' (siehe Abschnitt 2.3) hatte interessanterweise schon immer eine moralische Konnotation. Dies wird bereits anhand der erstmaligen Beschreibung derartiger Phänomene in der ökonomischen Fachliteratur – insbesondere durch Adolph Wagner – deutlich.[26] Auch die frühe theoretische Analyse dieser Problematik im Rahmen der angewandten Mikroökonomik ist durch die systematische Verbindung moralischer und öko-

---

24 Vgl. hierzu Martin Hellwig, Finanzkrise und Reformbedarf, Reprints of the Max Planck Institute for Research on Collective Goods, Bonn 19/2010, S. 14 f. sowie Christian Hecker, Wenn aus Kontingenz Notwendigkeit wird. Die neue Welt der Finanzmärkte und die alten Warnungen Martin Luthers; in: Zeitschrift für Evangelische Ethik, 59 (3), 2015, S. 191–204.

25 Vgl. hierzu Immanuel Kant, Grundlegung zur Metaphysik der Sitten, in: Kants Werke. Akademie-Ausgabe, Band IV, Berlin (West) 1785/1986, S. 385–463.

26 Vgl. hierzu Adolph Wagner, Die Handelskrisis von 1857 und ihre Veranlassungen, Berlin 1858/1931, S. 77 sowie Adolph Wagner, Allgemeine oder theoretische Volkswirtschaftslehre. Mit Benutzung von Rau's Grundsätzen der Volkswirtschaftslehre, Erster Theil: Grundlegung, Leipzig/Heidelberg 1876, S. 202.

nomischer Gesichtspunkte gekennzeichnet.[27] Aus ökonomischer Sicht entscheidend ist in diesem Zusammenhang, dass Wettbewerb unter den Bedingungen von Moral Hazard kein Instrument zur Förderung der gesellschaftlichen Wohlfahrt darstellt, da sich in diesem Falle regelmäßig diejenigen durchsetzen, die Vorteile zu Lasten Dritter, bzw. der Allgemeinheit, ansteuern. Daher steht an dieser Stelle letztendlich die Legitimität der marktwirtschaftlichen Ordnung auf dem Spiel, wenn es nicht gelingt, Moral Hazard durch eine adäquate Ordnungspolitik zu vermeiden.

Weitere Kritikpunkte ergeben sich auf der Grundlage der christlichen Sozialethik, sowohl in katholischer als auch in protestantischer Tradition. In diesem Kontext ist zunächst festzustellen, dass die beschriebenen Geschäftspraktiken das Postulat der Lebensdienlichkeit ökonomischer Aktivitäten verletzen, denn schließlich stellen diese Transaktionen keine Wertschöpfung zum gegenseitigen Vorteil, sondern eine Gewinnerzielung zu Lasten anderer – bis hin zur Wertvernichtung auf aggregierter Ebene – dar. In der Tradition der katholischen Soziallehre ist hierbei von einer Verletzung des ‚Sachziels der Wirtschaft' zu sprechen, das in der Sicherung der Bedarfsdeckung und der Bedingungen der Selbstentfaltung der Individuen gesehen wird.[28] Veranschaulicht wird dieses Sachziel beispielsweise in einer Äußerung von Papst Johannes XXIII. in seiner Enzyklika ‚Mater et magistra': „Die nationale Wirtschaft als die Wirtschaft der in der staatlichen Gemeinschaft verbundenen wirtschaftenden Menschen hat keinen anderen Zweck, als dauernd die materielle Grundlage zu schaffen, auf der sich das volle persönliche Leben der Staatsbürger verwirk-

---

27 Vgl. hierzu Kenneth J. Arrow, Uncertainty and the Welfare Economics of Medical Care, in: American Economic Review, 53, 1963, S. 941–73, die Kritik an Arrow (1963) durch Mark V. Pauly, The Economics of Moral Hazard: Comment, in: The American Economic Review, 58 (3), Part 1, 1968, S. 531–537 sowie die Replik von Kenneth J. Arrow, The economics of moral hazard: further comment, in: American Economic Review, 58, 1968 S. 537–539.

28 Vgl. bspw. Oswald von Nell-Breuning, Wirtschafte wirtschaftlich?, in: ders. (Hrsg.), Wirtschaft und Gesellschaft heute. Band I (Grundfragen), Freiburg im Breisgau 1951/1956, S. 196–207 oder auch Peter Koslowski, Prinzipien der Ethischen Ökonomie, Tübingen 1988.

lichen kann".[29] Auch in der protestantischen Sozialethik findet sich ein ähnlicher Begründungsansatz, der sich exemplarisch auf die Berufsethik Martin Luthers zurückführen lässt, gemäß derer die wirtschaftliche Betätigung in Analogie zu einer geistlichen Berufung einen Dienst am Mitmenschen – und damit an Gott – darzustellen hat.[30]

Darüber hinaus bietet bereits ein Blick in die Zehn Gebote des Alten Testaments, die dort als Grundlage eines gesellschaftlichen Zusammenlebens in Frieden und Wohlstand postuliert werden, vielfache Ansatzpunkte zur Kritik. So ist beispielsweise die Intransparenz bestimmter Finanzprodukte nicht naturgegeben, sondern bedingt durch entsprechende Gewinninteressen, die absolut gesetzt werden und die Bedürfnisse des Nächsten – in diesem Falle: des Kunden – ausblenden. Aus biblischer Sicht handelt es sich hierbei um fehlende Wahrhaftigkeit, denn eigentlich lehrt das achte Gebot des Dekalogs, dass es nicht gut ist, ,falsch Zeugnis zu reden'.

Das bereits angesprochene Problem des Moral Hazard stellt der Sache nach nichts Anderes dar als ein Abschieben eigener Verantwortung auf einen Dritten. Damit liegt an dieser Stelle eine Verletzung des Schutzes des persönlichen Eigentums im Sinne des siebenten Gebots des Dekalogs vor, die insbesondere anhand Luthers Auslegung dieses Gebotes im ,Kleinen Katechismus' deutlich wird: „dass wir unsers Nächsten Geld oder Gut nicht nehmen noch mit falscher Ware oder Handel an uns bringen, sondern ihm sein Gut und Nahrung helfen bessern und behüten".[31]

Doch noch eine weitere Tendenz lässt sich kritisch hinterfragen: die in verschiedenen Kontexten festgestellte Entgrenzung

---

29 Johannes XXIII., Mater et magistra. Die Sozialenzyklika Papst Johannes' XXIII. Mit einer Einführung in die Sozialehre der Päpste von Leo XIII. bis Johannes XXIII. Von Professor Eberhard Welty OP, Freiburg im Breisgau 1961, Abschnitt 74, S. 108.

30 Vgl. Martin Luther, Kirchenpostille, 1522, Weimarer Ausgabe, Band 10 I, S. 305–324 sowie bspw. Andreas Stegmann, Luthers Auffassung vom christlichen Leben, Tübingen 2014.

31 Martin Luther, Der kleine Katechismus, 1529, Weimarer Ausgabe, Band 30 I, S. 245.

des Gewinnstrebens. Auch wenn dieses Verhalten in der ökonomischen Theorie – zumindest im Rahmen des Homo Oeconomicus-Modells – normalerweise als selbstverständlich dargestellt wird, kann es in der Praxis problematische oder gar zerstörerische Konsequenzen haben. Dies gilt vor allem in Anbetracht der Tatsache, dass die Grenzen einer Verletzung der legitimen Rechte anderer nicht immer klar abgesteckt sind, insbesondere im Falle von strukturell bedingten Informationsasymmetrien oder bei Marktversagen aufgrund ordnungspolitischer Schwachstellen.

Ganz offensichtlich liegt die Ursache hierfür nicht nur bei den Banken, denn oftmals sind es auch Kunden oder Geschäftspartner, die entsprechendes Handeln initiieren oder zumindest dazu beitragen. Hier lässt sich auch in öffentlichen Debatten mitunter ein erhebliches Maß an Scheinheiligkeit feststellen, wenn die Schuld für Fehlinvestitionen pauschal bei Banken gesucht wird, obwohl auf Seiten der Kunden ebenfalls ein gewisses Maß an Versagen festzustellen war, beispielsweise in Form einer unzureichenden Prüfung von Angeboten, die bisweilen mit der Schlagzeile ‚Gier frisst Hirn!' beschrieben wurde. Dementsprechend ist die Verantwortung an dieser Stelle breit verteilt, zumal es nicht wirklich überraschen kann, wenn Banken, denen im Kundengeschäft die Marge wegbricht, nach neuen Geschäftsmodellen suchen. Somit tragen auch Kunden, die ständig nach der momentan günstigsten Geschäftsalternative suchen und keine langfristige Bankverbindung mehr aufbauen wollen, zu dem dargestellten Wandel im Finanzsektor bei. In diesem Zusammenhang besteht also keine Berechtigung für pauschale Schuldzuweisungen, aber es wird zumindest deutlich, warum „avaritia" (d. h. Habgier bzw. Geiz) in der scholastischen Theologie des Mittelalters als Todsünde eingestuft wurde. In ähnlicher Absicht warnte auch Martin Luther in seiner Auslegung des ersten Gebotes im Großen Katechismus (1529) davor, das Geld an die Stelle Gottes zu setzen und das Ziel des Gelderwerbs zu verabsolutieren.[32]

---

32 Vgl. hierzu Martin Luther, Der große Katechismus, 1529, Weimarer Ausgabe, Band 30 I, S. 132–136; vgl. auch Andreas Pawlas, Luther zu Geld und Zins, Uppsala University Coin Cabinet Working Papers No. 9, 2013.

4. Ansätze zum Umgang mit diesen Herausforderungen

4.1 Grundsätzliches

Anhand der ethischen Problemskizze in Abschnitt 3.2 wird zugleich deutlich, dass eine adäquate Problemlösung auf mehreren Ebenen ansetzen muss.

Einerseits sind manche Herausforderungen individualethischer Natur, und jeder Einzelne ist gefordert, sich damit auseinanderzusetzen und gegebenenfalls auch seine eigenen Schattenseiten zu entdecken und damit umzugehen. Gleichzeitig gilt aber auch, dass die Verwirklichung ethischer Postulate sehr viel mit den entsprechenden Rahmenbedingungen zu tun hat. So wurde insbesondere von den Vordenkern des Ordoliberalismus klar herausgearbeitet, dass es einerseits möglich ist, die Bereitschaft von Menschen zu ethisch verantwortlichem Handeln zu erhöhen. Genauso realistisch ist jedoch das Gegenteil: Menschen können durch falsche Rahmenbedingungen verdorben werden, da die Fähigkeit, Versuchungen – wie beispielsweise ‚Moral Hazard' – zu widerstehen, individuell sehr unterschiedlich ausgeprägt ist. In diesem Sinne hat bereits Eucken darauf verwiesen, dass „von den Menschen nicht gefordert werden (darf), was allein die Wirtschaftsordnung leisten kann."[33] Ganz ähnlich betonte auch Müller-Armack die Notwendigkeit, Ordnungen nach dem Maße des Menschen zu gestalten, die der Tatsache Rechnung tragen, dass der Mensch die von ihm vorgefundenen historischen Existenzdaten nur zu einem sehr geringen Teil überwinden könne.[34]

Im Hinblick auf die dargelegten Probleme bedeutet dies, dass es einerseits um eine Verbesserung der ordnungspolitischen Rahmenbedingungen des Bankgeschäftes gehen muss. Darüber hinaus verbleibt jedoch Handlungsbedarf auf der Ebene der ein-

33 Walter Eucken, Grundsätze der Wirtschaftspolitik, Bern / Tübingen 1952, S. 368.
34 Vgl. hierzu Alfred Müller-Armack, Der humane Gehalt der Sozialen Marktwirtschaft, in: Egon Tuchtfeld (Hrsg.), Soziale Marktwirtschaft im Wandel, Freiburg im Breisgau 1973, S. 15–20.

zelnen Bank sowie des individuellen Bankmitarbeiters, der auch durch Ordnungspolitik nicht komplett aufgelöst werden kann und in den Bereich der Eigenverantwortung fällt.

4.2 Eine neue Ordnungspolitik für den Finanzsektor

Ein zentraler Ansatzpunkt zur Verbesserung der ordnungspolitischen Rahmenbedingungen des Bankensektors ist die Eindämmung der ‚Too-Big-To-Fail-Problematik‘ durch eine Neu-Etablierung des Haftungsprinzips. So muss vor allem sichergestellt werden, dass auch Großbanken im Krisenfall geordnet abgewickelt werden können, ohne dass der Steuerzahler Verluste übernimmt. Deutschland ist auf diesem Weg bereits vorangeschritten durch die Verabschiedung eines Restrukturierungsgesetzes für Banken im Jahre 2010. Auch auf europäischer Ebene wurde inzwischen die Einführung eines sog. ‚Single Resolution Mechanism‘ (SRM) beschlossen, der zum 1. Januar 2016 in Kraft getreten ist und eine europaweit einheitliche Abwicklung von Banken im Insolvenzfall unter Federführung einer europäischen Behörde (Single Resolution Board, SRB) vorsieht.[35] Kernbestandteil dieses Abwicklungsregelwerkes ist eine Haftungskaskade, die vorschreibt, dass Verluste zunächst von den Eigenkapital- und Fremdkapitalgläubigern getragen werden, bevor gegebenenfalls ein von allen Banken zu finanzierender Abwicklungsfonds einspringt. So soll sichergestellt werden, dass der Zugriff auf öffentliche Mittel tatsächlich die ‚ultima ratio‘ bleibt.

Die beschlossenen Regelungen zielen auf eine Unterbindung von ‚Moral Hazard‘ ab und gehen zweifellos in die richtige Richtung, da dadurch der Grundsatz der individuellen Haftung im Bankensektor gestärkt wird, der – wie u. a. von Eucken nachgewiesen – eine wesentliche Voraussetzung für die Funktionsfä-

---

35 Vgl. hierzu Deutsche Bundesbank, Die neuen europäischen Regeln zur Sanierung und Abwicklung von Kreditinstituten, in: Monatsbericht Juni 2014, S. 31–58 sowie Karel Lannoo, Bank state aid under BRRD and SRM, in: Financial Regulation International, Jg. 17, Heft 6/2014, S. 1–5.

higkeit der marktwirtschaftlichen Ordnung darstellt.[36] Wichtig ist jedoch in diesem Kontext, dass die vorgesehene Haftungskaskade im Krisenfall tatsächlich umgesetzt wird, denn es ist bereits jetzt abzusehen, dass bei Schieflagen im Bankensektor regelmäßig Druck auf die Politik zur Übernahme von Verlusten entstehen wird.[37] So kommt es maßgeblich darauf an, dass die politischen Entscheidungsträger sich dem bereits absehbaren Lobbydruck im Krisenfall widersetzen und Ausnahmeregelungen nicht zur gängigen Praxis werden.

Zudem bedarf es einer verbesserten Eigenkapitalausstattung von Banken. Auf diesem Wege muss sichergestellt werden, dass Banken im Krisenfall besser als in der Vergangenheit dazu in der Lage sind, Verluste zu absorbieren und dadurch die Verantwortung für die Folgen ihrer Geschäfte selbst zu übernehmen, ohne dass der Steuerzahler einspringen muss. Dieser Zielsetzung dient die Verschärfung der Eigenkapitalunterlegungspflichten im Rahmen des Regulierungsprojektes ‚Basel III‘, das derzeit weltweit umgesetzt wird. So wurden zum einen die Vorgaben hinsichtlich der Qualität des vorzuweisenden Eigenkapitals verschärft, um sicherzustellen, dass dieses Kapital im Krisenfall tatsächlich zur Verlustabdeckung verfügbar ist. Darüber hinaus wurden die quantitativen Vorschriften für die Eigenkapitalausstattung erhöht und zusätzliche Kapitalpuffer für systemrelevante Kreditinstitute eingeführt, wobei die Systemrelevanz anhand der Größe, der Komplexität und der Vernetzung der jeweiligen Bank festgestellt wird.

Eine offene Baustelle ist allerdings die weiterhin fehlende Eigenkapitalunterlegung für Ausleihungen an öffentliche Schuldner. Hier wäre es an der Zeit, die Vorschriften auf globaler und europäischer Ebene so umzugestalten, dass auch diese Positionen mit haftendem Eigenkapital unterlegt und auf Großkreditgren-

---

36 Vgl. auch Christian Hecker, Haftung als Prinzip der Marktwirtschaft, in: Das Wirtschaftsstudium (wisu), 44, 2015, S. 667–668.
37 Vgl. hierzu Mark Fehr / Silke Wettach, Es wird Konflikte geben, Interview mit Dr. Elke König, Chefin des Einheitlichen Europäischen Abwicklungsmechanismus, in: Wirtschaftswoche, 09.10.2015.

zen angerechnet werden.[38] Daher ist es zu begrüßen, dass dieses Thema inzwischen auf der Agenda des Baseler Ausschusses für Bankenaufsicht zu finden ist.[39]

Von großer Bedeutung ist zudem die Unterbindung kurzfristig orientierter Vergütungssysteme in Banken, um Fehlanreizen für Entscheidungsträger vorzubeugen. Diese Zielsetzung verfolgt eine im Jahr 2010 verabschiedete EU-Richtlinie (sog. Capital Requirements Directive III, CRD III, Richtlinie 2010/76/EU), die sich unter anderem mit Vergütungssystemen in Banken befasst. Deren Vorschriften zur Gestaltung von Boni-Systemen sind in Deutschland durch das ‚Gesetz über die aufsichtlichen Anforderungen an die Vergütungssysteme von Instituten und Versicherungsunternehmen' sowie die ‚Institutsvergütungsverordnung' umgesetzt worden.[40] Kernbestandteil dieser Normen ist eine Koppelung variabler Gehaltsbestandteile an den langfristigen Erfolg. So dürfen Boni nur noch mit einer zeitlichen Verzögerung von drei bis fünf Jahren ausgezahlt werden, wobei für den Fall später auftretender Verluste die Möglichkeit eines nachträglichen Einbehalts (sog. ‚Clawback-Klausel') vorzusehen ist. Diese Regel geht zweifellos in die richtige Richtung, da die Ausschüttung kurzfristiger Boni ohne Berücksichtigung mittelfristiger Risiken deutlich erschwert wird. Eine tatsächliche Symmetrie von Gewinnchancen und Verlustrisiken ist damit jedoch weiterhin nicht gegeben, da potentiell unbegrenzten Verdienstmöglichkeiten nach wie vor lediglich das Risiko eines teilweisen Einbehalts von Boni gegenübersteht. Somit besteht unverändert die Gefahr, dass Verträge mit hohen Boni-Verheißungen Bankmanager oder Investmentbanker zum Eingehen hoher Risiken verleiten. Eine derartige Asymmetrie könnte nur dann vermieden werden, wenn Entscheidungsträger im Verlustfall tatsächlich – zumindest bis zu einer Obergrenze – mit

38 Vgl. u. a. Sabine Lautenschläger, Eine Bankenunion für Europa: Welcher Bauplan ist der richtige?, in: ifo Schnelldienst, 1/2013, S. 3–9.
39 Vgl. hierzu Bernd Neubacher, ‚Ja, da gibt es Argwohn' Im Interview: William Coen, in: Börsenzeitung, 28.10.2015.
40 Vgl. u. a. Matthias Merkelbach, Neue Vergütungsregeln für Banken – Institutsvergütungsverordnung 2.0, in: Wertpapier-Mitteilungen, Jg. 68., 2014, S. 1990–1997.

ihrem Privatvermögen haften würden. Das würde bedeuten, dass man sich dem früher im Investmentbanking praktizierten Partnerschaftsmodell wieder annähern würde, das zugleich als implizite Risikobremse gewirkt hat. Hier wäre also ein Schritt zurück in die Vergangenheit durchaus sinnvoll.[41]

Ein weiterer Ansatzpunkt ist die Stärkung des Verbraucherschutzes im Finanzsektor. Schritte in diese Richtung sind beispielsweise durch die Verpflichtung zur Erstellung von Beratungsprotokollen und die Einführung eines Beraterregisters bei der Bundesanstalt für Finanzdienstleistungsaufsicht (BaFin) unternommen worden. Hierdurch soll sichergestellt werden, dass Finanzprodukte und Bankdienstleistungen für Verbraucher hinreichend transparent sind und Fehlberatungen durch Banken unterbunden werden.

Relevant sind in diesem Zusammenhang auch regulatorische Maßnahmen zur Verhinderung von Marktmanipulationen. Diesem Zweck dient vor allem die EU-‚Benchmark-Verordnung‘ (‚Verordnung über Indizes, die bei Finanzinstrumenten und Finanzkontrakten als Benchmarks verwendet werden‘) aus dem Jahr 2016. Damit soll sichergestellt werden, dass die Ermittlung von Referenzkursen in einem klaren regulatorischen Rahmen erfolgt, Interessenkonflikte vermieden werden, hinreichend valide Datensätze herangezogen werden und Transparenz sichergestellt wird.[42] Dieses Regulierungsprojekt ergänzt eine EU-Verordnung und eine Richtlinie aus dem Jahr 2014 (Verordnung Nr. 596/2014, Richtlinie 2014/57/EU, sog. ‚Marktmissbrauchsrichtlinie und –verordnung‘), welche die Manipulation von Benchmarks als Marktmissbrauchsdelikt einstufen und entsprechende Strafen vorsehen.

41 Vgl. hierzu Christian Hecker, Managergehälter und Banker-Boni: Ein Aufgabenfeld der Ordnungspolitik, in: Orientierungen zur Wirtschafts- und Gesellschaftspolitik, Nr. 136, 2013, S. 46–51.
42 Vgl. u. a. Gerald Spindler, Der Vorschlag einer EU-Verordnung zu Indizes bei Finanzinstrumenten (Benchmark-VO), in: Zeitschrift für Bankrecht und Bankwirtschaft, Jg. 27, Heft 3, 2015, S. 165–176.

4.3 Weitere Handlungsebenen

Eine weitere Handlungsebene liegt bei den einzelnen Kreditinstituten. Hier stellt sich zum einen die Herausforderung, nachhaltige Geschäftsmodelle zu entwickeln, welche die Funktion des Finanzsektors als Dienstleister für die Realwirtschaft und Verbraucher in den Mittelpunkt stellen und auf ethisch fragwürdige Geschäftspraktiken bewusst verzichten.[43]

Zudem geht es darum, das Prinzip der Nachhaltigkeit auch im bankbetrieblichen Alltag zu verankern. Hierbei spielen Vorgaben im Rahmen der bankinternen Corporate Governance eine zentrale Rolle, die ethisches Fehlverhalten, wie beispielsweise eine Falschberatung von Kunden, sanktionieren. Die Etablierung entsprechender Regeln liegt dabei – zumindest aus langfristiger Perspektive – durchaus im wohlverstandenen Eigeninteresse der Banken, da moralisch anrüchiges Verhalten von Mitarbeitern früher oder später vielfach zu Kosten für die betroffenen Institute führt. Beispiele dafür liefern Gerichtsprozesse, die von enttäuschten Kunden angestrengt werden und neben dem Risiko von Schadenersatzzahlungen auch noch Reputationsschäden mit sich bringen. Daher entspricht es zumindest dem langfristigen Eigeninteresse von Banken, durch interne Verhaltensgrundsätze (sog. ‚Codes of Conduct‘) ein aus ethischer Sicht integeres Verhalten ihrer Mitarbeitenden zu fördern.

Ganz in diesem Sinne haben sich in den vergangenen Jahren auch verschiedene hochrangige Repräsentanten des Bankensektors zu einem Kulturwandel in ihrer Branche bekannt.[44] Hier sind sicherlich in vielen Fällen Zweifel durchaus berechtigt, wenn in der Presse ein Kulturwandel beschworen wird, aber gleichzeitig bei denselben Instituten immer wieder neue Skandale entdeckt

---

43 Vgl. u. a. Reiner Brüggestrat, Die Bankenaufsicht und der Kulturwandel in Banken, in: Wolfgang L. Brunner (Hrsg.), Trends im Firmenkundengeschäft in Kreditinstituten, Köln 2014, S. 191–209 sowie Ulf Baxmann, Quo Vadis Kreditwirtschaft – Geschäftsmodelle im Wandel, in: ders. (Hrsg.): Geschäftsmodelle der Banken im Wandel, Frankfurt am Main 2010, S. 1–30.

44 Vgl. herzu Stefanie Burgmaier, Neue Brücken bauen, in: Bankmagazin, Jg. 63., Heft 1, 2014, S. 8–15.

werden. Wichtig ist daher, dass sich der versprochene Kulturwandel tatsächlich in der Banksteuerung widerspiegelt, beispielsweise bei der Festlegung von Zielvorgaben für Mitarbeiterinnen und Mitarbeiter oder in der Gestaltung der Vergütungssysteme.[45]

Trotz aller Bedeutung der staatlichen Ordnungspolitik und der bankinternen Corporate Governance bleibt jedoch auch die Verantwortung des einzelnen Bankmitarbeiters für sein persönliches Handeln grundsätzlich bestehen. Diese individuelle Verantwortung ergibt sich zum einen daraus, dass es in einer sich ständig wandelnden Geschäftswelt unmöglich ist, sämtliche Eventualitäten a priori im Rahmen der Ordnungspolitik oder der Institutssteuerung zu berücksichtigen. Ein derart umfassendes Politikverständnis wäre auch nicht im Interesse der einzelnen Entscheidungsträger, die ja im Normalfall weiterhin auf Entscheidungsfreiheit Wert legen. Darüber hinaus ist es jedoch auch Bestandteil der Menschenwürde jedes Individuums, Verantwortung für sein Handeln zu tragen und im Ernstfall auch persönliche Kosten in Kauf zu nehmen, um seiner Pflicht gerecht zu werden.[46] Diese Verantwortung kann weder vom Staat noch vom Arbeitgeber vollständig übernommen werden, sondern ist vielmehr Ausdruck der menschlichen Urteilskraft und Entscheidungsfähigkeit.

5. Fazit

Zusammenfassend lässt sich feststellen: Der Banken- und Finanzsektor in Deutschland ist in den letzten beiden Jahrzehnten zum Schauplatz vielfältiger Veränderungsprozesse geworden, die für die Beschäftigten in dieser Branche, aber auch aus gesamtwirtschaftlicher Sicht mit beachtlichen ethischen Herausforderungen verbunden sind.

Daraus ergibt sich Handlungsbedarf auf verschiedenen Ebenen: Die staatliche Ordnungspolitik und die bankinterne Corporate Governance sollten so ausgestaltet werden, dass sie ein aus

45 Vgl. u. a. Klaus Leusmann, Kulturwandel in Banken. Wege zu Ethik und Verantwortung im Kreditgewerbe, Wiesbaden 2013.
46 Immanuel Kant, Grundlegung zur Metaphysik der Sitten, a. a. O., S. 385–463.

ethischer Sicht akzeptables Verhalten des einzelnen Bankmitarbeiters ermöglichen bzw. fördern. Zentrale Zielsetzungen sind dabei die Durchsetzung nachhaltiger Geschäftsmodelle, die auf einer Wertschöpfung zum Vorteil aller Beteiligten basieren, und die Unterbindung fragwürdiger Geschäftspraktiken im Umgang mit Partnern und Kunden. Gleichwohl erscheint es nicht praktikabel, in einer sich laufend wandelnden Wirtschaft sämtliche ethischen Herausforderungen von Anfang an durch entsprechende ordnungspolitische oder bankinterne Regeln zu kanalisieren. Somit bleibt die Vermeidung von moralischem Fehlverhalten weiterhin auch Aufgabe jedes Einzelnen.

Mihamm Kim-Rauchholz

Unternehmertum aus der Perspektive des Neuen Testaments

Einige biblische Reflexionen

1. Einleitung

Wenn es einen Begriff gibt, der mit mir so gar nichts zu tun hat, dann ist es ‚Unternehmertum‘, ‚Business‘ oder ‚Wirtschaft‘. Beim Vorbereiten dieser Bibelarbeit habe ich jedoch mit Interesse festgestellt, wie viele Texte im Neuen Testament sich doch mit dieser Thematik befassen, wie zum Beispiel

- das Gleichnis der Arbeiter im Weinberg, die für ungleiche Arbeit einen gleichen Lohn empfangen;[1]
- das Gleichnis von den anvertrauten Talenten;[2]
- die Frage nach der Steuer;[3]
- die Kostenkalkulation für einen Turmbau.[4]

Nun ist es aber auch unschwer zu erkennen, dass trotz dieser vorhandenen ökonomischen Bezugspunkte die Bibel nicht vorrangig geschrieben worden ist, um wirtschaftliche Ratschläge oder Kommentare an ihre Leser weiterzugeben. Vielmehr wird wiederum in vielen Texten auch immer wieder deutlich, dass es im Verhältnis zwischen dem Glauben an Gott und dem Geld auch eine andere Dimension gibt. Aufforderungen wie ‚Sammelt Euch nicht Schätze

---

1 Vgl. Mt 20,1-15.
2 Vgl. Mt 25,14-30 bzw. Lk 19,11-27.
3 Vgl. Mk 12,13-17, Mt 22,15-22 bzw. Lk 20,20-26.
4 Vgl. Lk 14,28-30.

hier auf der Erde, sondern im Himmel' oder der Hinweis darauf, dass die Reichen es schwer haben werden, in den Himmel zu kommen, lassen etwas von dieser Doppelseitigkeit deutlich werden. Vielleicht am schärfsten zeigt sich dies in der Erzählung von der Tempelreinigung in Joh 2,13-17[5], wo Jesus alle Käufer und Verkäufer, also auch ‚Kleinunternehmer', aus dem Tempel jagt.

Warum aber werden die Reichen es so schwer haben, in den Himmel zu kommen? Vielleicht, weil ihr Reichtum dem Wesen des Glaubens oft entgegensteht. Denn das Nicht-Sichtbare ist ewig, das Sichtbare ist zeitlich. Und es gibt wohl kaum etwas, das so das Augenmerk auf das Sichtbare hinführt, wie das Geld.

Und damit sind nicht nur teure Autos, Häuser oder Juwelen gemeint, sondern gerade auch die Sichtbarkeit des Geldes, des Reichtums im Auftreten eines Menschen, in seiner Einstellung zum Leben, die Gelassenheit, das Selbstbewusstsein und die Unabhängigkeit.

2. Unternehmerisches Verhalten am Beispiel des unehrlichen Verwalters

Ein Beispiel für ökonomisches Verhalten ist das Gleichnis vom ungerechten bzw. unehrlichen Verwalter:

> *„Er sprach aber auch zu den Jüngern: Es war ein reicher Mann, der hatte einen Verwalter; der wurde bei ihm beschuldigt, er verschleudere ihm seinen Besitz. Und er ließ ihn rufen und sprach zu ihm: Was höre ich da von dir? Gib Rechenschaft über deine Verwaltung; denn du kannst hinfort nicht Verwalter sein. Der Verwalter sprach bei sich selbst: Was soll ich tun? Mein Herr nimmt mir das Amt; graben kann ich nicht, auch schäme ich mich zu betteln. Ich weiß, was ich tun will, damit sie mich in ihre Häuser aufnehmen, wenn ich von dem Amt abgesetzt werde. Und er rief zu sich die Schuldner seines Herrn, einen jeden für sich, und fragte den ersten: Wie viel bist du meinem Herrn schuldig? Er sprach: Hundert Eimer Öl. Und er sprach zu ihm: Nimm deinen Schuldschein, setz dich hin und schreib flugs fünfzig. Danach fragte er den zweiten:*

---

5 Vgl. par Lk 19,45-48, Mk 11,15-19, Mt 19,12-17.

Du aber, wie viel bist du schuldig? Er sprach: Hundert Sack Weizen. Und
er sprach zu ihm: Nimm deinen Schuldschein und schreib achtzig.
Und der Herr lobte den ungetreuen Verwalter, weil er klug gehandelt
hatte; denn die Kinder dieser Welt sind unter ihresgleichen klüger als
die Kinder des Lichts. Und ich sage euch: Macht euch Freunde mit dem
ungerechten Mammon, damit, wenn er zu Ende geht, sie euch aufneh-
men in die ewigen Hütten. Wer im Geringsten treu ist, der ist auch
im Großen treu; und wer im Geringsten ungerecht ist, der ist auch im
Großen ungerecht. Wenn ihr nun mit dem ungerechten Mammon nicht
treu seid, wer wird euch das wahre Gut anvertrauen? Und wenn ihr mit
dem fremden Gut nicht treu seid, wer wird euch geben, was euer ist?
Kein Knecht kann zwei Herren dienen; entweder er wird den einen has-
sen und den andern lieben, oder er wird an dem einen hängen und den
andern verachten. Ihr könnt nicht Gott dienen und dem Mammon.“[6]

Zwei Aspekte sollen hier angesprochen werden. Der erste hat
nichts mit Unternehmertum oder Wirtschaft zu tun, ist aber m. E.
entscheidend für das Verständnis dieses Textes. Und deshalb
möchte ich mit dem ersten Aspekt beginnen.

2.1. Die Schwierigkeit des Textes

Als ich 1994 in Tübingen mein Theologiestudium angefangen
habe, hielt ein theologischer Lehrer zu Lk 16,1-13 eine Andacht.
Und er begann mit den Worten, dass die Geschichte vom unehrlichen Verwalter für ihn der ‚schwierigste Text im Neuen Testament‘ sei. Ich erinnere mich, wie mich das verwunderte und ich
sein Dilemma nicht direkt nachvollziehen konnte. Lk 16,1-13 gehört für mich sicherlich nicht zu den absoluten Lieblingstexten
der Bibel, aber ist es gleich der schwierigste Text?

Im Laufe der Jahre, während meines Studiums in Deutschland habe ich dann, glaube ich, immer besser verstehen können,
warum dies so ist: Ehrlichkeit ist hier in Deutschland, so scheint
es mir, das Markenzeichen für den christlichen Glauben. Und deshalb ist es so schwierig zu schlucken, dass Jesus hier mit keinem
Wort diese Unehrlichkeit des Verwalters *tadelt*, sondern dieser

---

6 Lk 16,1-13.

auch noch gelobt wird. Und das ist ein *crux interpretum*, ein wichtiger Grund u. a., warum sich der Text sich so schwierig, sperrig und problematisch anfühlt – und der uns damit vielleicht auch in gewisser Weise den Zugang versperrt.

Ich selber komme aus Asien, genauer gesagt Südkorea, und habe auch eine längere Zeit in Mikronesien im Pazifik gelebt. Und es ist sehr interessant zu sehen, dass in diesen Kulturen Beziehung, Gastfreundschaft, Ehre, Höflichkeit oder besonders das Teilen von Gütern unter Christen als weit höhere Werte angesehen werden als z. B. ,Ehrlichkeit' oder ,Fakten'. Und das ist auch meine Erfahrung aus Korea: Wenn da jemand zu rigoros auf Ehrlichkeit oder Tatsachen herumpocht und dadurch die Beziehung zum anderen in Gefahr bringt, wird das nicht automatisch als positiv bewertet.

Und so verstehen auch viele meiner koreanischen Freunde nur schwer, warum der Volkswagen-Skandal hier so hohe Wellen schlägt. Nicht, dass dies gar nicht schlimm wäre; natürlich werden Betrug oder Fälschung auch in Korea als nicht gut oder richtig empfunden. Aber angesichts der Werteskala und der Tatsache, dass Ehrlichkeit nun einmal nicht ganz oben als Nummer 1 auf der Liste steht, war die erste Frage, die sich manche Koreaner gestellt haben oder sich immer noch stellen: Ist jetzt jemand gestorben, weil die Abgaswerte ein wenig gefälscht wurden?

Und das ist auch der Grund dafür, dass nach meiner Erfahrung das Gleichnis vom unehrlichen Verwalter, der nur ein paar Zahlen ändert, in Korea nicht auf diese Problematik gestoßen ist, wie es hier in Deutschland der Fall zu sein scheint. Und auch nach 20 Jahren in Deutschland muss ich ehrlich gestehen, dass mir zwar mein Kopf sagt, dass dieses Verhalten des Verwalters sicherlich nicht richtig ist, dass ich aber emotional dieses Gleichnis nicht als ,schwierigsten Text' abstempele wegen der Veränderung der eigentlichen Schuldsummen. Wem sollte das denn schaden? Der Reiche hat doch genug, und den Armen ist damit nur geholfen. Und wenn ich richtig informiert bin, ist diese Einstellung in weiten Teilen der Erde und in vielen Kulturen, wie z. B. in Afrika, Indien, Asien, Südamerika, gar nicht so fremd. Natürlich kann man das nicht pauschalieren. Es gibt sicherlich genügend Ausnahmen, aber es ist sehr wohl als grobe Tendenz zu erkennen, was man ja auch sehr schön an dem frisch-fröhlichen Feilschen auf den Märkten um Preise vielleicht erkennen kann.

Und in diesem Zusammenhang habe ich mich – fairerweise – einmal im Gegenzug gefragt, was denn für mich als Koreanerin der schwierigste Text im Neuen Testament wäre. Und siehe da: Ich bin fündig geworden: Mk 8, 33, wo Petrus die Ankündigung eines leidenden Messias nicht akzeptieren will und Jesus zu ihm sagt: „Geh weg von mir, Satan. Denn du bist mir ein Ärgernis." Für eine Gesellschaft, in der Höflichkeit, das harmonische Miteinander und die Ehre eine sehr große Rolle spielen, geht so ein Verhalten gar nicht. Das ist ein Gesichtsverlust, und das auch noch vor der versammelten Mannschaft! Allein für diesen Satz hätte ich die nächsten Monate nicht mehr mit Jesus geredet und wäre ihm ausgewichen. Und spätestens hier scheint mir, dass Jesus gar nicht so orientalisch ist, sondern eher sehr europäisch-direkt zu sein scheint.

Und genau das aber ist der Punkt: Jesus Christus ist weder orientalisch noch europäisch, er ist weder höflich noch zu direkt, sondern er ist *Gott*. Ich betone diesen Aspekt so im ersten Teil des Impulses, weil ich glaube, dass manchmal nicht unsere Sünden uns den Zugang zu einem biblischen Text versperren, sondern unsere eigenen Tugenden, und zwar in dem Moment, in dem sie als unantastbar und damit auch nicht mehr hinterfragbar angesehen werden.

Und in diesem Zusammenhang verstehe ich auch die Aussage von Paulus aus Phil 3,12: „Alles, was mir *Gewinn* war" – er redet hier nicht davon, dass er seine schlechten Eigenschaften oder Sünden wegwirft, um Christus zu gewinnen, sondern von dem, was für ihn *Gewinn* war, also auch Bildung, Prägungen und Werte – dies alles, sagt Paulus, „habe ich als Schaden erachtet [...] als Kot, damit ich Christus gewinne!"

Ich meine, dass dies eng damit zusammenhängt, mit einem offenen und wachsamen Herzen zu hören, was die Bibel zu sagen hat.

2.2. Die Klugheit des Verwalters

Und damit komme ich auch zum zweiten Aspekt in dieser Geschichte, die ich hervorheben möchte: Jesus lobt den Verwalter
nicht für seine Moral oder seinen Betrug, sondern für seine ‚Klug-
heit'. In der Geschichte tut der Verwalter Folgendes:

1. Er erfasst realistisch und nüchtern seine Situation.
2. Er geht seine Optionen durch und streicht eine nach der anderen aus: Option A klappt nicht, B kommt auch nicht in Frage
   usw.
3. Und er erkennt die Lösung, die ihm auf Dauer seine Existenz
   sichert.

Und die heißt so: Er übt *Barmherzigkeit* an seinen Mitmenschen.

Er beherzigt damit den Rat, den ein berühmter Staatsmann,
der für seine Weisheit und Verständigkeit über Landesgrenzen bekannt war, hunderte von Jahren früher dem babylonischen König
Nebukadnezar gegeben hat:

> *„Darum, o König, lass dir meinen Rat gefallen und brich mit deinen*
> *Sünden durch Gerechtigkeit und" – jetzt kommt's – „brich mit deinem*
> *Vergehen durch Barmherzigkeit gegen Elende, wenn dein Wohlergehen*
> *von Dauer sein soll."*[7]

Also Barmherzigkeit gegen Elende, wenn dein Wohlergehen von
Dauer sein soll. Das ist doch interessant.

Der Verwalter nutzt seine ‚Wirtschaftskraft' oder auch seine
Stellung als Verwalter des Geldes, um sich ein Wohlergehen zu
sichern, das von Dauer ist. Mit anderen Worten: Wenn das Geld
und seine Macht einmal zu Ende gehen – und das werden sie –,
will der Verwalter mit seiner Handlung sicherstellen, dass es ihm
auch danach gut geht. Deshalb lobt Jesus ihn in diesem Gleichnis,
weil er klug gehandelt und richtig investiert hat; weil klug handeln
bedeutet, sein Schicksal auf das zu setzen, was Ewigkeitswert hat.
Und das ist – bei allem Respekt – *nicht* das Geld, nicht der materielle Reichtum.

---

7 Dan 4,24.

Und so fordert Jesus auf: „Macht Euch Freunde mit dem ungerechten Mammon, damit, wenn er zu Ende geht, man euch aufnehme in die ewigen Zelte."[8]

Das Gleichnis schließt mit einer ebenso interessanten wie auch unmissverständlichen Aussage von Jesus: „Kein Diener kann zwei Herren dienen"[9]. Das Wort für ‚Diener' – hier ‚oiketes' – betont nicht so sehr die Untertänigkeit eines Sklaven, wie es z. B. bei ‚doulos' der Fall ist, sondern vielmehr die Zugehörigkeit bzw. Anhänglichkeit (woran hängt mein Sein?) eines Dieners an die Familie bzw. an das Haus, dem er zugehörig ist.

„Ihr könnt nicht Gott dienen und dem Mammon." Dieser letzte, abschließende Vers in Lk 16,1-13 macht deutlich, dass der Mammon in ein Konkurrenzverhältnis zu Gott treten kann und es auch in vielen Fällen tut. Und das ist keine tiefschürfende theologische oder philosophische Erkenntnis, sondern schlicht und ergreifend ganz praktische Erfahrung im Alltag: Wenn man die Wahl hätte zwischen dem Vertrauen auf Gott (= Abhängigkeit von seinem Handeln) und 20 Millionen auf dem Konto, auf welche Karte würden wir setzen? Von woher würden wir unsere Hilfe und Sicherheit erwarten?

Und ich merke: Es gibt genügend Fälle im Alltagsstress, wo eine gewisse Summe an Geld eigentlich das Gebet an Gott ersetzen könnte, indem es nämlich genau das tut, was wir eigentlich im Gebet von Gott erwarten würden. Geld ist hier also ein Gottes*ersatz*.

3. Wirtschaften auf zwei Ebenen

„Gebt dem Kaiser, was des Kaisers ist, und gebt Gott was Gottes ist": Mit dieser zeitlosen, brillanten Antwort klärt Jesus an dieser Stelle ja nicht nur die Frage, ob wir Steuern zahlen sollen oder nicht; diese Frage wäre ja mit dem ersten Teil der Antwort geklärt gewesen: „Gebt dem Kaiser, was des Kaisers ist." Aber Jesus geht weiter, und bringt einen Aspekt – eine andere Ebene – mit hinein,

8 Lk 16,9.
9 Lk 16,13.

die viel tiefer geht: „Gebt dem Kaiser, was des Kaisers ist, und *gebt Gott, was Gottes ist.*"[10]

Der Denar ist das Geldstück, auf welches das Bild des Kaisers geprägt wurde[11]: (Wessen *Bild* und Aufschrift ist das? Des Kaisers!). Auf der anderen Seite steht der Mensch, auf den das Bild Gottes geprägt wurde.[12]

Diese zwei Ebenen gehören meines Erachtens immer zusammen, wenn wir Begriffe wie Wirtschaft und Unternehmertum aus der Perspektive des Neuen Testaments zu verstehen versuchen: Wirtschaftlich zu denken und zu handeln und alles, was konkret damit in diesem System dazugehört – ob es nun Steuern sind oder Zinsen, Gewinn oder Verlust –, hat seine Legitimität in dieser Welt und in diesem Leben; das gesteht Gott uns auch zu. Aber diese ‚Ebene' bleibt meines Erachtens nur dann legitim, wenn gleichzeitig Gott gegeben wird, was Ihm gehört. Und das ist der Mensch, in seiner Ganzheitlichkeit als Geschöpf Gottes, dessen Bild auf uns geprägt worden ist.

Ich persönlich verstehe nicht viel von Wirtschaft, aber so viel ist, glaube ich, für jeden Menschen klar: dass das Streben, das Mehren und Verwalten von Reichtum, das Reichsein an Geld und Macht an sich nicht negativ ist, dass es aber gleichzeitig immer begleitet werden sollte von dem Streben nach der *Armut im Geist,* die nach den Worten Jesu den Menschen unabhängig von seinem materiellen Reichtum oder seiner Armut, seinen Erfolgen oder seinem Versagen zu den Glücklichen, Seliggepriesenen dieser und jener Welt gehören lässt.

Es bedarf dieser anderen Dimension, auf die das Neue Testament immer wieder hinweist, gerade im Hinblick auf den Mammon, um dem Kaiser zu geben, was des Kaisers ist, aber gleichzeitig und viel wichtiger, Gott zu geben, was Gottes ist.

---

10 Lk 20,25.
11 Vgl. Lk 20,24.
12 Vgl. Gen 1,27: „Er schuf den Menschen nach seinem *Bilde.*"

Bernd Noll

Bedeutung
verantwortlichen Unternehmertums
in der Marktwirtschaft

1. Vorbemerkungen

Unternehmen haben sich seit der Industrialisierung zur „dominierenden Organisationsform der Wirtschaft"[1] entwickelt. Sie stellen die materielle Reproduktion der Bevölkerung sicher, indem sie Güter auf meist anonymen Märkten anbieten. Zugleich sind sie soziale Organisationen, in denen Produktionsprozesse mittels Aufbau von Hierarchien arbeitsteilig von statten gehen. „Unternehmen sind also gleichermaßen ökonomisch-funktionale und soziale Organisationen."[2] Unternehmertum spielt eine unentbehrliche Rolle in der Marktwirtschaft. Ihm kommt die zentrale Aufgabe zu, Beschäftigungs-, Einsatz- und Einkommensmöglichkeiten für Arbeitskräfte und Kapitalanleger zu schaffen. Es sorgt mit Innovationen und Imitationen bei Produkten wie bei Produktionsabläufen für eine kostengünstige und breite Produktpalette. Dies führt zugleich zur ständigen Weiterentwicklung des Marktsystems. Das Marktsystem wird von findigem Unternehmertum gleichsam von innen heraus revolutioniert.

1 Ralf Banken, Die Entstehung des modernen Unternehmens: Einführende Bemerkungen, in: Jahrbuch für Wirtschaftsgeschichte, 2/2012, S. 9–24, hier S. 10.
2 Werner Plumpe, Unternehmen, in: Gerold Ambrosius / Dietmar Petzina / Werner Plumpe (Hrsg.), Moderne Wirtschaftsgeschichte. Eine Einführung für Historiker und Ökonomen, 2. Auflage, München 2006, S. 61–94, hier S. 61.

Das ‚unternehmerische Spitzenpersonal' – seien dies nun Eigentümer-Unternehmer oder das Top-Management von Großunternehmen – erfährt im öffentlichen Diskurs allerdings selten eine differenzierte und ethisch substantiierte Bewertung. Daran hat sich seit der Industrialisierung im 19. Jahrhundert nichts geändert. Bisweilen wurden Unternehmer heroisch überzeichnet: So meinte der bekannte Ökonom *Hans von Mangoldt* (1824–1868) Mitte des 19. Jahrhunderts, Unternehmer sollten mit besonderen Stolz und Sendungsbewusstsein auf ihre Tätigkeit schauen; in der öffentlichen Meinung gebühre ihnen der Vorrang gegenüber Arbeitern und Kapitalisten, da sie nützlichere Mitglieder der Gesellschaft seien.[3] Hundert Jahre später meinte der Wirtschaftshistoriker *Heinrich Bechtel* zur Industrialisierung bis zur Reichsgründung, dass „neben den Entdeckern und Erfindern die *Geniegeneration* Industrielle Geschichte machte (Herv. d. Verf.)".[4] Häufiger aber erfährt Unternehmertum eine moralische Abwertung. *Gustav Schmoller* (1838–1917), einer der wirkmächtigsten Ökonomen im Kaiserreich, beschreibt den Unternehmer in scharfer Ambivalenz. Zwar erkennt er in ihm den Motor wirtschaftlicher Entwicklung, doch zugleich sei er ein Menschentypus, der seine Seele an den Mammon verkaufe. Daher sei ihm das Hauptbuch die ‚Bibel', die

---

3 Vgl. hierzu Hartmut Berghoff, Moderne Unternehmensgeschichte, Berlin/Boston 2016, 2. Aufl., S. 30.

4 Hubert Kiesewetter, Das einzigartige Europa. Wie ein Kontinent reich wurde, Stuttgart 2006, S. 148. Häufig wird ein Zitat von C. E. Wilson aus dem Jahre 1952 als ultimatives Statement arroganten Managertums herangezogen. Der ehemalige Vorstandsvorsitzende des damals größten amerikanischen Unternehmens, GM, wird seitdem wie folgt zitiert: ‚What is good for GM is good for America'. Tatsächlich zeigt das richtige Zitat eher eine besonders beherzte Form von Patriotismus, weil er keinen Interessenkonflikt zwischen seiner Managementtätigkeit und einer Ministertätigkeit ausmachen hätte können, ‚because for years I thought what was good for our country was good for General Motors, and vice versa.' Zitiert nach Robert W. Patterson, Whatever happened to the ‚America' in ‚corporate America'? in: National Review, 2013, http://www.nationalreview.com/article/352429/whats-good-america-robert-w-patterson (zuletzt eingesehen am 26.01.2016).

Börse seine ‚Kirche' und das Geld sein ‚Gott'.[5] Das Bild des raffgierigen, das Eigeninteresse über alles stellenden Unternehmers bestimmte damals wie heute das öffentliche Meinungsbild. Ein dritter erwähnenswerter Argumentationsstrang schließlich ignorierte die Bedeutung des Unternehmertums schlichtweg, namentlich fand und findet sich dieses Denkmuster bei marxistischen oder sozialistischen Autoren.[6] Bisweilen machen sich diese Argumentation auch heute noch namhafte Sozialdemokraten zu eigen, wenn sie die Arbeit als Grundlage *aller* Wertschöpfung ansehen: „Die Arbeiterbewegung hat von Anfang an dafür gekämpft, dass die Arbeit als Quelle allen Reichtums und aller Kultur geachtet wird."[7]

Unternehmer nehmen daher bei Befragungen nach dem Vertrauen in Berufsgruppen und deren Prestige (Berufsprestige-Skala) im Vergleich zu Ärzten, Krankenschwestern, Polizisten oder Handwerkern einen nachrangigen Platz ein.[8] In den letzten Jahrzehnten haben allerdings weniger Unternehmer als Spitzenmanager von Großunternehmen für eine „schlechte Presse" gesorgt. Das Meinungsbild ist erschreckend. Eine große Mehrheit der Deutschen, rund 80 %, hält nach repräsentativen Umfragen die Top-Manager von Unternehmen für überbezahlt, unehrlich und unredlich. Sie erfüllen moralische Anforderungen an ihre Aufgabe nicht und wissen zu wenig über ihre Mitarbeiter.[9]

---

5 Vgl. hierzu Bernd Noll, Wirtschafts- und Unternehmensethik in der Marktwirtschaft, Stuttgart 2013, S. 82.

6 Ein Beispiel dazu auch bei Hubert Kiesewetter, Das einzigartige Europa. Wie ein Kontinent reich wurde, Stuttgart 2006, S. 48 f.

7 Michael Sommer / Sigmar Gabriel, Der Arbeit ihren Wert zurückgeben, in: Frankfurter Allgemeine Zeitung vom 30.04. 2011, S. 10.

8 Vgl. hierzu Institut für Demoskopie Allensbach, Hohes Ansehen für Ärzte und Lehrer – Reputation von Hochschulprofessoren und Rechtsanwälten rückläufig, 2013, http://www.ifd-allensbach.de/uploads/tx_reportsndocs/PD_2013_05.pdf (zuletzt eingesehen am 26. 01. 2016).

9 Vgl. hierzu Reimar Unterlöhner, Fair zur Gesellschaft. Macht und Eigentum verpflichten. Hamburg 2005, S. 161 sowie statista, Was meinen Sie, welche Aussagen kann man über Manager machen?, 2013, http://de.statista.com/statistik/daten/studie/381/umfrage/aussagen-ueber-manager (zuletzt eingesehen am 26. 01. 2016).

Im Übrigen ist auch die Selbsteinschätzung unter deutschen Managern miserabel, wie Befragungen unter deutschen Fach- und Führungskräften vor einigen Jahren zeigten. Hin und wieder gehen einzelne Manager mit ihren Berufskollegen öffentlich ins Gericht. So attestierte der ehemalige Conti- und Telekom-Personalchef *Thomas Sattelberger* dem VW-Konzern von Ferdinand Piëch bis Martin Winterkorn eine despotische Führungskultur. „Die Hierarchie war bei VW nur das Mittel zur Durchsetzung des Despotismus. VW steht für ein autoritäres Regime. Das wissen doch alle, die mit der Firma zu tun haben."[10]

Diese Umfrageergebnisse und Einschätzungen sollten nicht überbewertet werden, zumal Befragte viel differenzierter und nuancierter antworten, wenn sie die Führungskräfte des eigenen Unternehmens beurteilen sollen. Dennoch lässt sich konstatieren, dass Unternehmertum und Ethik vielfach als getrennte Welten angesehen werden.[11] Umso dringlicher stellt sich daher die Frage nach der Bedeutung verantwortlichen Unternehmertums in einer Marktwirtschaft. Diese Frage soll hier aus wirtschafts- und dogmengeschichtlicher Perspektive angegangen werden. Das heißt, es soll zunächst Entstehung und Wandlung des Unternehmertums seit den Anfängen herausgearbeitet werden. Dies kann selbstredend nur skizzenartig, gleichsam idealtypisch erfolgen. Diese Herangehensweise macht zugleich die institutionelle Ausdifferenzierung von Unternehmertum in dem sich entfaltenden marktwirt-

---

10 Thomas Sattelberger, Interview: Die Sowjetunion hat auch lange funktioniert, in: Süddeutsche Zeitung vom 16.10.2015, http://www.sueddeutsche.de/wirtschaft/thomas-sattelberger-die-sowjetunion-hat-auch-lange-funktioniert-1.2693524 (zuletzt aufgerufen am 26.01.2016). Ähnlich kritisch ging vor einigen Jahren der Bankier L. Poullain (2004) mit seinen Berufskollegen um, in dem er den Sittenverfall im Bankwesen anprangerte. Vgl. hierzu Ludwig Poullain, Ungehaltene Rede, in: Frankfurter Allgemeine Zeitung vom 15.07.2004, http://www.faz.net/aktuell/politik/die-gegenwart-1/sittenverfall-im-bankwesen-ungehaltene-rede-1176741.html (zuletzt eingesehen am 26.01.2016).

11 Diese Position korreliert eng mit den Vorbehalten gegenüber der Marktwirtschaft. Man spricht von einer Zwei-Welten-Theorie. Vgl. hierzu Peter Ulrich, Integrative Wirtschaftsethik. Grundlagen einer lebensdienlichen Ökonomie, Bern u. a. 1997.

schaftlich-kapitalistischen System deutlich. Das ermöglicht es jeweils, Legitimation und Legitimationsdefizite unternehmerischen Handelns zu analysieren. Dies sind die notwendigen Bausteine, um die Frage nach einem verantwortlichen Unternehmertum in einer Sozialen Marktwirtschaft in einer globalen Ökonomie zu stellen. Für welche Entwicklungen kann und muss ein Unternehmen Verantwortung übernehmen, für welche kann es dies nicht?

2. Zur Entwicklung von Unternehmertum und Unternehmen: Eine historische Skizze

Die Unternehmensgeschichte der letzten 200 Jahre lässt sich zwar hier nicht in ihrem Facettenreichtum nachvollziehen. Allerdings lassen sich doch Entwicklungsmuster erkennen und pointiert herausstellen, die gewisse Einschnitte und Neuentwicklungen markieren und die ihre Prägung nicht primär von der wirkungsgeschichtlich bedeutsamen politischen Geschichte erhalten haben.

(1) In der traditionellen Gesellschaftsordnung des Mittelalters, in der es das standesgemäße Einkommen zu erwirtschaften galt und das Erwerbsstreben verpönt war, war für Unternehmertum faktisch kein Raum. [12] Wirtschaftliches Handeln war in enge Normensysteme integriert, orientiert an Tradition und strikten kirchlichen, obrigkeitlichen und zünftischen Regeln. Unternehmen als von der Eigentümerfamilie getrennte wirtschaftliche und soziale Einheiten gab es – von Einzelfällen abgesehen – faktisch nicht. Vielmehr war der Oikos, das ‚Haus‘ von der Neolithischen bis zur Industriellen Revolution das vorherrschende Wirtschafts- und Sozialgebilde. [13] Der unter der Herrschaftsgewalt des Hausherrn stehende Oikos stellte eine Einheit von Betrieb und Haushalt dar und war zugleich Produktions-, Konsum- und Lebensgemeinschaft. Produziert wurde zumeist das zum Leben Notwendige, die Oikonomia war Bedarfswirtschaft. Dementsprechend war in

---

12 Vgl. hierzu Dieter Schneider, Betriebswirtschaftslehre Band 4, Geschichte und Methoden der Wirtschaftswissenschaft, München / Wien 2001, S. 209 f.

13 Vgl. hierzu Bernd Noll, Grundriss der Wirtschaftsethik. Von der Stammesmoral zur Ethik der Globalisierung, Stuttgart 2010, S. 66 f.

einer solchen Subsistenzwirtschaft die Marktverflechtung gering. Solange die ethisch-religiös überformte Sichtweise ökonomischer Phänomene dominierte, entwickelte sich weder die ,Wirtschaft' noch ,Unternehmertum' zu begrifflichen Kategorien, sodass damit verbundene Fragestellungen auch nicht zum Gegenstand einer erklärenden, theoretischen Betrachtungsweise werden konnten.

(2) Seit dem Spätmittelalter entstanden (auch) in Nordeuropa Städte und mit ihnen Handwerk und Handel. Urbane Zentren schufen Märkte mit einer differenzierten Nachfrage und einem differenzierten Angebot. Hier lassen sich die Vorläufer von Unternehmertum erkennen. So engagierten sich Großkaufleute, insbesondere dann, wenn sie als Verleger agierten oder Manufakturen gründeten.[14] Unternehmertum entwickelte sich also nicht mit, sondern aus Märkten.[15]

– (Groß-)Kaufleute (= ,Verleger') schossen Webern Garn vor und ließen dieses nach von ihnen vorgegebenen Mustern für einen unbekannten Markt bearbeiten. In moderne Terminologie übersetzt heißt dies: Subunternehmer verarbeiteten in Heimarbeit Rohstoffe, die ihnen nur ,vorgelegt' wurden. Dieses ,Verlagssystem' (von ,vorlegen', also kreditiertem Rohstoff) untergrub die alte zünftische Ordnung langsam, aber unaufhaltsam. Das Verlagswesen kann als erste Form der Massenproduktion angesehen werden. Die Produktion geschieht dezentralisiert in zahlreichen kleinen, getrennten Werkstätten, der Absatz erfolgt zentral durch einen Unternehmer, den Verleger-Kaufmann.

– Etwas später datiert die Entstehung der ersten Manufakturen. Sie wurden von merkantilistisch gesinnten Territorialherren oder von Handelskaufleuten und Bankiers gegründet, die das notwendige Kapital aufbringen konnten. So hat *August der Starke* 1710 per Dekret die Meißner Porzellanmanufaktur errichten lassen. Und so ist die Schmuck- und Uhrenindustrie nach Pforzheim gelangt, auch wenn die vom badischen Mark-

---

14 Vgl. hierzu Jürgen Kocka, Unternehmer in der deutschen Industrialisierung, Göttingen 1975, S. 19 ff. sowie Bernd Noll, a. a. O., S. 160 ff.

15 Vgl. hierzu Ralf Banken, a. a. O., S. 19.

grafen *Karl Friedrich* 1767 gegründete Manufaktur nach wenigen Jahren Pleite ging. Zentralisierte Produktion und zentralisierter Absatz sind für Manufaktur wie später für die industrielle Fabrik die entscheidenden Charakteristika, insoweit kann die Manufaktur als Vorläufer des späteren Fabriksystems angesehen werden. In den Manufakturen blieb aber die Arbeit vornehmlich Handarbeit, im Gegensatz zur Fabrik des 19. und 20. Jahrhunderts, in denen die Maschinenarbeit dominiert.

(3) Der Unternehmer betrat zwar bereits „im Zeitalter des Frühkapitalismus die Bühne", gewann aber als Denk-, Moral- und Rechtskategorie erst im späten 18. und frühen 19. Jahrhundert an Bedeutung.[16] Daher kommt es häufig zur (vereinfachenden) Gleichsetzung von Unternehmen mit Fabrikwesen und Industrialisierung.[17] Bis um 1840 dominierte der Kleinbetrieb mit weniger als 50 Mitarbeitern, der wenige Produkte für einen engen Markt herstellte und zumeist von Eigentümer-Unternehmern geführt wurde. Der Kapitalbedarf war bis dato eher gering und musste von der Familie aufgebracht werden, da die Kapitalmärkte noch wenig ausgebildet waren. Dieses Angewiesensein auf Kredit war Grund dafür, dass sich Unternehmer nahezu ausschließlich aus der gehobenen Mittelschicht rekrutierten; nur in diesen Kreisen ließ sich das notwendige Startkapital beschaffen.[18]

Der Unternehmer kümmert sich selbst um alles.[19] Die verschiedenen Managementebenen fallen noch nicht personell auseinander: Er trifft die strategische Entscheidungen, welche Produkte angeboten und welche Märkte bearbeitet werden sollen, und er widmet sich auf der operativen Ebene der Produkterstellung und der Distribution.

(4) Im zweiten Drittel des 19. Jahrhunderts änderten sich mit der von Dampfmaschinen unterstützten Massenproduktion, mit

---

16 Vgl. hierzu Werner Plumpe, a. a. O., S, 66 sowie Ralf Banken, a. a. O., S. 9–24.

17 Unternehmen entstanden auch im Dienstleistungssektor, z. B. im Bankwesen.

18 Vgl. hierzu Jürgen Kocka, a. a. O., S. 65 ff.

19 Vgl. hierzu Hartmut Berghoff, a. a. O., S. 61 f.

Eisenbahn, Dampfschifffahrt und Telegrafie die Wirtschaftsbedingungen grundlegend. Produktion, Transport und Kommunikation wurden gleichsam revolutioniert. Hinzu kamen 1834 die Gründung des Zollvereins und 1871 die Proklamation des Kaiserreichs, in deren Gefolge die staatlich geschaffenen Handelshemmnisse (Abbau der Zölle; Vereinheitlichung des Geldwesens, der Maße und Gewichte, etc.) beseitigt wurden. So wurden wichtige Voraussetzungen für einen größeren Wirtschaftsraum, für einen nationalen Markt geschaffen.

Viele Unternehmen entwickelten sich in diesem Zeitraum von kleinen zu großen Unternehmen. Prototypisch wird dies an der Geschichte des Unternehmens Krupp deutlich. *Alfred Krupp* erbte von seinem Vater Friedrich, der 1826 starb, eine Gussstahlfabrik mit 4 Mitarbeitern und einen Haufen Schulden. Er und sein Sohn *Friedrich Alfred* bauten dieses Unternehmen dann bis zum Beginn des 20. Jahrhunderts (1914) zum damals größten Industrieunternehmen Europas aus. Bei Kriegsausbruch hatte das Unternehmen knapp 70.000 Mitarbeiter und war in den Bereichen Eisenbahnbau und Militärtechnik ein nicht wegzudenkender Bestandteil der deutschen Wirtschaft.[20] Folge des starken Größenwachstums war, dass wichtige Entscheidungsbefugnisse an Management-Direktoren übertragen werden mussten.

Für das Großunternehmen erwies sich daher die Unternehmensrechtsform der Aktiengesellschaft als vorteilhaft. Mit der Durchsetzung der Haftungsbeschränkung der Anteilseigner auf das aufgebrachte Aktienkapital und der Abschaffung der Konzessionspflicht wurde die Aktiengesellschaft eine attraktive Rechtsform. Im Gründerboom nach der Reichsgründung 1871 wurden innerhalb von drei Jahren allein über 900 neue AGs gegründet.[21] *Nicholas M. Butler*, Präsident der Columbia University, meinte da-

20 Zur Firma Krupp vgl. Richard Tilly, Vom Zollverein zum Industriestaat. Die wirtschaftlich-soziale Entwicklung Deutschlands 1834 bis 1914, München 1990, S. 85.
21 Eine Haftungsbeschränkung galt in Preußen seit 1843. Die Konzessionspflicht bei der Gründung wurde mit der Aktienrechtsnovelle 1870 aufgegeben. Vgl. hierzu Alfred Reckendrees, Historische Wurzeln der Deutschland AG, in: Ralf Ahrens / Boris Gehlen / Alfred Reckendrees (Hrsg.), Die

her 1911: „The limited liability corporation is the greatest single discovery of modern times. Even steam and electricity are less important than the limited liability company."[22] Die ursprüngliche Identität von Unternehmern und Unternehmen konnte so im Zuge wirtschaftlicher Entwicklung und institutioneller Entfaltung auseinandertreten. Dies ermöglichte die Aufspaltung unternehmerischer Funktionen in die der Kapitalgeber (= Aktionäre) und des Managements (= Vorstand). Die Kapitalgeber tragen die auf ihren Kapitaleinsatz beschränkten unternehmerischen Risiken und das Management übernimmt – v. a. bei weit gestreutem Kapitalbesitz – die zentralen Dispositionsbefugnisse. Diese Funktionsspaltung war insofern von zentraler Bedeutung, da sie eine vorteilhafte Professionalisierung und Spezialisierung im Großunternehmen ermöglichte. Dies erlaubt, die besten Fachleute für Managementaufgaben heranzuziehen, und da das Eigenkapital in viele kleine ‚Risikoparten' teilbar ist und keine Durchgriffshaftung auf das Privatvermögen besteht, sind die Aktien fungibel und können an den Wertpapierbörsen gehandelt werden. So lassen sich die aus der Eigentümerstellung resultierenden unternehmerischen Risiken begrenzen, diversifizieren oder auch wieder veräußern.[23]

Die Empirie zeigt, dass die Industrialisierung im Deutschen Reich mit einer starken Konzentrationstendenz einherging. Die Großunternehmen wuchsen damals schneller als kleine oder mittlere Industrieunternehmen. So gab es im Jahre 1907 bereits 478 Großbetriebe mit mehr als 1.000 Mitarbeitern; das waren immerhin viermal so viele wie noch 25 Jahre zuvor. Diese Entwicklung ist eng mit dem Bedeutungsgewinn der Aktiengesellschaft verbun-

---

Deutschland AG: Historische Annäherungen an den bundesdeutschen Kapitalismus, 2013, S. 57–84, hier S. 58.

22 Stephen Copp, The Early Development of Company Law in England and Wales: Values and Efficiency, 2016, http://staffprofiles.bournemouth.ac. uk/display/thesis/16075 (zuletzt eingesehen am 28. 01. 2016).

23 Vgl. hierzu Bernd Noll, Wirtschafts- und Unternehmensethik in der Marktwirtschaft, Stuttgart 2013, S. 124 sowie Bernd Noll, Haftungsbeschränkungen im Konzern – eine ökonomische Analyse, in: ORDO Bd. 43, 1992, S. 205–235, hier S. 213 ff.

den, denn um die Jahrhundertwende firmierten 80 % der größten Industrieunternehmen als Aktiengesellschaften. Dennoch sollte diese Entwicklung aus gesamtwirtschaftlicher Sicht nicht überschätzt werden: Um 1900 arbeiteten nur gut ein Viertel der Beschäftigten im gewerblichen Sektor, davon 17,2 % in mittleren Betrieben mit 200–1.000 Beschäftigten und 8,1 % in Großbetrieben mit über 1.000 Mitarbeitern.[24] Deutschlands Wirtschaft war primär mittelständisch geprägt und sollte es auch bleiben.

(5) Firmeninterne Kapitalmärkte, die durch weitgehende Gewinneinbehaltung befördert wurden, sorgten für Expansionsbestrebungen der Aktienunternehmen. Die Unternehmensleitungen suchten durch Integration vor- und nachgelagerter Prozesse Marktrisiken zu reduzieren. So legten sich bspw. alle großen Hüttenwerke eigene Kohlegruben zu. Und als die Märkte für das Kernprodukt gesättigt waren, lautete für viele Unternehmen die Lösung Diversifikation: Elektrounternehmen wie Siemens begannen mit der Herstellung von Großanlagen und später kam die Herstellung von Straßenbahnen, Elektromotoren und Haushaltsgeräten hinzu. Chemieunternehmen wie BASF oder Bayer produzierten zunächst Farbstoffe oder Chemikalien und nahmen Düngemittel oder Pharmazeutika in ihr Produktportfolio auf. Fast alle Ölgesellschaften landeten bei der Petrochemie. Alternativ wurde dazu die Kerntätigkeit auch ins Ausland ausgedehnt, wie bei den Tabak- oder Ölkonzernen.

Die Aktiengesellschaft diente mithin lange Zeit eher als Mittel der Kapital- und Konzernverflechtung, nicht aber – wie es Intention des Gesetzgebers war – als Sammelbecken anlagesuchenden Kapitals.[25] Die starke Stellung der Großbanken als Kreditgeber

---

24 Zur Empirie vgl. Richard Tilly, a. a. O., S. 86 sowie Hans Jäger, Geschichte der Wirtschaftsordnung in Deutschland, Frankfurt a. M. 1988, S. 109.

25 Allerdings bestand dieses enge Verflechtungsnetzwerk nur zwischen den etwa 100 oder 150 größten Unternehmen, die ca. 20 % des Bruttoinlandsprodukts erwirtschafteten, nicht aber für die große Mehrzahl der kleinen und mittleren Unternehmen. Ralf Ahrens / Boris Gehlen / Alfred Rockendrees, Die Deutschland AG als historischer Forschungsgegenstand, in: dies. (Hrsg.) Die Deutschland AG. Historische Annäherungen an den bundesdeutschen Kapitalismus, Essen: 7–28, hier S. 9 f.

und durch Ausübung des Vollmachtstimmrechts für andere Kapitaleigner sorgte zudem für ein enges personelles Beziehungsnetzwerk *zwischen* Großunternehmen und Banken, das maßgeblich über den Aufsichtsrat geknüpft wurde. Kartellierung und Unternehmenskonzentration, häufig durch Bankenvertreter vorangetrieben, sorgten für einen ‚koordinierten Kapitalismus‘, der sich um die Jahrhundertwende ausgeformt hatte und an dem sich auch nach dem 2. Weltkrieg nichts Grundlegendes änderte. Der Preis dafür war eine über lange Zeit sinkende Zahl börsennotierter Aktiengesellschaften mit einer fortschreitenden Konzentration des Aktienumlaufs in Unternehmensbesitz, sodass die Aktienemission zur Deckung des Finanzierungsbedarfs kaum eine Rolle spielte.[26] Für dieses sehr spezielle Institutionengefüge setzte sich seit den 80er Jahren der Begriff ‚Deutschland AG‘ durch.[27]

(6) Die Expansion der Wirtschaftsaktivitäten zog Organisationsreformen nach sich, hatten mithin Auswirkungen auf die Binnenstruktur der Unternehmen: Die ehedem patriarchalisch organisierten Gründerunternehmen verwandelten sich zu hoch bürokratisierten Großunternehmen, die sich zunächst in einer funktionalen Unitary-Form und seit Mitte des 20. Jahrhunderts immer stärker in divisionalisierten Organisationsformen (Multi-Division-Form) manifestierten.[28] Diese Organisationsreformen hatten den Vorteil, dass sich die Führungsebene wieder stärker auf unternehmensstrategische Fragen konzentrieren konnte. Auch fühlten sich die Führungskräfte der Divisionen stärker als in Zen-

---

26 Im Gegenteil: Anfang der 1980er Jahre kursierte das Bonmot, Siemens sei eine ‚Bank mit angeschlossener Elektroabteilung‘, denn Siemens erzielte damals seine Gewinne nicht primär in seinem operativen Geschäft, sondern mit Finanzanlagen und Beteiligungen. Vgl. hierzu Bernd Noll, Investmentfonds, in: Peter Oberender (Hrsg.), Marktökonomie. Marktstruktur und Wettbewerb in ausgewählten Branchen der Bundesrepublik Deutschland, München 1989, S. 359–412, hier S. 372ff.

27 Vgl. hierzu Alfred Reckendrees, Historische Wurzeln der Deutschland AG, a. a. O., S. 57 sowie Jürgen Beyer, Die Strukturen der Deutschland AG, in: Ralf Ahrens / Boris Gehlen / Alfred Reckendrees (Hrsg.), Die Deutschland AG. Historische Annäherungen an den bundesdeutschen Kapitalismus, Essen 2013, S. 31–56, hier S. 33–35.

28 Vgl. hierzu Werner Plumpe, a. a. O., S. 62 f.

tralabteilungen als ‚Unternehmer im Unternehmen‘, was ihre Motivation befördern sollte. Die unvermeidliche Bürokratisierung dieser Großorganisationen sorgte schon vor dem 1. Weltkrieg mit der Übernahme der Budget-Praxis, des Formularwesens und einer ausgeprägten Hierarchisierung dafür, dass sich Großunternehmen hinsichtlich ihrer Informationsflüsse, Entscheidungsabläufe und (In-)Flexibilität der Funktionsweise staatlicher Verwaltungen annäherten. Folgerichtig hieß die Unternehmenszentrale bei Siemens ‚Oberbehörde‘ und die Angestellten waren bis in die Weimarer Zeit ‚Privatbeamte‘.[29]

(7) Eine neue Entwicklung setzte mit der Globalisierung seit den 80er Jahren ein. Es kommt zu einer Belebung von Kapitalmärkten und Aktienwesen, aber auch zu einer ‚Vitalisierung‘ und ‚Professionalisierung‘ der Eigentümermacht in Großunternehmen, v. a. in den Händen institutioneller Investoren wie Versicherungen, Pensions- oder Investmentfonds.[30] Dieser Vorgang wird häufig mit dem Etikett ‚Finanzmarktkapitalismus‘ belegt, da der Strukturwandel durch die zunehmende Integration der ehedem nationalen Märkte in einen weltweiten Finanzmarkt ausgelöst wurde.[31] Dadurch gewinnt zugleich der ‚Markt für Unternehmenskontrolle‘ auch für deutsche börsennotierte Unternehmen

29 Vgl. hierzu Fritz Redlich, Der Unternehmer, Göttingen 1964, S. 66 f. sowie Hartmut Berghoff, Moderne Unternehmensgeschichte, a. a. O., 2004, S. 96 ff.

30 Eine Analyse der Aktionärsstruktur zeigt, dass sich die DAX-Aktiengesellschaften inzwischen mehrheitlich in ausländischem Kapitalbesitz befinden und 64 % institutionellen Investoren zuzurechnen sind. Vgl. hierzu Ernst & Young, Wem gehört der DAX? Analyse der Aktionärsstruktur der DAX-Unternehmen, 2015, S. 4 und S. 17, http://www.ey. com/Publication/vwLUAssets/EY-Wem-gehoert-der-DAX-2015/$FILE/ EY-Wem-gehoert-der-DAX-2015.pdf (zuletzt eingesehen am 28. 01. 2016). Private Anleger verlieren an Bedeutung. Da Aktien regelmäßig von Besitzern, für die sie einen geringeren Wert haben, in die Hände derer wandern, für die sie von größerem Wert sind, ist dies aus Transaktionskostenüberlegungen folgerichtig. Vgl. hierzu Bernd Noll, Investmentfonds, in: Peter Oberender (Hrsg.), a. a. O., S. 374 ff.

31 Vgl. hierzu Sachverständigenrat, Die Chance nutzen – Reformen mutig voranbringen, Jahresgutachten 2005/2006, Baden-Baden 2005, Tz. 683 ff.

an Relevanz.[32] Diesen Kontrollmechanismus hat *Henry G. Manne* erstmals 1965 beschrieben: „The lower the stock price, relative to what it could be with more efficient management, the more attractive the take-over becomes to those who believe that they can manage the company more efficiently."[33] Je stärker also die Börsenkurse einer Gesellschaft fallen, umso größer wird der Anreiz für potentielle Bieter, das Unternehmen mit Hilfe eines Übernahmeverfahrens zu erwerben. Der beschriebene Sanktionsmechanismus koppelt die Interessen des Managements stärker an die der Aktionäre, da die Aktionäre bei einer Übernahmeofferte eine zusätzliche Option erhalten, ihre Vermögensinteressen wahrzunehmen. Allein die Möglichkeit einer solchen – missverständlich als „feindlich" bezeichneten – Übernahmeofferte kann präventive Wirkungen entfalten, denn Ineffizienzen werden vom Management schneller und schonungsloser aufgedeckt und abgestellt, um nicht Zielobjekt einer Übernahme zu sein.[34]

(8) Organisationstheoretiker meinen, dass durch diese Verschärfung des Wettbewerbs auch die zuvor bestehenden Organisationsstrukturen stark in Frage gestellt wurden. Ein neues Kostenbewusstsein sorgte für flachere Unternehmenshierarchien. Unternehmerische Wertschöpfungsketten wurden zerlegt und Teile davon auf andere Unternehmen (= outsourcing) oder ins Ausland verlagert (= offshoring). Auffallend ist zudem, dass Diversifizierungsstrategien früherer Jahrzehnte an Bedeutung verloren, teilweise wieder rückgängig gemacht wurden bzw. werden. Die neue Unternehmensstrategie lautete stattdessen ,Konzentration auf Kerngeschäftsfelder'.[35] Dies lässt vermuten, dass die ausgeprägten Expansionsbestrebungen früherer Jahr-

---

32 In den USA gab es in den 80er Jahren eine beispiellose Übernahmewelle, während in Deutschland die Übernahme von Mannesmann durch Vodafone im Jahre 2000 die erste große öffentliche Übernahme gewesen ist.

33 Henry G. Manne, Mergers and the Market for Corporate Control, in: Journal of Political Economy, Vol. 73, 1965, S. 110–120, hier S. 113.

34 Vgl. hierzu Bernd Noll/Jürgen Volkert/Nina Zuber, Managermärkte: Wettbewerb und Zugangsbeschränkungen – Eine institutionen- und sozioökonomische Analyse, Baden-Baden 2011.

35 Ausführlicher dazu vgl. ebd. S. 55 ff.

zehnte weniger von Effizienzerwartungen geleitet waren, sondern eher der Interessenlage des Top-Managements mit ihren Macht-, Prestigemotiven und Einkommensinteressen geschuldet war.

(9) Die gegenwärtige Situation ist durch folgende bemerkenswerte Trends gekennzeichnet: Die technischen Fortschritte im Informations- und Kommunikationswesen reduzieren die Transaktionskosten bei der Inanspruchnahme von Märkten. Damit erfährt die von *Ronald Coase* (1910–2013) in die Debatte eingebrachte Frage nach der ökonomischen Vorteilhaftigkeit von ‚Unternehmen‘ oder ‚Märkten‘ für viele wirtschaftliche Kooperationsbeziehungen eine Neubewertung. In der Tendenz kommt es zur Vermarktlichung bei der Leistungserstellung.[36] Dieser Trend bestätigt sich bei der Wertschöpfung und dem Beschäftigtenanteil der ‚100 größten Unternehmen‘ gemessen am Bruttoinlandsprodukt und an der Gesamtbeschäftigung der deutschen Wirtschaft. Erzielten die ‚100 Größten‘ im Jahre 2000 einen Anteil von 20,1 % am Bruttoinlandsprodukt, so sank der Anteil der gesamten inländischen Wertschöpfung bis 2012 auf 16 %, und beschäftigten die ‚100 Größten‘ 1978 noch 17,4 % aller sozialversicherungspflichtigen Arbeitskräfte, so reduzierte sich dieser Anteil bis zum Jahre 2012 auf 12,6 Prozent.[37] Aber auch die Anzahl der inländischen börsennotierten Aktiengesellschaften nimmt seit der Finanzmarktkrise wieder kräftig ab, ein Trend, der in den USA schon länger erkennbar ist. Unklar ist die Ursache hierfür: Sind es die ungelösten Agent-Konflikte zwischen dem Top-Management und den Anteilseignern in Publikumsgesellschaften? Die nach diversen Unternehmensskandalen in Gang gesetzte hohe und scharfe Regulierungsdichte für börsennotierte Unternehmen spricht jedenfalls nicht gegen die Bejahung dieser Frage.[38]

---

36 Vgl. hierzu ebd. S. 28.
37 Vgl. hierzu Monopolkommission, Eine Wettbewerbsordnung für die Finanzmärkte. Zwanzigstes Hauptgutachten der Monopolkommission, 2014, S. 178 und S. 188, http://www.monopolkommission.de/images/ PDF/ HG/HG20/HG_XX_gesamt.pdf (zuletzt eingesehen am 28. 01. 2016).
38 Vgl. hierzu Craig Doidge / G. Andrew Karolyi / René M. Stutz, The U.S. listing gap, in: NBER Working Paper No. 21181, 2015.

3. Legitimationsprobleme von Unternehmertum in einer Marktwirtschaft

(1) Die historische Rekonstruktion eröffnet eine von der liberalen Philosophie formulierte kontrakttheoretische Perspektive:[39] Unternehmen können als Netz von Verträgen interpretiert werden, und zwar sowohl was die Binnen- wie die Außenperspektive anbelangt. Das gilt namentlich für Eigentümer-Unternehmer. Das von ihnen geschaffene Sozialgebilde ‚Unternehmen' ist Ausdruck privatautonomen Handelns. Unternehmer nutzen die verbürgten Freiheitsrechte, insbesondere Vertragsfreiheit, Gewerbefreiheit, Eigentumsgarantie etc., um ihre wirtschaftlichen Interessen zu verfolgen. Kauf-, Werk- oder Kreditverträge regeln das Außenverhältnis.

Freiheit und Verantwortung sind im liberalen Paradigma notwendigerweise aufeinander bezogen. Die Haftung wird als unabdingbares Korrelat zur unternehmerischen Freiheit angesehen.[40] Das Handeln der Eigentümer-Unternehmer erfährt seine Legitimation durch die Verknüpfung von Handlungskompetenz und Verantwortung: Der Kapitalgeber-Unternehmer darf unternehmerischen Entscheidungen treffen, weil er auch die finanziellen Folgen, Gewinne wie Verluste, trägt. Verantwortung dient somit als wichtiger Disziplin- und Zuschreibungsmechanismus im gesellschaftlichen Zusammenleben. Vom Unternehmer wird verlangt, eine nachträgliche Einstandspflicht für die Folgen aus den Handlungen zu übernehmen, die von ihm intendiert und kontrolliert werden. Doch diese nachträgliche Einstandspflicht hat zugleich verhaltenssteuernde Funktion; sie soll ihn schon präventiv zu umsichtigem Handeln veranlassen.

Aus der Vertragsfreiheit erwächst zugleich ein liberal-individualistisches Arbeitsrecht, dass Arbeitsverträge jeglicher perso-

---

39 Nachweise bei Alfred Schüller, Property Rights, Theorie der Firma und wettbewerbliches Marktsystem, in: ders. (Hrsg.), Property Rights und ökonomische Theorie, 1983 S. 145–183, hier S. 166.

40 Grundlegend dazu Walter Eucken, Grundsätze der Wirtschaftspolitik, 5. Auflage, Tübingen 1975, S. 279 ff.

naler Bindungen und kollektiver Vorschriften enthebt.[41] Arbeitsbeziehungen kommen durch bilaterale Verträge über Märkte zustande, sind aber zugleich integraler Bestandteil zur Gestaltung
der Binnenstruktur eines Unternehmens, denn Interaktionen innerhalb der Unternehmen werden regelmäßig über vertraglich de-
finierte Weisungsbefugnisse, Anordnungen der Vorgesetzten und
Gehorsamspflicht der Arbeitnehmer abgewickelt. Die unternehmerische Führung legitimiert sich aus dem vertraglichen Konsens
der Beteiligten.[42] Arbeitsbeziehungen entstehen also anders als
im Feudalzeitalter freiwillig und sind kein Instrument der Subor-
dination. Sie geben Arbeitnehmern Gelegenheit, statt selbst einer
unternehmerischen Tätigkeit nachzugehen, ihre Einkommensinteressen durch ‚Verkauf‘ ihrer Arbeitsleistung an Unternehmen zu
verfolgen.

Allerdings begegneten sich Unternehmen und Arbeitnehmer
im 19. Jahrhundert selten ‚auf Augenhöhe‘.[43] Die ‚soziale Frage‘
der Arbeiterschaft war unübersehbar. Sie zeigten sich in kaum das
Überleben sichernden Löhnen und der fehlenden Absicherung
der Arbeitnehmerschaft bei existenziellen Risiken. Hierin ist zwar
primär ein ordnungspolitisches Versagen zu sehen, doch auch die
fehlende gesellschaftliche Verantwortungsübernahme der Unternehmer. Unternehmer ‚regierten‘ über ihre Arbeiter wie der ab-
solutistische Staat über seine Untertanen. Verspürten die Fabrik-
herren soziale Verantwortung, so zeigte sich darin doch häufig
eine Mischung aus paternalistischer Fürsorge und Repression bei

---

41 Vgl. hierzu Werner Plumpe, Kapital und Arbeit. Konzept und Praxis in-
dustrieller Beziehungen im 20. Jahrhundert, in: Reinhard Spree (Hrsg.),
Geschichte der deutschen Wirtschaft im 20. Jahrhundert, München 2001,
S. 178–199, hier S. 178 f.

42 Joachim Paul spricht von „Macht durch Legitimation" in: Praxisorien-
tierte Einführung in die Allgemeine Betriebswirtschaftslehre, Wiesbaden 2011, S. 78.

43 Die von K. Marx postulierte These des strukturellen Ungleichgewichts
beim Abschluss eines Arbeitsvertrags ist so allgemeingültig nicht richtig.
Die primäre Ursache von Verelendung und Not der Arbeiterschaft lag
im strukturellen Angebotsdruck auf den Arbeitsmärkten aufgrund des
rasanten Bevölkerungswachstums, nicht in der Durchsetzung der Industrialisierung. Vgl. dazu Richard H. Tilly, a. a. O., S. 67 ff.

sozialistischen Bestrebungen.[44] Durch diese fehlende Bereitschaft zur Weiterentwicklung des liberalen Ordnungsmodells gerieten Unternehmertum und Marktwirtschaft seit dem letzten Drittel des 19. Jahrhunderts nachhaltig in Misskredit.

(2) Mit dem Bedeutungszuwachs der Kapitalgesellschaft kamen weitere Legitimationsprobleme hinzu. Sie hängen mit der beschriebenen Funktionsspaltung zusammen. Dieses institutionelle Arrangement sorgte für eine ‚Entpersönlichung' des Unternehmertums. Mit der Verselbständigung des Unternehmens entfernte sich das „Leben aus der Idee des Eigentums."[45]

– Kapitaleigner empfinden keine ‚moralische Treuepflicht' mehr, denn die Substanz des Eigentums verflüchtigt sich, wenn Maschinen und Fabrikgebäude durch Aktien(pakete) substituiert werden.
– Aber auch die Mitglieder der Unternehmensleitung sind nur Beauftragte auf Zeit. Sie identifizieren sich aufgrund ihrer Agenten-Stellung mehr oder weniger mit den Unternehmensinteressen, da sie im Erfolgsfalle weder den vollen Gewinn erlangen noch im Insolvenzfall das Risiko des Scheiterns tragen.

(3) Faktisch entstand eine Managerherrschaft. Funktionärseliten aus Vorständen von Industrieunternehmen und Bankmanagern kamen weitreichende Handlungsspielräume zu, ohne entsprechende Verantwortlichkeiten übernehmen zu müssen. Die Rechnungslegungsvorschriften zeichneten zudem ein für Außenstehende wenig transparentes Bild des Unternehmens. Und die Führungskräfte rekrutierten sich gleichsam qua Kooptation nach weitgehend selbst gesetzten Regeln.[46] So standen insbesondere bei Publikumsgesellschaften keine effektiven Kontrollmaßnahmen der Kapitaleigner oder der Kapitalmärkte zur Verfügung.

---

44 Musterbeispiel hierfür ist Alfred Krupp. Vgl. Jürgen Kocka, a. a. O., S. 79.
45 So erstmals Werner Sombart, zitiert nach Ralf Banken, a. a. O., S. 16.
46 Vgl. hierzu Michael Adams, Die Usurpation von Aktionärsbefugnissen mittels Ringverflechtung in der ‚Deutschland AG', Vorschläge für Reformen im Wettbewerbs-, Steuer- und Unternehmensrecht, in: Die Aktiengesellschaft, Jg. 39, 1994 S. 148–158, hier S. 151.

Ganz in diesem Sinne wird vom Bankier von Fürstenberg das Bonmot kolportiert: Aktionäre sind dumm und frech. Dumm, weil sie Aktien kaufen, und frech, weil sie dann noch Dividende haben wollen.

(4) Von vielen Aktienrechtlern wurde dieses defizitäre Arrangement von Kompetenzen damit gerechtfertigt, dass der Vorstand gleichsam als ,natürlicher Sachwalter' des ,Unternehmensinteresses' angesehen werden könnte. Doch die Legitimitätsfrage der Manager-Herrschaft blieb völlig ungeklärt. *E. J. Mestmäcker* hat daher schon frühzeitig von einer ,Ideologie' gesprochen, die Interessenkonflikte verschleiert und versucht, „die Machtansprüche der herrschenden Verwaltung zu legitimieren."[47] Zwar können solche Netzwerke Gruppenidentitäten befördern und dadurch Kooperationsmöglichkeiten eröffnen, was Chancen für bessere strategische Entscheidungen befördert. Doch zugleich sorgte dieses Beziehungsnetz für ein abgeschottetes System von miteinander verflochtenen Großkonzernen[48] und einer geschlossenen Funktionärselite von gut informierten Insidern. Klüngelei und korruptes Verhalten wurde damit Vorschub geleistet.

(5) Zudem lag auf Seiten der Gewerkschaften die Intention nahe, an diesem koordinierten Kapitalismus durch Schaffung einer unternehmerischen Mitbestimmung zu partizipieren. Das Vehikel dazu ist der paritätisch besetzte Aufsichtsrat. Der seinerzeitige DGB-Vorsitzende *Ludwig Rosenberg* gab 1976 dafür die folgende Rechtfertigung: „Eine wahre Demokratie kann sich nicht auf den politischen Sektor beschränken. Wenn es wahr ist, dass die Wirtschaft unser Schicksal ist, dann ist es notwendig, dass alle über dieses Schicksal mitbestimmen."[49] Großunternehmen wur-

---

47 Ernst-Joachim Mestmäcker, Verwaltung, Konzerngewalt und Recht der Aktionäre, Karlsruhe 1958, S. 14.

48 So wurde bspw. die Absicht des ,Außenseiters' Pirelli, bei seinem Konkurrenten einen beherrschenden Einfluss zu erzielen, wirksam durch eine koordinierte Aktion der deutschen Banken vereitelt.

49 Zitat bei Karl Lauschke, Mehr Demokratie in der Wirtschaft: Die Entstehungsgeschichte des Mitbestimmungsgesetzes von 1976, Düsseldorf 2006, S. 19.

den als ‚gesellschaftliche Veranstaltungen' und nicht länger als privatrechtliche Organisationen angesehen. [50]

Im Kern entspricht dieser Ansatz einem normativ gewendeten Stakeholder-Modell mit einer konflikttheoretischen Perspektive. Dem Top-Management kommt eine Moderatorenfunktion zu. [51] Es muss versuchen, die vielen und sich teilweise widersprechenden Ansprüche der verschiedenen Interessengruppen (z. B. hohe Löhne, langfristige Arbeitsplatzsicherheit, Gewinne, hohes Steueraufkommen, dauerhafter Verbleib an einem Standort, etc.) zum Ausgleich zu bringen. Kapitaleigner sind mit ihrem Renditeanliegen nur eine von vielen Anspruchsgruppen.

(6) Doch dieses Modell eines formierten Kapitalismus passte zunehmend weniger zu einer der führenden Wirtschaftsnationen, die von offenen, wettbewerblichen Prozessen an den Gütermärkten profitierte und weiterhin profitieren wollte. Seit Mitte der 8oer Jahre sah sich die Bundesrepublik veranlasst, die Attraktivität und die internationale Wettbewerbsfähigkeit des Finanzplatzes Deutschland durch eine Erweiterung des Anlegerschutzes zu verbessern, womit der Auflösungsprozess der ‚Deutschland AG' eingeleitet wurde. Dies bedeutet zugleich eine stärkere Rück- bzw. Hinwendung zur kontrakttheoretischen Sicht auch auf Großunternehmen, wie sie dem Shareholder-Value-Ansatz zugrunde liegt. [52] Damit entwickelte sich eine Diskussion um eine angemessene Corporate-Governance, die nach dem rechtlichen und faktischen Ordnungsrahmen für Überwachung und Leitung

---

50 Zu weiteren Nachweisen vgl. hierzu Bernd Noll / Jürgen Volkert / Nina Zuber, Managermärkte: Wettbewerb und Zugangsbeschränkungen – Eine institutionen- und sozioökonomische Analyse, Baden-Baden 2011, S. 75 sowie Bernd Noll, Wirtschafts- und Unternehmensethik in der Marktwirtschaft, Stuttgart 2013, S. 120.

51 Hier knüpft die Idee des Corporate Stewardship an; dem Management obliegt die ‚Fürsorge' für die ihm anvertrauten Ressourcen und für den sorgsamen, bevorzugten Umgang mit allen Stakeholdern. Vgl. hierzu Michael S. Aßländer, Grundlagen der Wirtschafts- und Unternehmensethik, Marburg 2011, S. 228. Dabei werden die antiken und mittelalterlichen Vorstellungen vom guten treusorgenden Hausvater reaktiviert. Der veränderte soziale Kontext bleibt indessen vollständig unberücksichtigt.

52 Ausführlich dazu Bernd Noll / Jürgen Volkert / Nina Zuber, a. a. O., S. 74 ff.

von Großunternehmen fragt. Dies kann an zentralen ordnungs-
ethischen Konfliktlagen deutlich gemacht werden, die sich auf
Basis des Principal-Agent-Ansatzes demonstrieren lassen.

(7) Angestellte Manager (= Agenten) handeln im Auftrag und
Interesse der Anteilseigner (= Prinzipale). Zwischen diesen Akteuren besteht aufgrund einer asymmetrischen Informationsverteilung eine prekäre Beziehung, die die Manager in ihrem Interesse
opportunistisch ausbeuten können.[53]

Daher hat der Staat durch seine Rahmengesetzgebung spezifische Transparenzpflichten für börsennotierte Unternehmen statuiert, um das Informationsgefälle zu Gunsten der Kapitalanleger
abzubauen. Unternehmen sollen mithin Zugang zu Informationen gewähren, die früher nur über exklusive Kanäle verfügbar
waren. Zu erwähnen ist in diesem Zusammenhang nicht nur die
Verpflichtung zu regelmäßiger Berichterstattung (Jahres-, Zwi-
schenabschlüsse). Hinzu gekommen ist nach dem Wertpapier-
handelsgesetz eine Verpflichtung, ,kursrelevante Veränderungen'
im Kontext des Unternehmens wie personelle Veränderungen
oder eine beabsichtigte Fusion unverzüglich publik zu machen
(sog. Ad-hoc-Publizität). Mit Aufbau eines Risikofrüherkennungs-
systems, weiterer Offenlegungspflichten nach dem KonTra-Ge-
setz und der Beachtung internationaler Rechnungslegungsstan-
dards sollen zudem regelmäßig allen Marktakteuren verlässli-
che Informationen vermittelt werden. Diese Informationen sollen Rückschlüsse über die Fähigkeiten des Managements ermöglichen und das Zustandekommen der Marktbewertung nachvoll-
ziehbar machen.[54]

Ergänzend sind spezifische Verhaltenspflichten gewisser Ak-
teursgruppen zu fixieren, um Vertrauen in das institutionelle Ge-
füge von Großunternehmen und Kapitalmarkt, von Top-Mana-
gern und Kapitalanlegern, zu befördern. An zwei wichtigen Beispielen kann das illustriert werden: Auch wenn durch die Transpa-

---

53 Näheres zu den Arten von Agentur-Problemen vgl. Joachim Paul, a. a. O.,
S. 53.
54 Vgl. hierzu Bernd Noll / Jürgen Volkert / Nina Zuber, Managermärkte:
Wettbewerb und Zugangsbeschränkungen – Eine institutionen- und sozioökonomische Analyse, Baden-Baden 2011, S. 108 ff.

renzgebote die asymmetrische Informationsverteilung zwischen Agenten und Prinzipalen abgebaut wird, gelangen Agenten durch ihre Tätigkeit in gewissen Situationen (Fusionsverhandlungen; Verkauf einer Unternehmenssparte) an Informationen mit Kursrelevanz, die anderen Marktteilnehmern zunächst nicht zur Verfügung stehen. Diese Einbindung in strategisch relevante Maßnahmen macht die daran beteiligten Personen zu Insidern. Die dabei gewonnenen Informationen ließen sich durch Aktientransaktionen zur Gewinnerzielung oder Verlustminimierung nutzen. Der Gesetzgeber hat 1995 ein Verbot von Insidergeschäften mit Wertpapieren statuiert. Dies dient dem Individualschutz, da Insiderhandel zu einer ungleichen Chancen- und Risikoverteilung unter den Kapitalmarktakteuren führen würde. Zudem könnten ,normale' Kapitalanleger bei Insideraktivitäten die Qualität der Kursbildung schlechter einschätzen. Ein Insiderhandelsverbot dient also auch dem Institutionenschutz, insofern es verhaltensstabilisierende Funktionen erfüllt und damit die Koordinationsleistung des Kapitalmarktes befördert.

Weniger überzeugend sind dem Gesetzgeber die ,Spielregeln' des Wertpapiererwerbs- und Übernahmegesetzes gelungen, mit denen auf dem Markt Rahmenbedingungen für Unternehmenskontrollen geschaffen wurden. Zwar werden Minderheitsaktionäre über eine Veränderung der Mehrheitsverhältnisse im Aktionärskreis frühzeitig und umfassend informiert und ihre Interessen bei einem Kontrollwechsel ausreichend geschützt. Unzureichend ist jedoch der Schutz im Verhältnis der Kapitaleigner gegenüber der Unternehmensverwaltung. So dürfen Vorstand und Aufsichtsrat bei öffentlichen Übernahmeangeboten selbst solche Abwehrhandlungen vornehmen (z. B. Verkäufe der ,crown jewels'), die ein gewissenhafter und ordentlicher Geschäftsführer eines nicht von einer Übernahme betroffenen Unternehmens so nicht vorgenommen hätte.[55] Damit werden legitime Abhilfeoptionen der Aktionäre gegenüber opportunistischem Gebaren des Vorstandes erschwert oder zunichte gemacht.

---

55 Vgl. hierzu Bernd Noll/Fridolin Haag, Schärfere Regulierung von Managergehältern in Aktiengesellschaften?, in: Wirtschaftsdienst, Jg. 89, 6/2009, S. 380–387, hier S. 387.

(8) Mit der Globalisierung wurde also eine neue Ära für Großunternehmen und Kapitalmärkte eingeleitet, die zu einer gewissen Zurückdrängung des Stakeholder-Ansatzes und einer Beförderung des Shareholder-Denkens geführt. Dies hat in Öffentlichkeit wie Wissenschaft zu einer recht emotional geführten Debatte geführt. Die Kontroverse dockt an der Frage an, welche Verantwortung Unternehmen zukommen sollte.

4. Zur Verantwortung von Unternehmertum

Diese Frage nach der gesellschaftlichen Verantwortung von Unternehmen wird immer wieder neu gestellt werden. Dies hängt nicht zuletzt damit zusammen, dass sie sich nur im historisch-kulturellen Kontext angemessen beantworten lässt. Der historisch-kulturelle Kontext der Unternehmen hat sich mit der Globalisierung jedoch entscheidend verändert.

4.1. Unternehmertum – eine an sich moralisch verdienstvolle Angelegenheit

Zunächst sei an einen Gedanken des Ordoliberalen *Franz Böhm* (1895–1977) erinnert, der darauf hingewiesen hat, dass unternehmerisches Engagement an sich eine moralisch verdienstvolle Angelegenheit sei. Es ist bisher nämlich keiner anderen geschichtlich realisierten Ordnung gelungen, den vermögenden Teil der Gesellschaft in einem solchen Ausmaß zu veranlassen, sich am Produktionsprozess zu beteiligen, große Teile des Reichtums produktiv zu investieren, Risiken auszusetzen und damit Wohlstand und Beschäftigung nicht nur für sich, sondern auch für andere Menschen zu schaffen.[56] Diesen Gedanken haben auch die beiden christlichen Kirchen 1997 in ihrem gemeinsamen ‚Sozialwort‘ aufgegriffen: „Unternehmer, die sich mit ihrem Kapitaleinsatz und ihrer Entscheidungsfreudigkeit den Risiken des Wettbewerbs aus-

---

56 Vgl. hierzu Franz Böhm, Privatrechtsgesellschaft und Marktwirtschaft, in: ders. (Hrsg.), Freiheit und Ordnung in der Marktwirtschaft, Baden-Baden 1980, S. 105–168, hier S. 145.

setzen und dabei Arbeitsplätze und Güter schaffen, verdienen auch unter ethischen Gesichtspunkten hohe Anerkennung."[57]

4.2. Unternehmertum und Verantwortungsbereiche

Doch dabei wird man es nicht belassen können. Unternehmen bekommen von der Gesellschaft Handlungsfreiräume zugestanden, mit denen sie verantwortlich umgehen müssen. Das zeigen die Diskussionen über den VW-Abgasskandal und die zahlreichen moralischen und rechtlichen Verfehlungen der Deutschen Bank sehr deutlich. Unternehmen benötigen gesellschaftliche Akzeptanz, eine license to operate. Diese Herausforderung lässt sich negativ wie positiv umreißen:

(1) Negativ müssen Unternehmen aufzeigen, für welche Angelegenheiten sie keine primäre Verantwortung tragen können; d. h., sie müssen Problemsituationen aufzeigen, für die sie nicht (primär) verantwortlich gemacht werden können, weil diese außerhalb ihres Einflussbereichs liegen. Das gilt bspw. für eine hohe Beschäftigung oder den Arbeitsplatzerhalt an einem bestimmten Standort. Die wirtschaftsethische Debatte unterscheidet ganz bewusst zwischen verschiedenen Ebenen, auf denen ethische Probleme zu verorten sind: die Individualebene, die Unternehmensebene und die Ordnungsebene.[58] Beschäftigungssicherung ist primär ein Anliegen, dass auf gesamtgesellschaftlicher Ebene zu lösen ist, mithin ein ordnungspolitisches und kein unternehmensethisches Anliegen ist. Man verwischt die Verantwortlichkeiten, wenn man den Unternehmen dennoch solch genuin öffentliche Aufgaben zuweisen wollte. Eine Verantwortungszuschreibung für Beschäftigungssicherung im Inland widerspricht dem Grundgedanken einer universalistischen Ethik. Es lassen sich für ein (multinational) agierendes Unternehmen kaum Argumente dafür fin-

---

57 Evangelische Kirche Deutschland und Deutsche Bischofskonferenz, Für eine Zukunft in Solidarität und Gerechtigkeit, 1997, Tz. 142, http://www.ekd.de/EKD-Texte/sozialwort_1997_sozial4.html (zuletzt eingesehen am 15.07.2015).

58 Ausführlicher dazu Bernd Noll, Wirtschafts- und Unternehmensethik in der Marktwirtschaft, Stuttgart 2013, S. 44 ff.

den, warum ein erhaltener heimischer Arbeitsplatz eine höhere Wertigkeit besitzen sollte als ein stattdessen zu schaffender Arbeitsplatz im Ausland.

(2) Umgekehrt gilt, dass die Gesellschaft in die Integrität der Unternehmen vertrauen können muss. Das bedeutet insbesondere, Konflikte zwischen Moral und Gewinn zu vermeiden. Daher besitzt die beliebte Praxis des Top-Managements wenig Glaubwürdigkeit, Verantwortung für unerwünschte Vorgänge zu personalisieren. Als die Ermittlungen in dem großen Korruptionsfall bei *Siemens* im letzten Jahrzehnt schon im vollen Gange waren, hieß es dazu offiziell bei *Siemens* 2007 im Fortschrittsbericht des Global Compact noch, es bestünden „Vorwürfe gegen einzelne Mitarbeiter"[59]. Ganz ähnlich behauptete die Unternehmensführung von VW nach Bekanntwerden des sog. ‚Abgasskandals', dass über die Manipulationen in der Motorsteuerung ‚nur eine kleine Gruppe von Mitarbeitern' gewusst haben soll. Auch hier gibt es inzwischen von Mitarbeitern gegenläufige Aussagen. Die Intention ist offensichtlich: Es soll zum Ausdruck gebracht werden, dass einzelne Mitarbeiter mit krimineller Energie das Problem sind, nicht die gelebte Unternehmenskultur. Doch zeigen viele Untersuchungen wirtschaftskrimineller Delikte, dass diese meist kein individualethisches Problem sind, sondern etwas mit einer defizitären Organisationskultur zu tun haben.

4.3. Corporate Social Responsibility?

Corporate Social Responsibility (CSR) beschreibt die Handlungsaufforderung an Unternehmen, nicht nur für die ökonomischen, sondern auch für die sozialen und ökologischen Folgen ihres Handelns einzustehen. Je nach politischer Orientierung und der spezifischen Interessenlage der Protagonisten wird mit CSR sehr Unterschiedliches verbunden. Die anhaltende und umfassende Debatte

---

59 Rainer Dombois, Von organisierter Korruption zu individuellem Korruptionsdruck?, Soziologische Einblicke in die Siemens-Korruptionsaffäre, S. 5; http://www.iaw.uni-bremen.de/downloads/Dombois-Siemensfinal. pdf (zuletzt eingesehen am 10.08.2012).

über CSR hat daher bislang noch keine überzeugenden Konturen. Im Folgenden soll deshalb zunächst herausgearbeitet werden, welche Aspekte unstrittig zu den legitimen Ansprüchen an Unternehmen gehören, um dann auf ein problematisches Verständnis von CSR einzugehen, mit dem das Verantwortungskonzept überdehnt wird:

(1) Unternehmen müssen – wie im vorigen Kapitel erläutert – für die eigene Akzeptanz in Gesellschaften mit einer kritischen Öffentlichkeit sorgen; insofern trifft sie eine Reputationsverantwortung. Dies bedeutet insbesondere für transnational agierende Unternehmen, einen angemessenen Umgang mit unterschiedlichen Rahmenregeln und Wertekulturen zu finden. Eine gespaltene Moral mit hohen moralischen Standards in westlichen Gesellschaften und niedrigen Standards in Ländern der Dritten Welt stößt nicht nur auf Akzeptanzprobleme bei Mitarbeitern, sondern auch gegenüber Konsumenten, Medien, etc.

Vor diesem Hintergrund wird deutlich, warum das Thema ‚Compliance' binnen weniger Jahre zu einer Management-Aufgabe mit hoher Priorität geworden ist. Compliance steht für ‚Normeinhaltung' oder ‚Regeltreue'. Compliance-Management will also ein Verhalten der Belegschaft in Übereinstimmung mit den rechtlich geltenden und den selbst gesetzten Regeln sicherstellen.[60] Diese unternehmerische Selbstverpflichtung ist keineswegs banal, wie es den ersten Augenschein hat. Es ist vielmehr zu einer diffizilen und komplexen Aufgabe geworden. Nicht nur ist in hochentwickelten Ländern wie Deutschland im Umwelt-, Arbeits- oder Sozialrecht eine Vielzahl sanktionsbewehrter neuer Regeln entstanden. Hinzu kommt, dass für weltweit agierende Unternehmen Regelungen verschiedener Jurisdiktionen Relevanz besitzen. Daher kann die Geschäftsleitung ihrer Verantwortung für regeltreues Verhalten des Unternehmens nur nachkommen,

---

60 Vgl. hierzu Josef Wieland, Integritäts- und Compliance-Management als Corporate Governance – konzeptionelle Grundlagen und Erfolgsfaktoren, in: Stephan Grüninger/Roland Steinmeyer/Josef Wieland (Hrsg.), Handbuch Compliance-Management, 2. Auflage, Berlin 2014, S. 15–40, hier S. 17 f.

wenn sie diese Aufgabe präventiv und proaktiv angeht und die dafür notwendigen organisatorischen Maßnahmen schafft.[61]

(2) Unternehmen haben häufig erkennen müssen, dass allein ihr legales Verhalten nicht als moralisch legitim angesehen wurde, weil der vorhandene staatliche oder globale Ordnungsrahmen ethische Forderungen nur unzureichend erfasst, d. h. er ist unvollkommen oder defizitär. Unternehmen müssen sich bei unklaren, widersprüchlichen oder unzureichenden staatlichen Regelungen schon aus Selbstinteresse mit daraus verknüpften Problemstellungen auseinandersetzen, wenn sie Vertrauen in ihre Firma sicherstellen wollen. Sie tragen insofern eine Verantwortung für die Ordnungsebene, die man als Steuerungsverantwortung bezeichnen kann. Es geht um die Mitwirkung an der Gestaltung des Ordnungsrahmens. Diese Form der Verantwortungsübernahme kann durch Beteiligung an Regelreformen auf staatlicher Ebene erfolgen. Staatliches Recht kann aber auch durch kollektive Selbstbindungen substituiert werden. So können Branchen- oder Berufsverbände Kodizes initiieren und etablieren, um als Kollektiv gegenüber wichtigen Stakeholder-Gruppen zu dokumentieren, dass man bei moralisch sensiblen Themen (z. B. bei Inhaltsstoffen bei Produkten; Sicherheitsstandards bei gewissen Produktionsverfahren, etc.) freiwillig über das ethische Minimum der gesetzlichen Regelungen hinaus Verantwortung übernimmt.

(3) Die ordnungspolitische Verantwortung kann darüber hinaus aber auch noch weitergehend als Aufklärungsverantwortung interpretiert werden. Unternehmen gewinnen bei ihrer Geschäftätigkeit je nach geschäftspolitischer Ausrichtung einen großen Wissenspool. Sie verfügen in technischen Fragen sowie in umwelt-, arbeitsmarkt- oder sozialpolitischen Problemen über Erfahrungen, die ihnen ein spezifisches Knowhow verleihen. Das ist eine gute Voraussetzung, um eine aktive Rolle bei Initiierung und Durchführung von Diskursen zu übernehmen, sei es in der Weiterentwicklung des Ordnungsrahmens hochentwickelter

---

61 Vgl. hierzu Eberhard Vetter, Compliance im Unternehmen, in: Bastian Ohl/Gregor Wecker (Hrsg.), Compliance in der Unternehmenspraxis, 3. Auflage, Wiesbaden 2013, S. 1–18.

Länder, sei es zur Verbesserung unzureichender Standards in Entwicklungs- oder Schwellenländern.

Bei der Aufklärungsverantwortung der Unternehmen geht es also darum, Wissen in gesellschaftliche Diskurse einzuspeisen, so dass Regelfindungsprozesse in Gang kommen.[62] Die verschiedenen Multi-Stakeholder-Initiativen sind Beispiele für solches unternehmenspolitisches Engagement.[63] Es sind Foren für das Zusammenwirken von international agierenden Unternehmen, zivilgesellschaftlichen und staatlichen Akteuren, um v. a. sozial- und umweltpolitische Anliegen in weniger entwickelte Länder zu transferieren. So ist die Social Accountability International eine internationale Nichtregierungsorganisation, die in Zusammenarbeit mit Unternehmen wie dem Otto-Versand, Miele oder Storck angemessene Arbeitsstandards in Entwicklungsländern durchsetzen will. Allerdings sind die Grenzen zwischen gesellschaftlich verantwortlichem Handeln und unerwünschten Lobbyismus, mit dem sich Unternehmen gesellschaftlich wünschenswerten Regeländerungen entgegenstellen oder für unerwünschte Regeländerungen einsetzen, nicht immer eindeutig zu ziehen.

(4) Viele Autoren sehen den Kern einer auf gesellschaftliche Verantwortung abzielende Unternehmensphilosophie jedoch gerade darin, dass Unternehmen sich über die Gewinnerzielung hinaus auch die Belange betroffener Anspruchsgruppen zu Eigen machen und Verpflichtungen gegenüber der Gesellschaft z. B. für soziale und ökologische Belange übernehmen.[64] Es geht also ge-

---

62 Zu dieser Unterscheidung vgl. Markus Beckmann / Ingo Pies, Ordnungs-, Steuerungs- und Aufklärungsverantwortung – Konzeptionelle Überlegungen zugunsten einer semantischen Innovation, in: Ludger Heidbrink / Alfred Hirsch (Hrsg.), Verantwortung als marktwirtschaftliches Prinzip, Zum Verhältnis von Moral und Ökonomie, Frankfurt 2008, S. 31–67, hier S. 48.

63 Vgl. hierzu Regina Moczadlo / Jürgen Volkert, Wettbewerb und nachhaltige Entwicklung bei globalen Governancelücken, in: Harald Enke / Adolf Wagner (Hrsg.), Zur Zukunft des Wettbewerbs, Marburg 2012, S. 275–296, hier S. 284.

64 Eine ideengeschichtliche Aufarbeitung liefert Michael S. Aßländer, a. a. O., S. 139 ff.

nuin um die Erfüllung guter Taten, um Akte der ‚Wohltätigkeit‘ über das Kerngeschäft hinaus. Inwieweit dabei das Gewinnprinzip zur Disposition gestellt werden sollte, darüber gehen die Auffassungen auseinander.

Allerdings gibt es wichtige Einwände gegen ein solch ‚weites‘ und ‚unscharfes‘ Konzept von gesellschaftlicher Verantwortung:

– Zum einen stellt sich die grundlegende Frage gesellschaftlicher Macht- und Verantwortungsteilung in modernen Gesellschaften. Die funktionale Ausdifferenzierung von Politik, Gesellschaft, Ökonomie, Religion und Wissenschaft zu autonomen gesellschaftlichen Subsystemen ist die zentrale Errungenschaft eines langen und schwierigen Säkularisierungsprozesses in Europa. Dieser steht für den Erfolg des westlichen Modells, für die Emanzipation des Individuums und für eine wirksame Begrenzung von Macht. Diese gesellschaftliche Funktionsteilung wird mit der Forderung von Verfechtern eines Corporate Citizenship zurückgenommen, auch Unternehmen sollten sich um wichtige Anliegen des Gemeinwohls kümmern. Für ordoliberale Ökonomen wie *Walter Eucken* (1891–1950) galt die Begrenzung wirtschaftlicher Macht von Unternehmenskorporationen als eine zentrale Voraussetzung für einen wirkmächtigen Staat, um sich aus den Verstrickungen gesellschaftlicher und ökonomischer Interessen möglichst weitgehend herauszuhalten.[65] Diese Überlegungen haben nichts von ihrer Überzeugungskraft verloren.

– Hinzu kommt, dass die Konkretisierung der gesellschaftlichen Verantwortungsübernahme nur vom Management erfolgen kann. Dies eröffnet neue Handlungsfreiräume des Managements, verschärft also die Principal-Agency-Problematik. Je mehr Gruppen Ansprüche an die Unternehmenspolitik stellen, umso komplexer und unbestimmter werden die daraus erwachsenden Zielvorgaben für die Unternehmensleitung und umso schwieriger wird sich die Kontrolle des Managements durch die

---

65 Grundlegend dazu Walter Eucken, Staatliche Strukturwandlungen und die Krisis des Kapitalismus, ORDO, Bd. 48, 1932/1997, S. 5–24, hier S. 10.

Anteilseigner gestalten.[66] Es steht zudem zu befürchten, dass Manager, die mit ihren Aktivitäten ständig auf ‚gesellschaftlich verantwortungsvoller‘ Mission unterwegs sind, damit nicht zuletzt ihre privaten Einkommens-, Macht- und Prestigebedürfnisse befördern.

5. Fazit

Unternehmen und nicht nur die hinter ihnen stehenden Akteure tragen Verantwortung dafür, dass ihr Handeln akzeptiert wird. Ihr Verhalten muss nicht nur legal sein, sondern auch als legitim erachtet werden. Damit wird von Unternehmen nicht nur auf der Ebene der Unternehmensethik, sondern auch auf der Ordnungsebene Engagement und Anstrengung eingefordert. Dies ist angesichts der Globalisierung und Digitalisierung systemgerecht, aber auch eine zunehmend größere Herausforderung. Die weitergehende Debatte um eine genuine unternehmerische Sozialverantwortung führt hingegen in unwegsames Gelände. Unternehmen stellen zwar gerne ihre CSR-Aktivitäten werblich heraus, doch deren Wirksamkeit und Nachhaltigkeit bleiben häufig unbeantwortet. Das kann auch nicht erstaunen, denn primäre Funktion des Unternehmens ist es, den Interessen der Shareholder und Stakeholder nachzukommen. Unternehmen tragen anders als natürliche Personen aber keinen Selbstzweck in sich, sie haben kein Selbstbewusstsein und keinen eigenen Willen. Jegliche Hypostasierung geht fehl. Daher müssen stets natürliche Personen *für* Unternehmen handeln. Genau deshalb ist es wichtig, die Aufgaben und Operationsmöglichkeiten von Unternehmen als eigenständige Entitäten aus demokratiepolitischen Überlegungen zu begrenzen. Unternehmer, Manager, Arbeitskräfte und Kapitaleigner können stattdessen als Privatpersonen zivilgesellschaftliches Engagement wahrnehmen oder sich für ökologische Anliegen einsetzen.

---

66 Vgl. hierzu Bernd Noll / Fridolin Haag, Schärfere Regulierung von Managergehältern in Aktiengesellschaften?, in: Wirtschaftsdienst, Jg. 89, 6/2009, S. 380–387, hier S. 383 ff.

Weitere Literatur

Enquete-Kommission des Bundestages, Globalisierung der Weltwirt-
schaft. Herausforderungen und Antworten, Deutscher Bundestag,
14. Wahlperiode, Bundestags-Drucksache 14/9200, 2002: http://www.
bundestag.de/gremien/welt/glob_end/index.html (zuletzt eingesehen am 09.08.2008).

Gerald Mann und Harald Bergbauer

Zur Bedeutung des Unternehmertums für die Ökonomie

Schumpeter revisited

1. Einleitung

Joseph Schumpeter zählt zu den prominentesten Ökonomen aller Zeiten. Er hat nicht nur die Entwicklung der wirtschaftswissenschaftlichen Theorien des 20. Jahrhunderts entscheidend geprägt, er gilt als herausragender Klassiker in der gesamten Geschichte des ökonomischen Denkens. In dem von Roland Tichy herausgegebenen Sammelband über ‚Große Ökonomen und ihre Ideen‘ findet sich ein klares Urteil über seine theoretischen Leistungen; danach war Schumpeter jenseits seiner herausragenden Stellung in der Galerie der wirtschaftswissenschaftlichen Vordenker zweifellos auch „der größte Ökonom des 20. Jahrhunderts"[1]. Was aber begründet Schumpeters Größe und seinen Einfluss noch zu Beginn des 21. Jahrhunderts? Hier ist zum einen die Erklärung der Bedeutung der uns heute so geläufigen Begriffe wie ‚Innovation‘, ‚Wagniskapital‘ und ‚Firmenstrategie‘ zu nennen, zum anderen prägte er die weltweit bekannte Metapher von der ‚schöpferischen Zerstörung‘, die er unter Bezugnahme auf Ökonomie und Soziologie überzeugend darlegte und veranschaulichte. Schumpeter geht aber auch deshalb als Pionier in die Geschichte der Ökonomie ein, weil er den drei Produktionsfaktoren der Klassiker – also Bo-

---

1 Roland Tichy (Hrsg.), Große Ökonomen und ihre Ideen. Wie Vordenker und Außenseiter Politik und Wirtschaft beeinflusst haben – und was wir heute von ihnen lernen können, Wien 2012, S. 76.

den, Arbeit und Kapital – einen vierten Faktor hinzufügte: das Unternehmertum. Er hat damit das Kreativitätsprinzip begründet und die Basis für die Management-Theorie gelegt. Zu Schumpeters Leistungen gehören zudem auch brillante Analysen der Wirtschaftsgeschichte und die ebenso tiefgründige wie weitsichtige Durchdringung des Industriezeitalters. Er hat „Adam Smith überwunden, Karl Marx Lügen gestraft und als Zeitzeuge von Fließbandfertigung, Massenkonsum, Weltkrieg, Weltwirtschaftskrise und Wohlstandsexpansion eine Morphologie des modernen Kapitalismus vorgelegt, deren Gültigkeit bis weit hinein in unser Internet-Zeitalter reicht."[2] Die Einführung der Individualpsychologie in die Wirtschaftswissenschaft ermöglichte Schumpeter einen Blick auf den Eigennutz als sozio-ökonomische Triebkraft, die das klassische Gleichgewichtsdenken ernsthaft in Frage stellte.

2. Die ‚schöpferische Zerstörung‘

Schumpeters zweifellos bekanntestes Werk ist dem Thema ‚Kapitalismus, Sozialismus und Demokratie‘ gewidmet. Das Buch ist 1942 in den USA unter dem Titel ‚Capitalism, Socialism and Democracy‘ entstanden und gilt seitdem als Schlüsselwerk der politischen Ökonomie. Das Werk erschien in kürzester Zeit in mehreren Auflagen und wurde alsbald in verschiedene Sprachen übersetzt. Schumpeter präsentiert darin eine Interpretation des Kapitalismus als ruhelosem Entwicklungsmotor, der infolge des ständigen Drängens der Menschen nach Innovation und Verbesserung ihrer Produkte eine permanente Veränderung nicht nur des ökonomischen, sondern mit diesem auch des gesellschaftlichen und politischen Zustands zur Folge hat. Schumpeter beschreibt den Kapitalismus als von Natur ‚eine Form oder Methode der ökonomischen Veränderung‘. Der Grund für den evolutionären Charakter besteht weder im allgemeinen Wandel des gesellschaftlichen Milieus noch in der Bevölkerungsentwicklung oder in der Kapitalzunahme, sondern in den ständig „neuen Konsumgütern, den neuen Produktions- oder Transportmethoden, den neuen Märk-

2 Ebd.

ten, den neuen Formen der industriellen Organisation, welche die kapitalistische Unternehmung schafft".[3] Neue einheimische und fremde Märkte sowie organisatorische Entwicklungen revolutionieren von innen heraus die Wirtschaftsstruktur, zerstören unaufhörlich die alten Strukturen und schaffen neue Formen ökonomischer Tätigkeit:

> *„Dieser Prozeß der ‚schöpferischen Zerstörung' ist das für den Kapitalismus wesentliche Faktum. Darin besteht der Kapitalismus und damit muß auch jedes kapitalistische System leben."*[4]

Durch das Theorem der schöpferischen Zerstörung hat Schumpeter nicht nur die eigentliche Kraftquelle des kapitalistischen Wirtschaftssystems identifiziert, er hat sich damit auch von den klassischen Wachstumstheorien abgesetzt, die im Fall von Adam Smith auf die Arbeitsteilung oder im Fall von Friedrich List auf das allgemeine Entwicklungsniveau eines Landes als Quelle wirtschaftlicher Dynamik rekurrierten. Eine zentrale Rolle in diesem Prozess spielt das Unternehmertum; Schumpeter hat sich mit dessen Bedeutung über die Jahrzehnte auseinandergesetzt und dabei durchaus unterschiedliche Gewichtungen vorgenommen. Nach einem kurzen Blick auf Leben und Werk von Schumpeter wird das Phänomen des Unternehmertums im Wirtschaftsprozess näher untersucht.

3. Leben und Werk von Schumpeter

Joseph A. Schumpeter wurde im Jahre 1883 in der mährischen Kleinstadt Triesch geboren. Die Stadt lag damals im Gebiet der Österreichisch-Ungarischen Doppelmonarchie, heute liegt sie im Süden der Tschechischen Republik. Nach dem Schulbesuch im angesehenen „Theresianum", eine Art „österreichisches Eton"[5],

---

3 Joseph Schumpeter, Kapitalismus, Sozialismus und Demokratie, 2. Auflage, Bern 1950, S. 136.
4 Ebd., S. 138.
5 Richard Swedberg, Joseph A. Schumpeter. Eine Biographie, Stuttgart 1994, S. 22.

studierte Schumpeter Jura und Politische Wissenschaft an der Universität Wien, da es in Wien damals keinen eigenständigen Studiengang für Wirtschaftswissenschaften gab. Sein größtes Interesse aber galt bereits damals der ökonomischen Theorie. Nach der Promotion im Jahre 1906 veröffentlichte er 1908 seine erste Monographie mit dem Titel ,Das Wesen und der Hauptinhalt der theoretischen Nationalökonomie', die rasch seinen Ruf als brillanter Nationalökonom begründete und an der Universität Wien als Habilitationsschrift angenommen wurde. Ein Jahr später, 1909, wurde Schumpeter 26-jährig (!) zum Privatdozenten in Politischer Ökonomie an der Universität Wien ernannt. Im Jahr 1911 veröffentlichte Schumpeter seine ,Theorie der wirtschaftlichen Entwicklung', 1912 wurde er als ordentlicher Professor an die Universität Graz berufen. Im Anschluss an die Lehrtätigkeit an der Columbia University in New York in den Jahren 1912 und 1913 kehrte er nach Graz zurück; im folgenden Jahr erschien sein kleines Werk über ,Epochen der Dogmen- und Methodengeschichte'. Der Erste Weltkrieg bewirkte, dass Schumpeter sich der Politik zuwandte: Er wurde – wegen verschiedener Differenzen nur für sieben Monate – Finanzminister in der vom sozialdemokratischen Staatskanzler Karl Renner gebildeten österreichischen Koalitionsregierung. Nach einem weiteren Intermezzo, der Tätigkeit im Präsidium der Wiener Biedermann-Bank, kehrte Schumpeter wieder an die Universität zurück: von 1925 bis 1932 an die Universität Bonn, und von 1932 bis 1950 – seinem Todesjahr – an die renommierte Harvard University. Die Jahre in den USA widmete Schumpeter fast ausschließlich der Forschung und Lehre. Er gehörte zu den Gründern der ,Economic Society', deren Präsident er zwischen 1937 und 1941 war. Im Jahr 1948 wurde er zum Präsidenten der ,American Economic Association' gewählt, und ein Jahr später folgte seine Ernennung zum Präsidenten der neu gegründeten ,International Economic Association'.[6] In der Zeit seiner Tätigkeit an der Harvard University entstanden drei große Werke: im Jahr 1939 eine Abhandlung über ,Business Cycles. A Theoretical, Historical

---

6 Vgl. hierzu Gottfried Haberler, Joseph Alois Schumpeter 1883–1950, in: Horst Claus Recktenwald (Hrsg.), Geschichte der Politischen Ökonomie. Eine Einführung in Lebensbildern, Stuttgart 1971, S. 500–534, hier S. 514.

and Statistical Analysis of the Capitalist Process', 1942 das bereits erwähnte Buch über ‚Capitalism, Socialism and Democracy', und schließlich posthum im Jahr 1954 die Studie über ‚History of Economic Analysis'.

4. Theorie der wirtschaftlichen Entwicklung

Schumpeters bekanntestes Werk ist die Abhandlung über ‚Kapitalismus, Sozialismus und Demokratie', sein „wichtigstes Werk"[7] ist die bereits drei Jahrzehnte zuvor erschienene Studie über ‚Theorie der wirtschaftlichen Entwicklung'. Während das erstgenannte Werk von 1942 auch als Antwort auf die zeitgeschichtliche Bedrohung des Kapitalismus und der Demokratie durch den Sozialismus verstanden werden muss, ist Schumpeters Abhandlung von 1911 über die ‚Theorie der wirtschaftlichen Entwicklung' grundsätzlicher und theoretischer Natur. Der Autor versucht die Dynamik der kapitalistischen Entwicklung zu erklären, die die Lebensverhältnisse in den entwickelten Industrienationen der westlichen Welt einem ungeheuerlichen Umwälzungsprozess unterworfen hatte. In der Tat hatte ein gewaltiger Prozess schöpferischer Zerstörung das gesamte 19. Jahrhundert revolutioniert und in seinen Grundfesten erschüttert; fast nichts war Ende des 19. Jahrhunderts wie zu dessen Beginn, eine ‚neue Welt' war entstanden.

Schumpeter setzt sich von der herrschenden wirtschaftswissenschaftlichen Position ab, die sich vor allem auf die Theorie des Marktgleichgewichts konzentrierte. Im Gegenzug zur herrschenden Meinung beschreibt er ein grundsätzliches Ungleichgewicht der kapitalistischen Märkte. Schumpeter bezeichnet die herkömmliche Wirtschaftswissenschaft als statische Ökonomie, da sie unter der Annahme des Gleichgewichtsmodells lediglich geringfügige Veränderungen zu erklären versucht; er selbst aber setzt sich zum Ziel, die qualitativen Veränderungen zu erforschen, die für eine dynamische Ökonomie charakteristisch sind. Seine Überzeugung: Wachstum bedeutet nicht notwendigerweise Entwicklung, und Entwicklung nicht zwangsläufig Wachstum. Über

---

7 Richard Swedberg, Joseph A. Schumpeter. Eine Biographie, a. a. O., S. 37.

die Theorie des statischen ökonomischen Gleichgewichtsmodells und damit über die grundsätzliche Position der Mehrheit der professionellen Ökonomen äußert sich Schumpeter in abschätziger Weise: „Und doch ist sie leer und nichtssagend, soweit sie richtig ist, und falsch, soweit sie etwas sagt."[8] In seiner Abhandlung versucht Schumpeter völlig neue Wege zu beschreiten.

In der Veröffentlichung von 1911 über die ‚Theorie der wirtschaftlichen Entwicklung', das sieben Kapitel umfasst, geht er in folgender Weise vor: Das erste Kapitel über den ‚Kreislauf der Wirtschaft in seiner Bedingtheit durch gegebene Verhältnisse' enthält die idealtypische Bestimmung der statischen Ökonomie, die lediglich das Ziel verfolgt, den regelmäßigen Ablauf des Wirtschaftslebens zu erklären. Im zweiten Kapitel über ‚Das Grundphänomen der wirtschaftlichen Entwicklung', das den Kern der Abhandlung bildet, stellt Schumpeter die Anpassungen der statischen Ökonomie den qualitativen Veränderungen der dynamischen Ökonomie gegenüber. Hier entwickelt er seine berühmte Theorie des Unternehmertums. Die Kapitel drei bis fünf untersuchen den Themenfelder Kredit, Kapital, Zinsen, Profit und Konjunkturschwankungen. Alle diese Themen fallen in den Bereich der dynamischen Analyse. Die Vergabe von Krediten sei im dynamischen Wirtschaftssystem von zentraler Bedeutung, da der Unternehmer nur auf der Basis von Kapital, das er von einer Bank erhalten hat, wirtschaften und investieren könne. Das Bankenwesen spielt eine wichtige Rolle; ohne Banken könne es keinen dynamischen Wandel geben. So datiert Schumpeter den Beginn des Kapitalismus auch in die Zeit der Entstehung des Bankenwesens. Konjunkturschwankungen erklärt Schumpeter durch das Bild der wellenförmigen Bewegungen, die jede kapitalistische Wirtschaftsordnung prägt. Beginn, Ausmaß und Ende eines Konjunkturzyklus seien durch das Wirken von Unternehmern bestimmt. Das sechste Kapitel widmet sich dem Thema der Wirtschaftskrisen. Schumpeter sieht die Gefahr, dass auf eine Phase des Aufschwungs eine schwere wirtschaftliche Depression folgen könne, und wenn es

---

8 Joseph Schumpeter, Theorie der wirtschaftlichen Entwicklung, Nachdruck der 1. Auflage von 1912, hrsg. v. Jochen Röpke und Olaf Stiller, Berlin 2006, S. 471.

nicht gelingt, ihr Ausmaß zu begrenzen, dann könne sie sich ausweiten und zu einer veritablen Wirtschaftskrise entwickeln. Eine derartige Phase der Depression aber könne nun ihrerseits neue Unternehmer motivieren, ihr Glück zu versuchen und geschickt zu investieren. Schumpeter schließt seine ‚Theorie der wirtschaftlichen Entwicklung‘ mit einem Kapitel zum ‚Gesamtbild der Volkswirtschaft‘, das er in späteren Auflagen nicht mehr mit aufgenommen hat.[9] Es veranschaulicht die These, dass der soziale Prozess im Grunde unteilbar sei, da die wirtschaftliche Entwicklung mit den Vorgängen von Gesellschaft und Politik untrennbar verbunden seien.

5. Die Rolle des Unternehmers

Schumpeter beschäftigt sich in seinem Werk wiederholt mit der Bedeutung und Funktion des Unternehmers. Da zwischen diesen theoretischen Beschäftigungen jeweils ein Abstand von mehr als einem Jahrzehnt liegt, in denen das soziale und ökonomische Milieu jeweils stark voneinander abweichende Merkmale aufweist, fällt auch die Analyse von Schumpeter jeweils anders aus. Die eindringlichste und ausführlichste Analyse fällt in das Jahr 1911, also in die Zeit der Spätindustrialisierung, wenige Jahre vor Ausbruch des Ersten Weltkriegs; Schumpeter veröffentlicht seine ‚Theorie der wirtschaftlichen Entwicklung‘ und widmet das gesamte zweite

9 Die ‚Theorie der wirtschaftlichen Entwicklung‘ erschien 1911 in der 1. Auflage (merkwürdigerweise mit dem Veröffentlichungsjahr 1912). Mittlerweile gibt es neun Auflagen des Werkes. Hatte die 1. Auflage noch 548 Seiten, so haben die Folgeauflagen ab 1926 (bei Duncker & Humblot) 369 Seiten. Schumpeter hat, vermutlich infolge von Kritik an seinem Werk, starke Kürzungen vorgenommen; unter anderem ist das gesamte 7. Kapitel der Erstauflage bei späteren Veröffentlichungen nicht mehr mit aufgenommen, was insofern bedauerlich ist, als Schumpeter hier die Verbindung der Ökonomie zu anderen Disziplinen aufzeigt und auf den sozialen Prozess als ganzen eingeht. Der Untertitel ab der 2. Auflage lautet zudem: Eine Untersuchung über Unternehmensgewinn, Kapital, Kredit, Zins und den Konjunkturzyklus. Bei den folgenden Referenzen zur ‚Theorie der wirtschaftlichen Entwicklung‘ wird auf die Erstauflage von 1911 Bezug genommen.

Kapitel der Abhandlung der Rolle des Unternehmers.[10] 18 Jahre später, im Jahr 1929, und damit gegen Ende der politisch unruhigen Weimarer Republik, als Schumpeter an der Universität Bonn lehrte, veröffentlichte er einen Aufsatz über ‚Der Unternehmer in der Volkswirtschaft von heute' in einem Sammelband über ‚Strukturwandlungen der Deutschen Volkswirtschaft'.[11] Schließlich setzt sich Schumpeter noch ein drittes Mal an prominenter Stelle mit dem Unternehmertum und seiner Bedeutung für die moderne Wirtschaft auseinander, diesmal in seiner Veröffentlichung über ‚Kapitalismus, Sozialismus und Demokratie' von 1942, also mitten im Zweiten Weltkrieg. Die folgenden Ausführungen zeichnen die wichtigsten Positionen dieser drei Veröffentlichungen nach – mit Schwerpunktsetzung auf dem erstgenannten Werk.

5.1. Der Unternehmer in der ‚Theorie der wirtschaftlichen Entwicklung'

In der Schrift von 1911 über die ‚Theorie der wirtschaftlichen Entwicklung' versucht Schumpeter das Phänomen der wirtschaftlichen Entwicklung zu erklären. Woher stammt die ungeheure Dynamik, welche die Geschichte der Industrienationen seit einigen Jahrhunderten auszeichnet? Wie erklären sich die gewaltigen sozialen und politischen Umwälzungen, die das kapitalistische Wirtschaftssystem verursacht hat? Woher kommt letztlich die schöpferische Kraft, die trotz aller partiellen Zerstörungen die modernen Zivilisationen prägt und unaufhaltsam antreibt? Schumpeter nähert sich diesen Fragen, indem er die Entwicklung von Volkswirtschaften von ihrem bloßen Wachstum unterscheidet. Als Entwicklung bezeichnet er „nur solche Veränderungen des Kreislaufs des Wirtschaftslebens […], die die Wirtschaft aus

---

10 Vgl. hierzu Joseph Schumpeter, Theorie der wirtschaftlichen Entwicklung, a. a. O., S. 103–198, über ‚Das Grundphänomen der wirtschaftlichen Entwicklung'.

11 Der Aufsatz ist aktuell aufgenommen in dem von Lisa Herzog und Axel Honneth herausgegebenen Band über Joseph A. Schumpeter: Schriften zur Ökonomie und Soziologie, Berlin 2016, S. 78–102.

sich selbst heraus zeugt"; von der so verstandenen Entwicklung grenzt er das Wachstum einer Volkswirtschaft ab, das sich zum Beispiel in der „Bevölkerungs- und Reichtumszunahme"[12] äußert. Während also die Entwicklung von innen heraus Veränderungen bewirkt, kommt Wachstum einer Volkswirtschaft durch äußere Faktoren zustande. Entwicklung kann Wachstum erzeugen, allerdings kann es auch Entwicklung ohne Wachstum geben. Beide Phänomene können Hand in Hand gehen, müssen es aber nicht. Wie kommt es nun aber zu genuiner Entwicklung?

Schumpeter beginnt mit einer fundamentalen anthropologischen Unterscheidung. Er setzt bei zwei verschiedenen Menschentypen an und unterscheidet einen statischen von einem dynamischen Typus. Dem statischen Typus ist ein ‚hedonischer‘ (vom Altgriechischen: hedone = Lust) Lebensstil eigen, den dynamischen Typus zeichnet ein ‚energischer‘ Lebensstil aus. Diese Unterscheidung betrifft nicht nur einzelne Handlungen, sondern den ganzen Menschen und seine Art der Problem- und Lebensbewältigung. Während der Lebensstil des statisch-hedonischen Menschen überwiegend durch Gewohnheit und Anpassung an den normalen Lebenslauf gekennzeichnet ist, sucht der dynamisch-energische Menschentyp herkömmlichen Bindungen den Kampf anzusagen und sie zu verändern. Ist der erste Typ überwiegend passiv, so der zweite aktiv. Überträgt man diese beiden anthropologischen Grundtypen auf das Gebiet der Wirtschaft, so beobachtet man im ersten Fall ein Wirtschaftssubjekt, das sich dem herrschenden Rhythmus von Produktion und Konsumption anpasst, während man im zweiten Fall den aktiven Gestalter des Wirtschaftsgeschehens vor Augen hat. Das statische Wirtschaftssubjekt passt sich dem Lauf der Dinge an, der dynamische ‚Mann der Tat‘ drängt über das Gegebene hinaus, gibt dem Wirtschaftsgeschehen eine andere Form und stellt es in neue Zusammenhänge. Schumpeter dazu:

> „*Unser Mann der Tat folgt nicht einfach gegebener oder unmittelbar zu*

---

12 Joseph Schumpeter, Theorie der wirtschaftlichen Entwicklung, a. a. O., S. 103 f.

erwartender Nachfrage. Er nötigt seine Produkte dem Markte auf. Das ist ein jedem Geschäftsmanne vertrauter Vorgang. "[13]

Schumpeter unterscheidet diese beiden Typen nicht nur voneinander, er bringt seine Bewunderung für die dynamisch-energischen Menschen unumwunden zum Ausdruck:

> *„Von Anfang an bestand für sie keine Absicht, sich des Erworbenen müßig zu erfreuen, nicht dazu haben sie gelebt. Solche Männer schaffen, weil sie nicht anders können. Ihr Tun ist das großartigste, glänzendste Moment, das das wirtschaftliche Leben dem Beobachter bietet, und geradezu kläglich nimmt sich daneben eine statisch-hedonische Erklärung aus.* "[14]

Für den Erhalt des Bestehenden ebenso wie für die Freude am schöpferischen Gestalten bildet das je aktuelle Wirtschaftsgeschehen den Ausgangspunkt. Was die Schaffung von Neuem jedoch auszeichnet, ist die „Durchsetzung neuer Kombinationen"[15]. Der Mann der Tat verlässt ausgefahrene Gleise und verwendet einen Teil der Güter, die in der herkömmlichen Wirtschaft vorhanden sind, auf andere Weise: Er zergliedert Erzeugnisse, analysiert Prozesse und setzt sie auf andere Weise zusammen, er kombiniert Vorgänge und Produktbestandteile grundlegend neu. Und dieser Akt der Neukombination ist auch der Schlüssel zum Verständnis des Unterschieds zwischen ‚Entwicklung' und ‚Wachstum'. Wachstum kann keine Entwicklung erzeugen, da Wachstum ohne Neukombination auf der Güterseite durch den abnehmenden Grenznutzen der bestehenden Produkte beschränkt wird, und auf der Produktionsseite stößt Wachstum durch abnehmende Grenzerträge der vermehrt eingesetzten Produktionsfaktoren an ein Ende. Entwicklung hingegen kann durch die neue Kombination von Produktionsfaktoren sehr wohl Wachstum erzeugen. Neukombinationen sind Störungen des Gleichgewichts, sie erfol-

---

13 Ebd., S. 133.
14 Ebd., S. 137–138.
15 Ebd., S. 158. Da die „Durchsetzung neuer Kombinationen" der Zentralbegriff für die wirtschaftliche Entwicklung ist, widmet ihm Schumpeter auf den folgenden Seiten eine detaillierte Beschreibung.

gen ‚endogen‘, nicht ‚exogen‘, wie der Mainstream der ‚Reinen Ökonomie‘ annimmt. Diese Neukombinationen können zustande kommen durch:

– Produktion eines neuen Gutes oder einer neuen Qualität eines Gutes
– Einführung einer neuen Produktionsmethode
– Erschließung eines neuen Absatzmarktes
– Eroberung neuer Bezugsquellen von Rohstoffen oder Halbfabrikaten
– Neuorganisation der Marktposition, z. B. durch die Schaffung oder Durchbrechung eines Monopols

Für Schumpeter ist der dynamisch-energische Menschentyp im Bereich des Wirtschaftsgeschehens der Unternehmer. Er durchbricht die Gewohnheiten des Alltags und schafft Neues. Der Unternehmer steht der großen Menge von Menschen gegenüber, die am Gewohnten festhalten und es bewusst oder unbewusst fortführen; auch grenzt er sich von der wesentlich kleineren Gruppe von Menschen ab, die über ein höheres Maß Intelligenz und Phantasie verfügen. Den Unternehmer zeichnet neben dem so genannten ‚Energieprinzip‘ die „Durchsetzung neuer Kombinationen“[16] aus. Selbst wenn andere Menschen neue Kombinationen gedanklich verfolgen, der Unternehmer allein verfügt über die alles entscheidende Qualität: „die Kraft zur Tat“[17]. Schumpeter bringt seine Hochschätzung des Unternehmers auch dadurch zum Ausdruck, dass er ihn dem so genannten ‚Wirt‘ gegenüberstellt. Der Unternehmer bewirkt Innovationen, als ‚Mann der Tat‘ ist er das ‚Agens‘ der Entwicklung; der Wirt hingegen ist als ‚Routineunternehmer‘ derjenige, der als ‚statisch‘ und ‚hedonisch‘ Handelnder den ökonomischen status quo lediglich repräsentiert und aufrecht erhält. Dazu noch einmal Schumpeter:

> „Der Unternehmer ist unser Mann der Tat auf wirtschaftlichem Gebiet. Er ist der wirtschaftliche Führer, ein wirklicher, nicht bloß scheinbarer Leiter wie der statische Wirt.“[18]

16 Ebd., S. 170.
17 Ebd., S. 163.
18 Ebd., S. 172.

Auch wenn Unternehmer vermehrt in Zeiten der Industrialisierung in Erscheinung getreten sind, hat es diesen Menschentypus immer schon gegeben. Schumpeter nennt als herausragende Unternehmerpersönlichkeit Jakob Fugger. Aber auch der phönizische Kaufmann des ersten vorchristlichen Jahrtausends kommt hier stellvertretend infrage.[19] Stets gab es außergewöhnliche Persönlichkeiten in der Geschichte, die den statischen Kreislauf der Wirtschaft durchbrochen und sich dadurch von der großen Menge der Menschen abgesetzt haben. Ist der gewöhnliche Wirtschaftskreislauf durch Gütererwerb mittels Produktion und Tausch gekennzeichnet, so fällt am Phänomen der Entwicklung gerade die Innovation und Schöpferkraft auf. Der moderne Unternehmer hat auf diese Eigenschaften kein Monopol. In dieser Hinsicht vergleicht Schumpeter den Unternehmer auch mit dem Künstler, dem Denker, dem Staatsmann und dem politischen Führer[20]; sie alle verlassen ausgefahrene Bahnen und schaffen – jenseits aller bloßen Aktivität – genuin Neues.

5.2. ‚Der Unternehmer in der Volkswirtschaft von heute'

Schumpeter setzt sich mit der Rolle des Unternehmers auch in einem Aufsatz von 1929 auseinander, der damals in dem von Bernhard Harms herausgegebenen Band über ‚Strukturwandlungen der Deutschen Volkswirtschaft' veröffentlicht wurde. Der Aufsatz ist in vier Kapitel unterteilt: 1. Die Tatsachen des Problems, 2. Der Unternehmer in der Konkurrenzwirtschaft, 3. Der Unternehmer in der vertrusteten Wirtschaft, und 4. Unternehmer und Staat in der Wirtschaft von heute. Bereits die Gliederung macht deutlich, dass der Unternehmer und seine Tätigkeit einerseits in der Konkurrenzwirtschaft und andererseits in der vertrusteten Wirtschaft untersucht werden. Auf der zuletzt genannten Unterscheidung liegt der Schwerpunkt des Artikels. Das gesellschaftliche und ökonomische Umfeld haben sich Ende der 1920er Jahre geändert, was Auswirkungen auf die Funktion und Bedeutung des Unternehmers hatte. Tatsächlich beschreibt Schumpeter zum einen das

19 Vgl. hierzu ebd., S. 173.
20 Vgl. hierzu ebd., S. 142.

Unternehmertum in der Welt der freien Konkurrenz, und zum anderen in einer Welt, die sich „vom Prinzip der freien Konkurrenz abgewendet hat."[21] Die Gründe dafür sind zum Teil wirtschaftlicher, zum Teil außerwirtschaftlicher Natur. Schumpeter beginnt die Abhandlung mit dem Hinweis auf zwei sich im Grunde widersprechende Tatsachen: Einerseits hat die moderne kapitalistische Volkswirtschaft einen ‚unerhörten' wirtschaftlichen Erfolg vorzuweisen, andererseits herrscht gleichzeitig eine skeptische bis grundsätzlich ablehnende Haltung weiter Kreise gegen genau dieses kapitalistische Wirtschaftssystem und seine Verkörperung durch: den Unternehmer.[22] Schumpeter macht dafür vor allem die Unkenntnis über ökonomische Vorgänge und über die soziale Funktion des Unternehmers verantwortlich. Entscheidend ist die Feststellung, dass sich die Welt des Unternehmers im Zeitalter der Industrialisierung grundlegend gewandelt hat.

Für die kapitalistische Wirtschaft des 19. Jahrhunderts war das Konkurrenzprinzip maßgebend. In jedem Industriezweig gab es miteinander konkurrierende Familienunternehmen. Die Vielzahl von kleinen und mittleren Unternehmen kämpfte um Erhalt und, wenn möglich, Vorherrschaft in ihrem Sektor. Einzelne Persönlichkeiten hatten die Gelegenheit, sich mit Ideen, Fleiß und Tatkraft im unüberschaubaren Gewimmel der zahllosen Wirtschaftssubjekte zu behaupten. Der Unternehmer hatte das ideale Spielfeld, Gewinn für seinen Betrieb zu erwirtschaften und dadurch die Position seines Wirkungskreises zu verbessern. Im Laufe des frühen 20. Jahrhunderts hat sich die Welt von diesem Prinzip der freien Konkurrenz entfernt. Anstelle einer bunten Vielzahl von Einzelunternehmen ist nach und nach der Zusammenschluss mehrerer Unternehmen in Form von ‚trusts' getreten; Schumpeter spricht von ‚Vertrustung'. Diese Entwicklung war nicht in erster Linie von den führenden Wirtschaftslenkern beabsichtigt, sondern vor allem eine Folge des Fortschritts der kommerziellen Technik. Diese setzt große Wirtschaftseinheiten voraus und verdrängt

21 Joseph Schumpeter, Der Unternehmer in der Volkswirtschaft von heute, in: Lisa Herzog und Axel Honneth (Hrsg.), Joseph A. Schumpeter: Schriften zur Ökonomie und Soziologie, Berlin 2016, S. 78–102, hier S. 91.
22 Vgl. ebd., S. 78–82.

damit die Vielzahl kleinerer Betriebe. Auch wenn der Monopol-
preis grundsätzlich höher ist als der Konkurrenzpreis, so kann er
im Falle des technischen und kommerziellen Fortschritts eines
Trusts sogar niedriger als der Konkurrenzpreis sein.

Die Bildung von Großbetrieben und Konzernen hat natürlich
auch Auswirkungen auf das Unternehmertum. Die Bedeutung des
Unternehmers nimmt ab, an die Stelle von der freien Willens-
bildung treten Mechanisierung und Bürokratisierung. Hingen im
19. Jahrhundert Erfolg und Misserfolg eines Betriebs davon ab,
dass der Unternehmer die gesamtwirtschaftliche Lage richtig be-
urteilte und daraus die passenden Konsequenzen für seinen Betrieb zog, so wird im 20. Jahrhundert der Spielraum für den klaren
Blick des Unternehmers hinsichtlich Lageanalyse und die darauf-
folgende Entscheidung immer kleiner. Ein großer Apparat von
spezialisierten Arbeitern analysiert mögliche Zukunftszentarien
und Ingenieure erarbeiten ein Tableau von möglichen technischen Neuerungen. In technischer und kommerzieller Hinsicht
verliert der Unternehmer an Bedeutung. Seine Intuition und seine
Tatkraft werden weniger nachgefragt. Schumpeter dazu:

> *„Selbst die Geschäftslage, der Konjunkturzyklus verliert nach und nach
> seine Geheimnisse, und Kurven und Korrelationskoeffizienten treten an
> die Stelle von ‚Blick‘ oder ‚Gefühl‘.“*[23]

Die Entwicklung der großen wirtschaftlichen Einheit erfolgt auf
Kosten der Vielzahl kleinerer Einheiten. Am Beispiel des Unternehmers und seiner einst herausragenden Stellung wird das besonders deutlich. Der Typus des Unternehmers wird durch die
Verbreitung gewaltiger Konzerne auf einzelne Teilbereiche und
Funktionen reduziert, und auch seine Auslese nimmt eine völlig
neue Gestalt an: Nicht mehr Leistung und Erfolg in der Konkurrenzwirtschaft sind Maßstab für seine Wahl, sondern Geschick in
einem Teilbereich, Rednergabe, Zeugnisse, Referenzen und positive Ausstrahlung. Auch wenn Schumpeter betont, dass die Ge-
genwartsbedeutung der Unternehmerfunktion trotz der angeführ-
ten Entwicklungen nicht unterschätzt werden darf, so vermittelt

---

23 Ebd., S. 93.

die Lektüre des Artikels doch den Eindruck einer grundsätzlich anderen Rolle des Unternehmers, die von seiner Charakterisierung in der ‚Theorie der wirtschaftlichen Entwicklung' ein weites Stück entfernt ist.

5.3. Der Unternehmer in ‚Kapitalismus, Sozialismus und Demokratie'

Richard Swedberg bezeichnet in seiner Biographie über Schumpeter das Buch über ‚Capitalism, Socialism and Democracy' als dessen „Meisterwerk"[24]. Auch wenn Schumpeter selbst der Schrift aus dem Jahre 1939 über ‚Business Cycles' einen weit höheren Wert beigemessen hat[25], kommt das Gewicht der Publikation für Schumpeter in dessen Vorwort klar zum Ausdruck; Schumpeter schreibt:

> *„Dieses Buch ist die Frucht meiner Bemühung, die Summe einer beinahe vierzigjähriger Gedankenarbeit, Beobachtung und Forschung über das Thema des Sozialismus in eine lesbare Form zu gießen."*[26]

Bereits der Titel deutet an, dass das Buch den Themenkreis des Sozialismus weit übersteigt. Tatsächlich beschäftigt sich Schumpeter mit fünf Themen: dem Marxismus, der Zukunft des Kapitalismus, der Zukunft des Sozialismus, dem Verhältnis von Sozialismus und Demokratie sowie der Geschichte der sozialistischen Parteien. Die Weite der Themen legt die Vermutung nahe, dass Schumpeter in dieser Schrift eine Analyse der Gesamtheit der ökonomischen Erscheinungen anstrebt, wie er es bereits im letzten Kapitel der Erstauflage seiner ‚Theorie der wirtschaftlichen Entwicklung' getan hatte. Der Unterschied ist offensichtlich, dass sich in den zwischenzeitlich vergangenen Jahrzehnten nicht nur die ökonomische und politische Welt stark verändert hatten, sondern dass Schumpeter auch seinen Gegenstand tiefer durchdrungen

---

24 Richard Swedberg, Joseph A. Schumpeter. Eine Biographie, a. a. O., S. 190.
25 Vgl. hierzu ebd., S. 208.
26 Joseph A. Schumpeter, Kapitalismus, Sozialismus und Demokratie, a. a. O., S. 11.

hatte und zu neuen Auffassungen gelangt war. Die Rolle des Unternehmers erscheint nun erneut in einem anderen Licht.

Schumpeters Ausführungen zur Bedeutung des Unternehmertums erfolgen im Kontext seiner Analyse des Kapitalismus. Die Hauptthese lautet, dass der Kapitalismus keine Zukunft haben wird. Schumpeter fragt im Prolog zum zweiten Teil seiner Schrift von 1942: „Kann der Kapitalismus weiterleben?" Seine Antwort ist: „Nein, meines Erachtens nicht."[27] Schumpeter vertritt die Auffassung, dass der Kapitalismus auf lange Sicht durch eine Art von Sozialismus abgelöst wird; im Unterschied zu Marx aber lehnt er den Gedanken einer sozialistischen Revolution ab, die den Übergang vom Kapitalismus in den Sozialismus bahnen werde. Das kapitalistische Wirtschaftssystem hat in den vergangenen Jahren einen derart atemberaubenden Wohlstand hervorgebracht, dass es mehr als unwahrscheinlich ist, dass er nun an der Verelendung der Arbeiterklasse scheitern werde. Vielmehr hat es den Anschein, dass der Kapitalismus an seinen eigenen Leistungen und Erfolgen zugrunde gehen werde. Schumpeter nennt fünf Gründe, die für den Niedergang des Kapitalismus sprechen.

Als ersten Grund führt er das Veralten der Unternehmerfunktion an. Der Unternehmer, einst Energiequelle eines jeden florierenden Unternehmens, wird infolge von Unternehmenszusammenschlüssen mehr und mehr überflüssig. War der Unternehmer einst diejenige Instanz, die den einfachen Wirtschaftskreislauf transzendierte und durch seinen dynamisch-energischen Charakter den Kapitalismus in Fahrt hielt, so scheint er nun immer weiter zurückgedrängt zu werden. Innovationen werden nicht mehr vom Unternehmer, sondern von ausgewiesenen Expertengruppen auf den Weg gebracht, potentielle Risiken lassen sich mithilfe statistischer Methoden vorausberechnen, und Visionen verlieren in der modernen Wirtschaftswelt zunehmend an Bedeutung. Der wirtschaftliche Fortschritt zeigt „die Tendenz, entpersönlicht und automatisiert zu werden. Bureau- und Kommissionsarbeit haben die Tendenz, die individuelle Aktion zu ersetzen."[28] Mit dem Unternehmer geht nicht nur die einst treibende Kraft des Kapitalismus

---

27 Ebd., S. 105.
28 Ebd., S. 216.

unter, es verschwindet auch ein wichtiger Teil der bürgerlichen Klasse.

Als zweiten Grund nennt Schumpeter die ,Zerstörung der schützenden Schichten'. Der Kapitalismus hat im Lauf seiner sich über Jahrhunderte erstreckenden Entwicklung die einst schützenden Feudalschichten zerstört. Die feudale Oberschicht war nicht nur politisch aktiv, sie stützte auch die wirtschaftliche Entwicklung. Da der Kapitalismus diese Schicht letztlich zum Verschwinden brachte, wurde das Bürgertum als ökonomisch führende Klasse politisch hilflos und unfähig, seine politischen und ökonomischen Interessen zu vertreten. Als dritten Grund für den Niedergang des Kapitalismus nennt Schumpeter die ,Zerstörung des institutionellen Rahmens der kapitalistischen Gesellschaft'. Der Kapitalismus zerstört nicht nur die feudale Herrschaftsklasse, er unterminiert auch seine eigenen Institutionen. Als Beispiel wird das Vertragsrecht angeführt; dieses individuelle Recht wird zunehmend durch anonyme Normverträge verdrängt. Großkonzerne gehören oftmals keinem Unternehmer mehr, der sich persönlich für die Belange seiner Mitarbeiter einsetzt. Der Unternehmer von einst verliert auch in dieser Hinsicht an Einfluss und Gestaltungsmöglichkeit. Anonymisierung und Entmenschlichung sind die Folge.

Den vierten und fünften Grund für den Niedergang des Kapitalismus behandelt Schumpeter unter der Überschrift ,Wachsende Feindseligkeit'. Damit ist zunächst (viertens) gemeint, dass aus den bisher genannten Gründen Feindschaften entstehen. Der Kapitalismus entwickelt sich mehr und mehr zum Feindbild der Arbeiter; die Arbeiterbewegung entsteht. Trotz wachsenden Wohlstands versuchen Großkonzerne sich ihrer Pflichten hinsichtlich Steuerzahlungen und Stützung der sozialen Sicherungssysteme zu entziehen; Fälle von Unternehmen mit sozialem Engagement haben Seltenheitswert. Unterstützt und gefördert wird diese negative Entwicklung schließlich (fünftens) durch die Intellektuellen, die als Anführer der antikapitalistischen Bewegung in Erscheinung treten. Ihre Zahl wird zunehmen, da der Kapitalismus die Bildung für breite Bevölkerungsschichten fördert und so die allgemeine Unzufriedenheit mit dem Wirtschaftssystem verbreiten hilft; zudem wird diese Unzufriedenheit auch von denjenigen unterstützt, die vom Kapitalismus nicht in der Weise profitieren können, wie sie es sich einst erhofft hatten. Die feindselige Atmosphäre zieht eine soziale Unruhe nach sich, die eine existentielle Bedrohung für das ökonomische und politische System zur Folge haben kann. Wenngleich die genannten Faktoren verschiedene Erscheinungsformen des Niedergangs des kapitalistischen Wirtschaftssystems thematisieren, besteht das Ergebnis für den Unternehmer in einer grundsätzlichen Schwächung seiner einstigen Position. Seine Funktion als intellektueller Pionier und entscheidende Triebkraft des Wirtschaftsprozesses verblasst mit dessen stetiger Veränderung und Entwicklung.

6. Abschließende Bemerkungen

Die Herausgeber der Erstauflage der ‚Theorie der wirtschaftlichen Entwicklung' von 1911, Jochen Röpke und Olaf Stiller, haben in ihrer Einführung in Schumpeters Schrift dessen Position der so genannten Neoklassik bzw. Mainstream-Ökonomie gegenübergestellt, von der sich Schumpeter bewusst abgesetzt hat. Die graphische Darstellung verdeutlicht die Bedeutung des Unternehmers für die wirtschaftliche Entwicklung anhand ausgewählter Aspekte:[29]

---

29 Vgl. hierzu Jochen Röpke und Olaf Stiller, Einführung zum Nachdruck der 1. Auflage von Schumpeters „Theorie der wirtschaftlichen Entwicklung" von 1911 bzw.1912, Berlin 2006, S. V-XLIX, hier S. XXVII.

Aspekte	Neoklassik / Mainstream	Schumpeter
Quelle des Wachstums	Inputvermehrung (Inputlogik)	Neukombination (Innovationslogik)
Träger des Wachstums	Routine, *homo oeconomicus*, ‚Wirt‘	‚Unternehmer‘ (Innovator)
Funktion von Wissenschaft und Forschung	Produzent von neuem Wissen; Anwendung des Wissens in Form von Patenten, Lizenzen und durch Transfer: ‚Wissensgesellschaft‘	Ohne Durchsetzung bleibt Wissen ‚tot‘: unternehmerische Wissensgesellschaft
Peter Drucker	„Die Dinge richtig tun"	‚Die richtigen Dinge tun‘
Allokation der Faktoren	Optimale Allokation der Ressourcen: ‚Wer optimiert gewinnt‘	Neukombinationen lassen sich nicht optimieren: ‚Wer optimiert verliert‘
Motivation	Hedonismus, Gewinn, extrinsisch	Leistungsmotivation, Freude am Gestalten, intrinsisch

Die Gegenüberstellung veranschaulicht Schumpeters Position hinsichtlich des Unternehmers. Er ist der unverzichtbare Innovator, der durch eine natürliche Freude am Gestalten Neukombinationen hervorbringt und dadurch genuine wirtschaftliche Entwicklung möglich macht. Diese in Schumpeters ‚Theorie der wirtschaftlichen Entwicklung‘ von 1911 bzw. 1912 dargelegte Auffassung wird zuerst in einem Aufsatz von 1929 über ‚Der Unternehmer in der Volkswirtschaft von heute‘ und dann in Schumpeters großem Werk über ‚Kapitalismus, Sozialismus und Demokratie‘ von 1942 revidiert und verändert. In beiden Veröffentlichungen äußert sich Schumpeter skeptisch hinsichtlich der gestaltenden Rolle des Unternehmers: 1929 diskutiert er das Unternehmertum angesichts der Entwicklung von Unternehmenszusammenschlüssen, und 1942 zeichnet er ein noch düsteres Bild der Rolle des Unternehmers angesichts des zu erwartenden Niedergangs des Kapitalismus.

Wirft man einen Blick vom 21. Jahrhundert auf Schumpeters Thesen des Unternehmers aus der ersten Hälfte des 20. Jahrhunderts, so muss man urteilen, dass Schumpeters Charakterisierung des Unternehmers in jeder Hinsicht beeindruckend und weitsichtig war. Im Gegensatz zur statischen Ökonomie, die trotz aller Bewegung am Kreislaufmodell des Wirtschaftssystems festhält, bietet Schumpeter ein völlig neues Erklärungsmodell, in dessen Zentrum der Unternehmer als eigentliche Quelle für Innovation und Entwicklung steht. Angesichts der Tatsache, dass sich das kapitalistische Wirtschaftssystem bis heute weiterhin bewährt hat und nicht an den von Schumpeter genannten Entwicklungen zugrunde gegangen ist, sondern im Gegenteil überaus lebendig ist und es anstelle von Untergang eher eine Tendenz zur weltweiten Verbreitung zeigt, muss man auch seine skeptische Einschränkung der Rolle des Unternehmers überdenken. Sicherlich ist die Funktion des Unternehmers heute eine andere als im Konkurrenzkapitalismus des 19. Jahrhunderts; dass er aber durch die Verbreitung von Trusts oder einen befürchteten Niedergang des Kapitalismus völlig an Bedeutung verliere und sich selbst überflüssig mache, davon kann ebenfalls keine Rede sein. Unter veränderten Bedingungen benötigt jede Volkswirtschaft den ,dynamischenergischen Menschentyp', der ausgetretene Wege verlässt, Erfindungen in marktfähige Produkte umleitet und dadurch genuine Entwicklung ermöglicht.

Der von Schumpeter genannte Unternehmer als dynamischenergischer Menschentypus erinnert an Grundgedanken von Friedrich Nietzsche (1844–1900), dessen Philosophie bereits wenige Jahre nach seinem Tod „Weltruhm"[30] erlangen und großen Einfluss auf zahlreiche Intellektuelle des 20. Jahrhunderts ausüben sollte. Auch Schumpeters Denken ist von Nietzsche

---

30 Ivo Frenzel, Nietzsche mit Selbstzeugnissen und Bilddokumenten, Reinbek bei Hamburg 1984, S. 132.

geprägt.[31] Nietzsche spricht an verschiedenen Stellen seines vor allem durch Aphorismen geprägten Werks von den ‚großen Schaffenden‘, von der Entwicklung des Menschen über sich hinaus zum Übermenschen, vom Gegensatz zwischen dynamischer Einzelpersönlichkeit und träger Masse sowie schließlich vom ‚Willen zur Macht‘. Die wohl bekannteste Stelle, in der Nietzsche den Übermenschen beschreibt, befindet sich zu Beginn seines Werks über ‚Also sprach Zarathustra‘ von 1883. Dort heißt es:

> *„Ich lehre euch den Übermenschen. Der Mensch ist etwas, das überwunden werden soll. Was habt ihr getan, ihn zu überwinden? Alle Wesen bisher schufen etwas über sich hinaus: und ihr wollt die Ebbe dieser großen Flut sein und lieber noch zum Tiere zurückgehn, als den Menschen überwinden?"*[32]

Nietzsches Übermensch ist ein von Energie, Verstand und Stolz geprägtes Wesen, das Ziele jenseits der bloßen Selbsterhaltung hat und diese auch praktisch verfolgt. Diese Zielorientierung wird auch gegen Ende des ersten Teils des ‚Zarathustra‘ deutlich, wo Nietzsche dem Menschen empfiehlt: „Nicht nur fort sollst du dich pflanzen, sondern hinauf!" Und: „Einen höheren Leib sollst du schaffen [...], einen Schaffenden sollst du schaffen."[33] Dass dieses Ideal des von Lebenskraft getragenen Schaffenden nur wenigen Menschen zukommt, macht eine Äußerung aus dem Nachlass deutlich. Nietzsche betont hier nicht nur, dass es ‚höhere und niedere Menschen‘ gibt und dass ein Einzelner unter Umständen Jahrtausende prägen kann, sondern auch, dass ‚die Herde‘ bestimmte Konstellationen aufrecht zu erhalten und insbesondere

31 Vgl. zum Beispiel den Hinweis in der Biographie von Richard Swedberg über Joseph A. Schumpeter. Eine Biographie, a. a. O., S. 261, oder: Susanne Weber in ihrer Darstellung über Innovation und ‚schöpferische Zerstörung‘ (J.A. Schumpeter). Fragen zu einem Leitbegriff moderner ökonomischer Strategien, Hagen 2000/2001, S. 10, URL: www.fernuni-hagen.de / PRPH/webinn.pdf (abgerufen am 31.10.2017).

32 Zitiert nach der Werkausgabe Friedrich Nietzsches, in: Karl Schlechta (Hrsg), Friedrich Nietzsche. Werke in drei Bänden, München 1994, Bd. 2, S. 275–562, hier S. 279.

33 Friedrich Nietzsche, Also sprach Zarathustra, in: Karl Schlechta (Hrsg), Friedrich Nietzsche. Werke in drei Bänden, a. a. O. Bd. 2, S. 332.

‚die darüber Emporragenden'[34] zu verhindern versucht. Nietzsche: „Die Tendenz der Herde ist auf Stillstand und Erhaltung gerichtet, es ist nichts Schaffendes in ihr."[35]

In welchem Ausmaß Schumpeters Konzepte des statischen und dynamischen Menschentypus und der statischen und dynamischen Volkswirtschaft von Nietzsches Denken geprägt worden sind, lässt sich schwer bestimmen. Es liegen zweifelsohne gewisse Ähnlichkeiten vor, die hinsichtlich Schumpeters Unternehmer darin zum Ausdruck kommen, dass er, wie Nietzsche, die außergewöhnliche Persönlichkeit verherrlicht, die aus dem gewohnten Alltag heraustritt und mittels Disziplin und Lebenskraft Neues schafft. Die Figur des überlegenen Individuums bestimmt allerdings nicht nur das Denken von Nietzsche und Schumpeter, sondern war gerade in der ersten Hälfte des 20. Jahrhunderts bei vielen Intellektuellen Gemeingut.[36] Schumpeter ist nur ein Wissenschaftler unter vielen, dessen Werk diesen Elitegedanken ebenfalls enthält.

Wichtig in diesem Zusammenhang ist der Hinweis auf die Nähe von Schumpeter zum Werk von Max Weber (1864–1920). Beide kannten einander persönlich und schätzten sich. Bereits 1910 unterstützte Schumpeter Max Weber während der Tagung des ‚Vereins für Socialpolitik' anlässlich der Debatte über Werturteilsfreiheit, und Weber äußerte sich seinerseits wohlwollend über Schumpeters ‚Theorie der wirtschaftlichen Entwicklung' von 1911. Zwischen 1916 und 1920, dem Todesjahr von Max Weber, arbeiteten beide als Herausgeber des berühmten ‚Archiv(s) für Sozialwis-

---

34 Friedrich Nietzsche, Aus dem Nachlass der Achtzigerjahre, in: Karl Schlechta (Hrsg.), Friedrich Nietzsche. Werke in 3 Bänden, Bd. 3, München 1994, S. 415–925, hier S. 423.

35 Ebd.

36 Als prominente Theoretiker wären unter anderem zu nennen: Gaetano Mosca mit seiner Abhandlung über ‚Die herrschende Klasse' (1895), Vilfredo Pareto mit seiner Elitentheorie (‚Allgemeine Soziologie', 1916), oder Robert Michels mit seiner Theorie über das ‚Eherne Gesetz der Oligarchie' (‚Zur Soziologie des Parteiwesens', 1911). Zahlreiche weitere Theoretiker könnten ergänzend angeführt werden.

senschaft und Sozialpolitik' zusammen.[37] Die Nähe von Schumpeter zu Weber findet sich in Schumpeters Nähe zur Figur des ,charismatischen Führers' von Weber sowie zu dessen erkenntnistheoretischem Modell des Idealtypus. Max Weber unterscheidet in seinem Hauptwerk ,Wirtschaft und Gesellschaft' von 1913 unter anderem drei Typen der Herrschaft: die rationale Herrschaft, die traditionale Herrschaft und schließlich die charismatische Herrschaft. Herrschaft wird definiert als „die Chance [...], für spezifische [...] Befehle bei einer angebbaren Gruppe von Menschen Gehorsam zu finden."[38] Dieser Gehorsam bedarf der Legitimation; die Quelle der Legitimation ist jeweils eine andere. Im Fall der rationalen Herrschaft wird er durch den ,Glauben an die Legalität gesetzter Ordnungen' legitimiert. Die Herrschaft ist unpersönlich, sie ist durch Gesetze legitimiert. Die traditionale Herrschaft ruht ,auf dem Alltagsglauben an die Heiligkeit von jeher geltender Traditionen und die Legitimität der durch sie zur Autorität Berufenen'. Gehorcht wird nicht Gesetzen, sondern durch Tradition bestimmten Personen. Im Fall der charismatischen Herrschaft schließlich basiert Herrschaft „auf der außeralltäglichen Hingabe an die Heiligkeit oder die Heldenkraft oder die Vorbildlichkeit einer Person und der durch sie offenbarten oder geschaffenen Ordnungen"[39]. Die charismatische Herrschaft hat als zentrales Kennzeichen die „außeralltäglich [...] geltende Qualität einer Persönlichkeit"[40]. Der charismatische Herrscher besitzt außeralltägliche Eigenschaften, er schafft (!) eine neue Ordnung. Diese Merkmale des Außeralltäglichen und der Schaffung von Ordnung findet sich offensichtlich auch bei Schumpeter und seiner Charakterisierung des Unternehmers. Infolge außergewöhnlicher Eigenschaften aus der gewohnten Ordnung auszubrechen und als Schöpfer und Innovator tätig zu werden, galt beiden als besonders positive

---

37 Vgl. hierzu die Ausführungen bei Richard Swedberg, Joseph A. Schumpeter. Eine Biographie, a. a. O., S. 129–131.
38 Max Weber, Wirtschaft und Gesellschaft. Grundriss der verstehenden Soziologie, 5. Auflage, hrsg. v. Johannes Winckelmann, Tübingen 1990, S. 122.
39 Ebd. S. 124.
40 Ebd., S. 140.

Qualität, wenngleich sich Max Weber auf die Politik bezog und Schumpeter die Wirtschaftsordnung im Blick hatte. Eine außergewöhnliche Wertschätzung von charismatischen Persönlichkeiten aber verband die beiden Wissenschaftler in jedem Fall. Aus Sicht der Wissenschaftstheorie wäre schließlich die Beantwortung der naheliegenden Frage interessant, ob die Figur des Unternehmers selbst für Schumpeter lediglich bzw. vor allem ein ‚Idealtypus' im Sinne von Max Weber darstellte, der als „Gedankenbild"[41] eine intellektuelle Analyse der Phänomens der wirtschaftlichen Entwicklung überhaupt erst möglich macht, auch wenn der Idealtypus als begriffliches Extrem in der Wirklichkeit nie vollständig verwirklicht ist.

Schumpeters ‚Theorie der wirtschaftlichen Entwicklung' ist sein „theoretische[s] Hauptwerk"[42]. Der Studie wurde nach ihrer Veröffentlichung nicht die Aufmerksamkeit zuteil, die sie eigentlich verdient hätte. Eine ausführliche und scharfe Kritik durch Eugen von Böhm-Bawerk mag einer der Gründe gewesen sein, die späte Übersetzung ins Englische im Jahr 1934 ein anderer.[43] Heute, nach über 100 Jahren, liegt die stark gekürzte Fassung, die 1926 zum ersten Mal veröffentlicht wurde, mittlerweile in der 9. Auflage vor. Jochen Röpke und Olaf Stiller ist es zu verdanken, dass auch die ungekürzte Erstauflage von 1911 bzw. 1912 seit 2006 auch wieder erhältlich ist. Die beiden Autoren weisen in ihrer Einleitung zum Nachdruck der Erstauflage auch darauf hin, dass der so genannte ‚Alt-Schumpetersche Ansatz' in den letzten Jahren wieder vermehrt Aufmerksamkeit gefunden und auf verschiedene ökonomische Aspekte Anwendung gefunden hat. Die Autoren nennen beispielhaft folgende Werke:[44]

---

41 Max Weber, Die „Objektivität" sozialwissenschaftlicher und sozialpolitischer Erkenntnis, in: Johannes Winckelmann (Hrsg.), Gesammelte Aufsätze zur Wissenschaftslehre, Tübingen 1988, S. 146–214, hier S. 191.

42 Caroline Gerschlager, Konturen der Entgrenzung. Die Ökonomie des Neuen im Denken von Thomas Hobbes, Francis Bacon und Joseph Alois Schumpeter, Marburg 1996, S. 112.

43 Vgl. hierzu die Einschätzung von Richard Swedberg, Joseph A. Schumpeter. Eine Biographie, a. a. O., S. 62–63.

44 Vgl. hierzu Jochen Röpke und Olaf Stiller, Einführung zum Nachdruck der 1. Auflage Joseph A. Schumpeters „Theorie der wirtschaftlichen Ent-

- Jochen Röpke: Die Strategie der Innovation (1977)
- Jochen Röpke: Der lernende Unternehmer (2002)
- Jörg Aßmann: Innovationslogik und regionales Wirtschaftswachstum (2003)
- Olaf Stiller: Innovationsdynamik in der zweiten industriellen Revolution. Die Basisinnovation Nanotechnologie (2005)
- Cord Siemon: Unternehmertum in der Finanzwirtschaft (2006)
- Alexander Ebner: Innovationsstrategien und Regionalentwicklung: Theorie und Empirie regionaler Innovationsprozesse (2014)
- Jochen Röpke und Ying Zhia: Reisen in die Zukunft kapitalistischer Systeme (2006)

Als Vertreter des Neo-Schumpeterschen Ansatzes könnte unter anderem der an der Universität Chicago lehrende US-amerikanische Wirtschaftswissenschaftler Paul Romer angeführt werden, der mit seinen verschiedenen Veröffentlichungen zur Wachstumsökonomie im Jahr 1997 vom Time Magazine zu den 25 einflussreichsten Amerikanern gezählt wurde.[45] Unabhängig aber von der Frage, durch wen Schumpeter seinerzeit beeinflusst wurde und auf wen er seit einigen Jahrzehnten wieder verstärkt Einfluss ausübt, bleibt festzuhalten, dass Schumpeters Konzept des Unternehmers im Jahr 1911 eine großartige Entdeckung war, die auch heute wieder, trotz anderer Unternehmenszuschnitte und beträchtlicher Wandlungen des kapitalistischen Wirtschaftssystems vermehrt studiert werden sollte. Jedes ökonomische und wirtschaftliche System wird immer den intellektuellen Vordenker und ‚Mann der Tat‘ brauchen, der Neukombinationen testet und genuin Neues schafft. Schumpeters ‚Theorie der wirtschaftlichen Entwicklung‘ verdient als ökonomischer „Klassiker"[46] wieder stärkeren Interesses der Wirtschafts- und Sozialwissenschaften.

---

wicklung", in: Joseph Schumpeter: Theorie der wirtschaftlichen Entwicklung, a. a. O., S. IX.

45 Vgl. hierzu die Website unter der http://edition.cnn.com/ALLPOLITICS/1997/04/14/time/influential.html (abgerufen am am 01.11.2017).

46 Richard Swedberg, Joseph A. Schumpeter. Eine Biographie, a. a. O., S. 63.

Lucas Wehner

The Role of Social Entrepreneurs in the De-escalation phase of Conflicts

A case study of Krochet Kids

1. Introduction: A Struggle for Post-Conflict Economic Recovery

After world war II, there was a great debate in the United States of America whether Germany's economy should be recovered again. The Office of Military Government, United States (OMGUS) and its Commander-in-Chief General Lucius Clay worked towards a recovery in order to prevent a humanitarian crisis, any chance for the communists to set themselves up in all of Germany, and to relieve the American taxpayers as soon as possible from the financial burdens of recovering Germany (Djelic, 1998). In fact though, it was not an easy action for Clay to do so as American policy and the Potsdam Agreement „forbade all actions and decisions that would lead to the ‚economic rehabilitation of Germany' or were ‚designed to maintain or strengthen' the German economy" (Djelic, 1998, p. 83). Nevertheless, Clay used a loophole in JCS1067, the Directive to Commander-in-Chief of United States Forces of Occupation Regarding the Military Government of Germany, which allowed industrial production on the premise to prevent a humanitarian crisis. The post-conflict efforts of OMGUS proved to be right as it paved the way towards an economic rehabilitation of Germany, seen through the European Recovery Program, also known as the Marshall Plan, and the Economic Miracle of the 1950s and 1960s.

In modern days, post-conflict recovery and peacebuilding could be seen much more sophisticated than it was in the 1940s and 1950s, and in modern-day, it was not so much military personnel anymore which implemented economic recovery, but private business people in co-operation with the United Nations, for instance. The United Nations has a key role in coordinating the economic recovery of a war-torn country such as through its Department of Economic and Social Affairs (DESA) which runs the Office for The Economic and Social Council (ECOSOC) Support and Coordination, its Peacebuilding Fund, its Peacebuilding Commission, and the Peacebuilding Support Office (PBSO). In 2010, the PBSO and DESA reported that in the U.N. Secretary General's report on Peacebuilding in the immediate aftermath of conflict, the Secretary General identified

> „*economic revitalization as one of the five core areas of peacebuilding where assistance is most commonly requested in the first two years after conflict. Economic revitalization can encompass both short-term measures (peace dividends like cash-for-work programmes, which are crucial to build confidence in the peace process) and longer-term efforts: employment creation, productive investment, mitigation of business risks and social inclusion*" (p. 4).

In order to see economic revitalization it needs a special kind of business people who would be willing to invest in high-risk regions where they could not necessarily expect a return on investment, or if so at the most a lower return on investment. More so though, it would need a special kind of business people who would be able to build this confidence in the peace process internally with people affected by conflict in order to show them that they did not have imperial aspirations, and externally with people often funding such peacebuilding missions in order to gain trust in the long run. The business people who could undertake the economic revitalization of post-conflict areas by their definition could be social entrepreneurs. In most recent years, social entrepreneurship experienced a revitalization itself which possibly could be connected to the disappointment in political and state actions to solve long-time miseries of this world (Jung & Wehner, 2012).

In this paper, it would be asked what role social entrepreneurs had in benefiting the economic recovery in the de-escalation phase of a conflict at the example of the social enterprise Krochet Kids. This company was chosen for this paper as it operated in the post-conflict region of Uganda. It was started officially in 2008 when it received its non-profit status, and aimed towards bringing women, who have lived in government camps as a result of the invasion of the Lord's Resistance Army in Northern Uganda, out of poverty (Krochet Kids, 2013). In most recent times, there were about 150 women who were part of this social enterprise in Uganda (Krochet Kids, 2017d). Between 2008 and 2012, there were already USD 1 million in revenue of which 70 percent came from the crocheted products, and by 2012, the Uganda program was completely self-sustaining (2012 Art&Design for Social Justice Symposium, 2012).

2. De-escalation phase of a conflict

2.1 The Northern Ugandan Conflict Situation

As Krochet Kids started in Uganda, it would be important to briefly give some background information on the northern Uganda conflict situations in order to understand what the role of social and regular entrepreneurship was in this area of the world. In Uganda, there has been conflict going on since the 1970s which led to the Uganda Bush War or also known the Luwero War between 1981 and 1986. This war was going on as a result of internal land disputes between people of power, ethnic conflicts and the struggle for power after elections. At the time, South Ugandan rebels from Yoweri Museveni's National Resistance Army (NRA) toke over the government which had primarily consisted of North Ugandan ethnic groups, including the Acholi (Annan, Blattman, Mazurana, & Carlson, 2011). The Acholi and other former govermment supporters fought mainly in the Uganda National Liberation Army (UNLA) which was led by former Uganda president Milton Obote. Because of the Obote's loss, his UNLA forces retaliated against civilians in the Luwero triangle especially (Otunnu, 2002). In consequence, the civilian population increasingly got involved in the conflict. After many soldiers of the UNLA started to demobilize, and handing over arms in 1986, the NRA turned against civilians by committing rape, abductions, stealing of livestock, killing of unarmed civilians, and destroying public service institutions such as schools and hospitals (Otunnu, 2002). By May, 1986, the new Ugandan government ordered all UNLA soldiers to return to the barracks. As a similar order was given in 1971 by General Idi Amin to Acholi and Langi troops during a conflict which led to a massacre of these soldiers, UNLA soliders consisting partly of Acholi soldiers did not trust this order and fled to neighboring countries such as Sudan in the north. Out of this refugee movement, the Uganda People's Democratic Army (UPDA) was established which was later joined by the Holy Spirit Mobile Forces/Movement (HSMF/M) or later the Lord's Resistance Army (LRA) (Otunnu, 2002).

After a long guerilla fight, there was a four-year peace process between Acholi groups, and the new Ugandan rulers under Museveni between 1986 and 1990. By 1988, peace negotiations were fruitful in the way that president Museveni suspended taxation on Acholi territories, and calling UPDA followers to help in the reconstruction and development of Uganda (Lamwaka, 2002). There were even attempts to get Joseph Kony, a self-named prophet of God, to the negotiations, but unfortunately, NRA forces attacked Kony's LRA after an alleged breakdown of communications (Lamwaka, 2002). Despite the signing of the Pece Peace Accord in 1988 and the Addis Accord in 1990, conflict has remained in Acholiland. In 2002, Lamwaka wrote that at the time, tens of thousands of people were killed or maimed, and more than 350,000 people were displaced due to the fighting between the Uganda People's Defense Forces (UPDF) and Kony's LRA. According to the CIA world factbook (CIA, 2015), the LRA was still active in 2015, and operated in southern Sudan, northwestern Kenya, and in Congo's Garamba National Park. According to the CIA (2015), there were currently 30,186 internally displaced persons (IDPs) in northern Uganda due to the fighting of the UPDF and the LRA, and as of 2011, most of the 1.8 million IDPs returned home or resettled, but most did not find long-term solutions. In 2006, these IDP camps cost the United Nations about USD 200 million per annum (House of Commons International Development Committee, 2006). Otunnu (2002) stated about the causes and consequences of this war:

*„The multi-faceted and interrelated causes of the war and consequences
of the war should not, therefore, be seen as exclusively an Acholi issue.
Nor should the war be treated as merely a humanitarian crisis. It has
many dimensions: political, social, economic, and humanitarian. As such,
durable solutions will need to respond to all of these challenges" (p. 13).*

This illustrated the challenge for post-conflict peacebuilding in
Northern Uganda, and led to a similar conclusion for general post-
conflict peacebuilding of the United Nations which responded
multi-faceted. At the same time, it also required possible entrepreneurs in Uganda to provide business solutions which would
be sensitive to political factions, respond to social needs of different ethnicities, plan long-term economic balance, and take care
of local humanitarian crisis considering that there were still many
IDPs as well as refugees from neighboring countries such as South
Sudan, Democratic Republic of Congo, Somalia, Rwanda and Burundi (CIA, 2015).

2.2 Attempt to defining post-conflict

At the example of the Uganda Bush War, it showed that defining conflict or post-conflict was a highly difficult task because
whereas conflict might have disappeared in one region of the
country such as southern Uganda it was still going on in other
parts such as northern Uganda. Conflict and post-conflict were
fairly subjective terms (Brinkerhoff, 2005), and yet Brinkerhoff
(2005) defined the post conflict state as an area where „violence
and strife have ceased at a given moment in all corners of a country's territory [... and where] most post-conflict reconstruction
efforts take place in situations where conflict has subsided to a
greater or lesser degree, but is ongoing or recurring in some parts
of the country" (p. 4). In northern Uganda, one could argue that
this given moment of ceased conflict was summer, 1988, when
even Kony was willing to negotiate with the Ugandan government.
Nevertheless, although right after, reconstruction efforts began in
central and southern Uganda, northern Uganda remained a region
where conflict was still going on. Under this definition, Uganda
met the criteria for being a post-conflict region.

The former special adviser of the Secretary-General of the United Nations Lakhdar Brahimi (2007) defined a post-conflict situation as an „absence of war, but not necessarily peace" (p. 3) which went along in its basics with Brinkerhoff's definition. Again, this would also apply for Uganda as overall, there was an absence of war, but there was no peace due to Kony's LRA in northern Uganda and as well as to ethnic conflicts all over the country. The United Nations Office on Drugs and Crime (2015) saw five levels of conflict intensity: (1) stable peace which could be kept through structural prevention and regained through peace consolidation, (2) unstable peace which could be kept through direct prevention and regained through peace building, (3) open conflict which could be handled and overcome through conflict management, (4) a crisis which could be handled through crisis management and overcome through peace keeping, and (5) a war which was the peek that could only be solved through peace enforcement. Thus, when Brinkerhoff (2005) talked about post-conflict reconstruction efforts which took place in situations where conflict had subsided to some extent, but had been ongoing or recurring in other parts of the country, this meant that he actually defined unstable peace. For the purposes of this paper, Brinkerhoff's definition would be used as it primarily referred to the status of the situation in regards to its instability which provided room for both social entrepreneurs and entrepreneurs to be innovative and create something new. Thus, when talking about post-conflict scenarios at any point in this paper, it would mean the stage „unstable peace" on the scale of the conflict intensity level.

2.3 Modern-day tools in post-conflict peacebuilding

Peacebuilding was the tool to respond to unstable peace in the de-escalation phase of a conflict. Whereas most post-conflict peace-builders would see the same challenges, needs, and the situation of instability, there was surely no consensus about what the solution was, or what the top priority was in creating some sort of stability. In Brahimi's (2007) view, the building up of systems and governmental institutions was a key to creating a stable society after a conflict, and needed more emphasis. Similarly, O'Reilly

(2015) found that building up strong legal institutions played an important role for companies investing in such a context as they were afraid of violations of their property rights which was reasonable considering that last section.

Collier et al. (2008) stated that post-conflict societies had two challenges to deal with: (1) economic recovery and (2) reduction of the risk of a recurring conflict which was at 40 percent within a decade. However, Collier et al. (2008) found that when income increased significantly in comparison to its initial level then the risk of a recurring conflict could drop to 31 percent within a decade. Something similar could be observed at an economic growth rate of 10 percent which would cause the risk to drop to 26.9 percent within a decade (Collier, Hoeffler & Söderbrom, 2008). In this regard, they found that economic recovery was very helpful in reducing risk of a recurring conflict, but stated that it would take a long time in order to be effective (Collier, Hoeffler & Söderbrom, 2008). As they also calculated risk in regards to different options for action, the option with the least risk was external military involvement which would undertake gradual economic recovery (Collier, Hoeffler & Söderbrom, 2008). The question was whether this was still peacebuilding or rather peacekeeping as it involved active military involvement.

Leatherman et al. (1999, p. 8, as cited in Brinkerhoff, 2005) stated that post-conflict methods needed „a rehabilitative dimension oriented to the past, a resolutive dimension oriented to the present, and a preventive dimension oriented to both the present and future" (p. 4). Most organizations saw a need to shift post-conflict engagement from development projects of the past to methods of peacebuilding and conflict prevention (Junne & Verkoren, 2005). In modern days, the United Nations Peacebuilding Fund (UNPBF) (2015b) supported 31 countries. This fund supported four areas: (1) building up national institutions which were important for a political dialogue that would lower the risk of a recurring conflict, (2) supporting national reconciliation activities, (3) activities supporting economic recovery, and (4) building up administrative services (UNPBF, 2015a). The numbering of the UNPBF's activities could also be applied to where the most dollar amounts were spent on by the UNPBF.

However, these funds were often distributed to local economic development and other government agencies such as in Uganda where the UNPBF provided USD 14 million for programs in Northern Uganda. In this regard, 232 local farmer field schools were established where farmers could receive entrepreneurial skills, agricultural knowledge, and access to markets among other things (Wielders & Amutjojo, 2012). Nevertheless, for entrepreneurs these programs could not be seen fruitful as (1) „sustainability of many of the livelihood support interventions was questionable, mostly due to the short timeframe of the program" (Wielders & Amutjojo, 2012, p. 13), and (2) as the support of women and youth was not provided in such a way that it catalyzed peace building relevant outcomes (Wielders & Amutjojo, 2012). Therefore, considering that economic recovery needed a long time in order to be in effect, and considering that women had a special role in post-conflict economies, the UNPBF in Northern Uganda did not meet the challenges and needs of this specific post-conflict scenario.

3. Entrepreneurship in post-conflict regions

3.1 Specific challenges and needs for firms in post-conflict situations

Due to the socio-economic focus of social entrepreneurship, specific challenges and needs would be focused on in this field in this section. Of course, there were many more challenges and needs to post-conflict situations, but here, only those challenges and needs would be looked at which had to do with socio-economics in order to look at what entrepreneurs and social entrepreneurs had to face.

Entrepreneurship through small and medium enterprises (SMEs) was highly important for developing countries like Uganda, and had a significant impact on peacebuilding efforts. In low income countries, 78 percent of employment (Dalberg 2011) and 29 percent of formal GDP (as cited in Lemmon, 2012) were contributed by SMEs. The economic factor was very valuable to creating stability in a post-conflict area, and SMEs had a significant stake in this. Therefore, weaknesses and risks had to be strongly minimized for entrepreneurs in countries like Uganda.

First, instability in post-conflict regions could very much be fueled by no support for an economic recovery. In a report of the International Development Committee of the House of Commons (2006), it was stated that negative economic growth shocks of 5 percent could already increase the risk of a civil war by 50 percent. This could be a reason for firms to back off from investing in such contexts as the risk was much higher to lose investment, or to have a lower return on investment due to higher cost structures due to securing the business more or substituting for government infrastructures. In return, such a civil war could cost a low income country about USD 54 billion at the average (House of Commons International Development Committee, 2006). Thus, economic growth and higher incomes could reduce the risk of recurring conflicts (House of Commons International Development Committee, 2006) which would require firms to invest more in wages costs of labor, however, in order to reduce the risk of losing all investment due to recurring civil war. In a World Bank report, an official stated: „the lack of economic opportunity and resulting competition for scarce resources, more than ethnic, political, and ideological issues, lie at the root of most conflicts over the last 30 years" (as cited in Shkolnikov & Nadgrodkiewicz, 2008, p. 7).

Second, skilled workforce was closely connected to economic growth, but in the post-conflict context, it was also missing such as in northern Uganda. Many people lived in IDP or refugee camps where a risk of institutionalization was at hand (House of Commons International Development Committee, 2006). This meant that often, foreign non-governmental organizations (NGOs) took care of these camps resulting in IDPs and refugees losing their agricultural skills as well as livelihood strategies which were important for firms, however. In addition, the government of Uganda was taken away their responsibility for their own citizens by foreign help which amounted to USD 200 million per annum (House of Commons International Development Committee, 2006). Often, foreign assistance could lie between 20 to as much as 97 percent of a country's GDP (as cited in Lemmon, 2012) which would give no incentives to post-conflict regions to get on their own feet. Therefore, it would be required of firms to quickly empower locals so that they would stay in their skills and professions, and support economic growth.

Third, before workforce could be empowered, workforce had to exist in the first place though. Considering that often, men were killed, maimed, imprisoned, or displaced due to conflict, the role of women significantly grew for the post-conflict context. The role of a woman was not only of economic value, however, but also of ideological value as women usually gained more trust by the community due to their absence in active fighting during conflicts (Lemmon, 2012). This argument only seemed perceptional though as about as much as 40 percent of all child soldiers were girls as Hobson found (as cited in Cahn, 2006). Still, there was wide consensus that women had a meaningful role in post-conflict nations through participation in peacebuilding and reconstruction efforts (Cahn, 2006). Nevertheless, according to the World Bank, women were trapped in the so called „productivity trap" which meant that women received lower income while working at the same productivity level as men (as cited in Lemmon, 2012). In a post-conflict context, this inequity of treating women became especially visible as government institutions were missing which could enforce women rights to some extend at least (Cahn, 2006). Therefore, it was especially important to meet women's needs after a conflict in order to ensure that economic growth was supported by equal incomes especially. Women's needs in a post-conflict region were, according to a 2009 report of the Secretary-General on peacebuilding in the immediate aftermath of a conflict,: (1) safety, security, and respect for the rule of law, (2) confidence in the political process by encouraging inclusive dialogue and post-conflict elections, (3) access to basic services such as water and education, (4) a functioning public administration, and (5) economic revitalization (as cited in United National General Assembly Security Council, 2010). For entrepreneurs, this was a challenge as women were often the only workforce who was left for them, and thus, they had to consider these needs.

Another challenge was that often, infrastructure was a risk to firms in post-conflict regions as value-added chains were much slower. For instance, in 1998, it took about 69 days for a product to get from the original destination to a firm in Uganda which was way to high (Reinikka & Collier, 2001). In addition, about 87 days in power outages made it impossible for Ugandan firms to operate properly on these days (Reinikka & Collier, 2001). This led many firms to first invest in power generators which accounted for 16 percent of the investment capital in 1997 (Reinikka & Svensson, 1999). Furthermore, it took about 13 weeks to receive a telephone connection which did not guarantee that every calling try would work (Reinikka & Svensson, 1999). Overall, the inadequate provision of services and infrastructures in post-conflict scenarios could have negative effects on investment and business decisions of entrepreneurs and firms according to Reinikka and Svensson (1999).

In post-conflict contexts, firms also had to deal with higher crime rates which partially resulted from political instability. While political instability was not so much a concern for firms already in operation it was of concern for potential investors as 85 percent of foreign direct investment (FDI) firms ranked physical security of staff as leading concern, and 78 percent of these firms ranked war and civil disturbance second in leading concerns in regards to foreign investment (World Bank, 2002). In Uganda, crime was especially a concern for firms as 54 percent of overall firms reported merchandise theft between 1995 and 1997, and 37 percent reported victimization of fraud (Reinikka & Collier, 2001). Im Kampala, it was even 70 percent of firms which were victims of crime (Reinikka & Collier, 2001). The median firm spent annually at the time about USD 1,800 for security measures which showed once more that investment in a post-conflict context was connected to higher costs (Reinikka & Collier, 2001). This had a more negative effect on investment decisions in post-conflict regions.

Another challenge was the lack of access to financing sources in post-conflict regions. The international development consultancy firm Dalberg (2011) found that a serious challenge was a „missing middle" in financing SMEs as microloan finance was too small, and costs and risks concerning commercial financing were too high. Lemmon (2012) pointed out that in post-conflict economies, commercial banks were not really keen to lending capital to SMEs as risk capital was expensive. Family and friends as well as private money lenders were simply missing in possible financing sources in a low income country.

Finally, a challenge was that SMEs simply did not have one chance to compete against larger companies as they lacked capacity, skills, and capital (Lemmon, 2012). In the case of Chinese economic expansion, it was even these Chinese corporations which would often hurt local SMEs. In 2007, China had trade relationships with nearly 50 African countries where over 700 enterprises with more than 80,000 Chinese worked at (Zafar, 2007). Oil-importing countries with strong exports in agricultural commodities, where prices stagnated or even decreased, like Ethiopia, Uganda, Kenya, Rwanda, and Burundi were „loser countries" of Chinese economic expansion as China, being diverse in agricultural commodities, competed with them in third-country markets (Zafra, 2007). Thakalekoala (2005, as cited in Zafra, 2007) reported that there were even complaints in some African countries that cheap Chinese imports were a risk to local industries such as the textile industry were thousands of jobs were lost since the early 2000s. More so, Chinese economic expansion was driven by a lack of consideration of governance, democracy and human rights (Zafra, 2007) which was counter-productive to post-conflict areas.

In this regard, economic recovery through SMEs was very difficult as SMEs had to face economic instability and therefore, high risk in doing business, lacked skilled worforce, had to be cautious of women's needs as they were often the only workforce available, had to deal with poor infrastructure, experiences loss through crime, did not have adequate access to financing sources, and did not have a chance against big players like Chinese firms. Considering the share of SMEs in contributing to employment and GDP, peacebuilding strategies would have to take SMEs stronger into account, and support a form of entrepreneurship which would especially regard the social reconstruction of a post-conflict region such as social entrepreneurship.

3.2 Definition of Social Entrepreneurship

During the last years, social entrepreneurship was increasingly more defined in what it was and what it was not as it rose to an increasing field of interest in research. While in 2008, Ashoka still only listed 250 professors in 35 countries who considered social entrepreneurship in their research and teaching (Brock & Ashoka's Global Academy for Social Entrepreneurship, 2008), this number increased to over 500 in Ashoka's 2011 Social entrepreneurship teaching resources handbook (Brock & Ashoka U, 2011). Yet, there still was almost no research about social entrepreneurs in post-conflict areas. There was research on the importance of social capital for entrepreneurs in post-conflict areas at the example of Bosnia and Herzegovina (Efendic, Mickiewicz & Rebmann, 2015), reasons for firms investment decisions in post-conflict economies (O'Reilly, 2015), and also popular articles about organizations such as the non-profit organization Femmes Africa Solidarité (FAS) which tried to empower women through mentorship and training in post-conflict economies in Africa (Diop, 2013). There surely were many social enterprises in post-conflict economies, but there was only little research on them, and the problem could be that it was difficult to determine whether they really were social enterprises or simply development aid organizations.

The challenge in the definition of social entrepreneurship was that often there were no pure forms of social entrepreneurship (Martin & Osberg, 2007). While social entrepreneurs also had characteristics of entrepreneurs, it yet had to be strictly separated from commercial entrepreneurship (Dees, 1998) as well as corporate social responsibility (Porter & Kramer, 2012). In the past, definitions of social entrepreneurship ranged from (1) the work of an organization for social objectives instead of profit objectives (Leadbetter, 1997; Shaw, 2004), (2) seeing a focus on using market profits for disadvantage people (Leadbeater, 1997; Schwab Foundation, 2005, as cited in Zahra, Gedajlovic, Neubaum & Shulman, 2009), (3) the desire for social justice connected with trying to improve the quality of life (Thake & Zadek, 1997), (4) creating and sustaining social value under limited resources by going new paths (Dees, 1998; Reis, 1999; Mort et al., 2003; Harding, 2004; Mair & Marti, 2006; Peredo & McLean, 2006), (5) the viable establishment of socio-economic structures, relations, institutions, organizations, and practices generating social benefits (Fowler, 2000; Said School, 2005), (6) serving constituencies and adding value to existent services (Brinkerhoff, 2001, as cited in Zahra,

Gedajlovic, Neubaum & Shulman, 2009), (7) solving societal problems through change and transformation (Drayton, 2002; Alford
et al., 2004, a cited in Zahra, Gedajlovic, Neubaum & Shulman
2009; NYU Stern, 2005; as cited in Zahra, Gedajlovic, Neubaum &
Shulman, 2009), (8) creating a double-bottom line through generating financial as well as social benefits (Fuqua Schoo, 2005,
as cited in Zahra, Gedajlovic, Neubaum & Shulman, 2009; NYU
Stern, 2005, as cited in Zahra, Gedajlovic, Neubaum & Shulman,
2009; MacMillan, 2005, as cited in Zahra, Gedajlovic, Neubaum
& Shulman, 2009), (9) and to using a social group to generate
benefits for the same social group by the use of innovation (Tan
et al., 2005).

It showed that there was great difficulty in displaying a differ-
entiation from social service provision and social activism. Martin
& Osberg (2007) explained that social service providers might
have the same direct provision of services like social enterprises,
but they lack the drive to change society on a big scale meaning
creating and sustaining a new equilibrium. Instead, they rather
improve and maintain existing systems. On the other hand, social
activists do have the drive to change the system, but often their
nature of action is indirect due to their political methods (Martin
& Osberg, 2007).

Martin and Osberg (2007) define social entrepreneurship by
the following three factors:

> „(1) *identifying a stable but inherently unjust equilibrium that causes
> the exclusion, marginalization, or suffering of a segment of humanity
> that lacks the financial means or political clout to achieve any transfor-
> mative benefit on its own;* (2) *identifying an opportunity in this unjust
> equilibrium, developing a social value proposition, and bringing to bear
> inspiration, creativity, direct action, courage, and fortitude, thereby
> challenging the stable state's hegemony; and* (3) *forging a new, stable
> equilibrium that releases trapped potential or alleviates the suffering of
> the targeted group, and through imitation and the creation of a stable
> ecosystem around the new equilibrium ensuring a better future for the
> targeted group and even society at large"* (p. 35).

Martin's and Osberg's definition was different from Dees' one, the
forerunner of modern social entrepreneurship research, in that

Dees (1998) defined social entrepreneurship by five factors which did not consider any preconditions:

> „*Adopting a mission to create and sustain social value (not just private value); (2) recognizing and relentlessly pursuing new opportunities to serve that mission; (3) engaging in a process of continuous innovation, adaptation, and learning; (4) acting boldly without being limited by resources currently in hand, and (5) exhibiting a heightened sense of accountability to the constituencies served and for the outcomes created*" (p. 4).

Martin and Osberg (2007) included a precondition in their definition which was „a stable but inherently unjust equilibrium that caused the exclusion, marginalization, or suffering of a segment of humanity that lacks the financial means or political clout to achieve any transformative benefit on its own" (p. 35). This would qualify a social entrepreneur much more for acting in the de-escalation phase of a conflict than any other entrepreneur as firms typically based investment decisions in post-conflict economies on the existence of judicial institutions (Olson, 2000, as cited in O'Reilly, 2015; O'Reilly, 2015). In addition, Brinkerhoff's (2005) definition of a post-conflict phase, meaning a phase where conflict would still be going on in some parts of a country while generally the country was over a war provided this „stable but inherently unjust equilibrium" which was the field of work for a social entrepreneur.

3.3 Types of Social Entrepreneurs

Not all social entrepreneurs were the same though. In 2009, Zahra et al. established a categorization of social entrepreneurs which were based on conceptualizations of entrepreneurship according to Hayek (1945), Kirzner (1973), and Schumpeter (1942). This conceptualization included a categorization based on what these entrepreneurs did; scale, scope and timing; reason for why they were necessary; their social significance; effect on social equilibrium; source of discretion; and limits to discretion.

Table 1 (Zahra, Gedajlovic, Neubaum & Shulman, 2009)
A categorization of social entrepreneurs according to Zahra et al. (2009)

Type	Social Bricoleur	Social Constructionist	Social Engineer
Theoretical inspiration	Hayek	Kirzner	Schumpeter
What they do?	Perceive and act upon opportunities to address a local social need they are motivated and have the expertise and resources to address.	Build and operate alternative structures to provide goods and services addressing social needs that governments, agencies, and businesses cannot.	Creation of newer, more effective social systems designed to replace existing ones when they are ill-suited to address significant social needs.
Scale, scope and timing	Small scale, local in scope – often episodic in nature.	Small to large scale, local to international in scope, designed to be institutionalized to address an ongoing social need.	Very large scale that is national to international in scope and which seeks to build lasting structures that will challenge existing order.
Why they are necessary?	Knowledge about social needs and the abilities to address them are widely scattered. Many social needs are non-discernable or easily misunderstood from afar, requiring local agents to detect and address them.	Laws, regulation, political acceptability, inefficiencies and / or lack of will prevent existing governmental and business organizations from addressing many important social needs effectively.	Some social needs are not amenable to amelioration within existing social structures. Entrenched incumbents can thwart actions to address social needs that undermine their own interests and source of power.

Type	Social Bricoleur	Social Constructionist	Social Engineer
Social significance	Collectively, their actions help maintain social harmony in the face of social problems	They mend the social fabric where it is torn, address acute social needs within existing broader social structures, and help maintain social harmony.	They seek to rip apart existing social structures and replace them with new ones. They represent an important force for social change in the face of entrenched incumbents.
Effect on Social Equilibrium	Atomistic actions by local social entrepreneurs move us closer to a theoretical „social equilibrium."	Addressing gaps in the provision of socially significant goods and service creates new „social equilibriums."	Fractures existing social equilibrium and seeks to replace it with a more socially efficient one
Source of Discretion	Being on the spot with the skills to address local problems not on others' „radars." Local scope means they have limited resource requirements and are fairly autonomous. Small scale and local scope allows for quick response times.	They address needs left un-addressed and have limited / no competition. They may even be welcomed and be seen as a „release valve" preventing negative publicity / social problems that may adversely affect existing governmental and business organizations.	Popular support to the extent that existing social structures and incumbents are incapable of addressing mportant social needs.

Type	Social Bricoleur	Social Constructionist	Social Engineer
Limits of Discretion	Not much aside from local laws and regulations. However, the limited resources and expertise they possess limit their ability to address other needs or expand geographically.	Need to acquire financial and human resources necessary to fulfill mission and institutionalize as a going concern. Funder demands oversight. Professional volunteers and employees are needed to operate organization.	Seen as fundamentally illegitimate by established parties that see them as a threat, which brings scrutiny and attempts to undermine the ability of the social engineers to bring about change. The perceived illegitimacy will inhibit the ability to raise financial and human resources from traditional sources. As a consequence, they may become captive of the parties that supply it with needed resources.

In brief, it would have to be said that a Western social entrepreneur investing in a post-conflict economy would probably be least likely a *Social Bricoleur* because Hayek argued that entrepreneurial knowledge was very much connected to a local context, and thus, it was difficult for external actors from Western countries to invest in an area where they were lacking facts and knowledge which would help to evaluate opportunity (Zahra, Gedajlovic, Neubaum & Shulman, 2009). However, Hayek (1945) established this theory at a time when there was no internet, less travel, and fewer information resources which meant that entrepreneurs wouldn't even have the same access to information as it is the case in modern days.

The *Social Constructionist* could suffice more in their application for a social entrepreneur investing in a post-conflict economy. The Kirznerian entrepreneur rather builds an enterprise, and creates „systemic changes in expectations concerning ends and means" (Kirzner, 1972, p. 71, as cited in Zahra, Gedajlovic, Neubaum & Shulman, 2009, p. 525) based on seeing a lack in fulfilling the needs of clients through existing projects and organizations. Now, of course, in a post-conflict territory, there was a great lack of projects and organizations which would be able to provide a social service in the first place which would raise the question whether the approach of a *Social Constructions* could even be applied then to such an area.

The third categorization, the *Social Engineer*, fit the social entrepreneur investing in a post-conflict economy even more than the *Social Constructionist*, but not completely, either. Zahra et al. (2009) wrote about this type of social entrepreneur that they would „identify systemic problems within the social systems and structures and address them by bringing about revolutionary change" (p. 526) which was why the authors connected this type of entrepreneur with Schumpeter's idea of an entrepreneur as his entrepreneur brought about changes which were of dramatic significance (as cited in Zahra, Gedajlovic, Neubaum & Shulman, 2009). The problem in the typology of this entrepreneur was that Zahra et al. (2009) wrote: „By fracturing existing and often dominant institutions and replacing them with more socially efficient ones, Social Engineers can have a profound influence on society" (p. 526), which, however, was not quite applicable to a post-conflict economy which often lacked dominant institutions, and needed a much more basic approach to meeting needs.

Next to the typology of social entrepreneurs from Zahra et al. (2009), Mair et al. (2012) also researched on the typology of social entrepreneurial models. In their research to find a typology of social entrepreneurial models, Mair et al. (2012) actually established four models of social entrepreneurial clusters based on analyzing 200 social entrepreneurs from Ashoka and the Schwab Foundation. The first cluster of social entrepreneurs worked in the sector of law and rights issues where they leveraged counseling activities to reach civil society organizations and children. Their primary means towards reaching their goals was using political capital. The second cluster of social entrepreneurs focused on issues concerning the environment, education, and health, and tried to reach the broader public especially. As this field had to do with human interaction especially they would have to use human capital to reach their aspirations. The third cluster of social entrepreneurs tried to fight economic challenges, and saw farmers and women as constituencies. Economic capital was the means which was used to bring social change there. Last, civic engagement was the field of work by social entrepreneurs in the fourth cluster. These entrepreneurs targeted civil society organizations and communities, and used social capital to reach social change. In the research of Mair et al. (2012), it was found though that about 42.5 percent of the social entrepreneurs typically fought more than one issue as social entrepreneurs usually draw a correlation between the origins of issues with other issues (Cleaver, 2005, as cited in Mair et al., 2012; Sen, 1999, as cited in Mair et al., 2012). This description of social entrepreneurial types and clusters showed the complexity of the topic, and would be used to understand the role of Krochet Kids in Uganda.

4. Krochet Kids

4.1 Business introduction

The idea of the firm Krochet Kids International (KKI) started with three college students, Kohl Crecelius, Travis Hartanov and Stewart Ramsey, who visited developing nations over their summer breaks, and got the idea from their families to help people learn crocheting in these countries (KK, 2015). When Stewart Ramsey heard about the thousands of IDPs in Uganda of whom some spent at least two decades in government camps being dependent on help from the government and international organizations, they wanted to do something about it:

„It was then that we realized the simplicity of crocheting to be its most profound quality. With hook and yarn people could make amazing products. Being paid a fair wage to do so would allow for them, for

the first time, to provide for their families and begin planning for the future. By teaching these people to crochet, we would be empowering them to rise above poverty. We decided right then that we were going to do exactly that." (KK, 2015, ¶ 6).

In summer, 2007, the three men travelled to Uganda with 15 bags of yarn and hooks, and invested USD 1000 from their high school prom in registering as a non-profit business (Gustines, 2012). In 2008, the organization received non-profit status. The organization's vision was to „create sustainable economic development programs that support holistic growth of individuals and communities living in poverty. To inspire the knowledge of a generation about their ability to bring change to a world that is in need" (Krochet Kids, 2017b) leading to the mission to „empower people to rise above poverty" (Krochet Kids, 2017b).

During the first three years, the business funded itself through USD 250,000 in donation, and after three years, the company managed to be self-sufficient (Lynch, 2013). By 2012, the firm was able to donate USD 1 million simply out of product sales, and received USD 500,000 by Chase Bank for placing second in the American Giving Awards (Lynch, 2013). In most recent times, KKI managed to sell its products through Nordstrom, 5 Pound Apparel, Whole Foods, and other retailers (Lynch, 2013). Sales increased 2,000 units in 2009 to 102,000 units in 2011 (Lynch, 2011). There were more than 150 women working with Krochet Kids in Uganda (Krochet Kids, 2017d).

What was unique about the business was that it seemed as if the founders did not have a problem with the fact that the women would possibly start their own crocheting businesses because Krochet Kids wanted to provide jobs for women for provision of their families, education for becoming independent, and mentorship for planning their own career paths (Krochet Kids, 2017c). Their model seemed to work as personal income of the women grew ten times larger than before the women had started to work at Krochet Kids (Krochet Kids, 2017a). Savings levels grew by 25 times, families were five times more likely to have access to medical care when being sick, women were 40 percent less likely to be physical abused, women were 25 more likely to participate in family decisions, and children of these women were eight times more likely to go to school when their mother was part of the program (Krochet Kids, 2017a).

4.2 Krochet Kids as social entrepreneurial venture

Although it could already be discovered in various segments of the business introduction that KKI could be described as a social venture, it should be examined under Martin's and Osberg's (2007) definition. When Stewart Ramsey described what he experienced in Uganda, it became clear that there was an unjust equilibrium causing exclusion of IDPs, mainly women, who lacked financial means to achieve any transformative benefit on their own. Although there seemed to be international assistance, this assistance bound them more to their camps than empowering them. Kohl Crecelius, CEO and founder of KKI, wrote: „Entire generations grew up only knowing the camp and relying solely on the government and aid organizations for their every need. They were sick and tired of being dependent upon these operating bodies and they wanted to work and provide for their own families" (Krochet Kids, 2015, ¶ 5). This was one of the exact problems which the House of Commons International Development Committee (2006) identified in post-conflict scenarios. This very condition led the KKI founders to choose northern Uganda as a location for their first venture because there, fighting was partially still going on, and by 2015, there were still more than 30,000 IDPs (CIA, 2015).

Second, the three founders of KKI identified an opportunity in this unjust equilibrium by teaching Ugandan women to crochet, and producing products through it. They first learnt crocheting through Crecelius' older brother, and realized that they could become entrepreneurial with it: „As we made hats, we realized we loved having this creative outlet. It also inspired an entrepreneurial kick: we could make money doing something fun that we love" (Gustines, 2012, ¶ 2). When Ramsey went to Uganda in 2006, and worked with IDPs in refugee camps, he identified the opportunity which was behind what he learnt and what he saw: „An entire generation was born in these camps. I kept hearing that these people wanted jobs. „If you really want to help me, give me a job. I used to be able to dig the land and provide for my family. Now I can't do that.“ With us being pretty young and naïve, we thought anything was possible. We jumped in headfirst“ (Gustines, 2012).

Third, Crecelius, Ramsey and Hartanov created a new, stable equilibrium which released trapped potential and even gave the targeted group a better future. Krochet Kids (2017d) described their operations as follows:

> „we've developed a truly innovative approach to job creation in North-ern Uganda. The program combines a fair and consistent income to al-leviate poverty immediately and capacity building training to address the future needs of the beneficiaries. We commit to working with each crocheter for a minimum of 3 years in order to ensure that we provide the highest quality of training and mentorship through personal bud-geting, savings, loaning and business management topics. Our goal is to equip the women of Northern Uganda with the financial assets and knowledge to enter into the local economy and thereby end their dependence on humanitarian aid“ (¶ 1).

A primary goal seemed to be financial independence, financial empowerment, which led to the establishment of a small finan-cial institution, a Village Savings and Loan Association, where about USD 10,000 were saved during a week with more than 87 beneficiaries (Krochet Kids, 2017d). Hartanov remembered one of the women who they helped: „One, Beatrice, was going from not having enough food to feed her family to dreaming of sending her kids to school, getting a house, starting a business and buying a car. It's unheard of. She's already accomplished a lot of those. She's sent her kids to school and started her own business. Her dignity has been restored“ (Gustines, 2012). In 2012, Ramsey reported that KKI was one of the five biggest nongovernmental employers in the Ugandan town which they were based in.

On the other hand, it seemed as if the founders knew that they would not be able to change society at large immediately as they were only able to help a few. Hartanov mentioned that it was difficult to select their trainees who balanced great poten-tial with great need, and Ramsey remembered: „One of the keys was the number of dependents, whether that's children or elders. You also had to have two hands. You had to be able to walk to work. It was super-intense" (Gustines, 2012). Last, KKI reported that 160 women worked with them in Uganda and Peru (Gustines, 2012). However, considering the impact of these women within their families and through the establishment of a small financial institution and other businesses, it seemed that the targeted group experienced a better future through this new equilibrium.

Considering the categorization of Zahra et al. (2009), Crecelius, Ramsey and Hartanov could probably be described as a mix of social bricoleurs and social constructionists. In their actions, Krochet Kids seemed to act upon an opportunity to address a local social need in Northern Uganda (social bricoleur) although they also expanded to Peru, a non-post-conflict region. In both settings, their theme was empowering out of poverty as they seemed to realize that government programs could not provide the assistance which was necessary, whether it was the IDP camp in Northern Uganda or the impoverished district outside of Lima, Peru's capital. In this way, Krochet Kids was closer to being defined as social constructionist as they "built and operated alternative structures to provide services addressing social needs that governments, agencies, and businesses could not" (Zahra, Gedajlovic, Neubaum & Shulman, 2009).

In their scale, scope and timing, Krochet Kids also seemed to be rather social constructionist than any other category as they worked with more than 160 women in Uganda and Peru which was also international and intercultural in scope. Considering that they also filed non-profit status in 2008 turning into an organization, Krochet Kids was not just about trying to meet a social need during an episode in time, but rather to addess an ongoing social need which was poverty and dependence. They Krochet Kids founders would probably not state, however, that they sought to "build lasting structures that would challenge exisiting structures" (Zahra, Gedajlovic, Neubaum & Shulman, 2009) as there initial start seemed to target the local Ugandan IDPs and somewhat unplanned as Ramsey stated: "With us being pretty young and naïve, we thought anything was possible. We jumped in headfirst" (Gustines, 2012).

In the reason for justification, Krochet Kids's founders would again be somewhere between social bricoleurs and social constructionists. As it was shown, skilled workforce was rare in post-conflict regions (Beasley, 2006), and there was a great risk of institutionalization due to great international help without giving IDPs incentives to become financially independent (House of Commons International Development Committee, 2006). In addition, existing job creation programs in post-conflict regions were „often very short-term, with no linkages to the long-term employment promotion efforts needed to support the peace and rebuilding process after the first year or two" (Beasley, 2006). In this regard, Krochet Kids was necessary as they brought in skill which could easily be acquired, and furthered through local agents detecting and addressing the needs of IDPs. This made them social bricoleurs in that situation. At the same time, Crecelius, Ramsey and Hartanov were social constructionists in the way as they recognized that there were inefficiencies in aid for IDPs as IDPs lived in camps for more than 20 years at times (Krochet Kids, 2015).

In this way, they were complete social constructionist in the social significance because by realizing the desperation of IDPs, they „mend the social fabric where it was torn, addressed acute needs [financial support and empowerment] within existing social structures [IDP camps], and helped maintain social harmony" (Zahra, Gedajlovic, Neubaum & Shulman, 2009). In contrast, they did not seek to rip apart existing social structures like a social engineer would do, and they went beyond collective actions helping maintain social harmony like a social bricoleur would do.

The effect on social equilibrium was probably the most difficult category to sort the Krochet Kids' founders by because they actions were atomistic in a way that they had to choose a handful of women who they would help (social bricoleur). At the same time, however, the entrepreneurs addressed the lack of provision of longterm financial support and skills by international aid organizations in these IDP camps (social constructionist).

In the source of discretion, the founders of Krochet Kids would be more social bricoleurs than any other category because they had the exact skills, crocheting and entrepreneurial skills, which were needed to meet the need of IDP women such as safety (40 percent of these women were less likely to be abused), access to basic services (families were five times more likely to have access to medical care when being sick), and economic revitalization (savings levels grew by 25 times) (as cited in United National General Assembly Security Council, 2010) . That Krochet Kids simply started 15 bags of yarn and hooks also demonstrated that their scope was based on limited resource requirements, and was very autonomous (Gustines, 2012).

As Krochet Kids had grown it seemed that their limits of discretion became the ones of a social constructionst because as they grew they needed financial and human resources to fulfill their mission. Ramsey once said: „The organization has changed over the years. We had a first version of the site in 2007. We started selling online in 2008 on a makeshift Web site. There's eight of us currently on staff, and it'll be 10 in a month or so. Sometimes we have more interns than staff. Internationally we started with 10 ladies, but we're now up to 160 women in both Uganda and Peru" (Gustines, 2012, ¶ 7). Considering that in all of a sudden, Krochet Kids started supplying textiles to big retails stores, and was active internationally, there need for institutionalization became a greater concern than when they started as college students.

Last, considering the typology of social entrepreneurial clusters of Mair et al. (2012), Krochet Kids could primarily be placed in cluster three where social entrepreneurs tried to fight economic challenges seeing especially women as constituencies. As Krochet Kids's vision was „to create sustainable economic development programs that supported holistic growth of individuals and communities living in poverty" (Krochet Kids, 2017b, ¶ 2) it was unquestionable that their motive was of economic nature. In this way, they used economic capital, which came out of the product sales, as a mean to bring about social change which could be seen by the establishment of the small financial institute.

5. Conclusion

Northern Uganda was a region which was in a post-conflict state considering that

> *„there were 30,186 IDPs fleeing from conflict which was still going on in Uganda (CIA, 2015). Although the post-conflict state was not easy to define as conflict did not keep to borders, Brinkerhoff (2005) managed to define the post-conflict state as an area where violence and strife have ceased at a given moment in all corners of a country's territory [… and where] most post-conflict reconstruction efforts take place in situations where conflict has subsided to a greater or lesser degree, but is ongoing or recurring in some parts of the country"* (p. 4).

Post-conflict reconstruction efforts were also widely debated, and could have a crucial standing in the stability of peace within a country. In this way, Collier et al. (2008) saw a correlation between the income level after a conflict in comparison to the pre-conflict state which could lead to a drop of the risk of a recurring conflict by 31 percent within a decade. In this way, entrepreneurial efforts were highly important for a post-conflict state, but unfortunately there were many challenges for small and medium-sized businesses such as limited access to financial resources, a lack of skilled workforce, inadequate infrastructure, high crime, and high competition with big corporations with expansionist aspirations.

However, social entrepreneurs could dwell in such environments as they

> *„(1) identifed a stable but inherently unjust equilibrium that caused the exclusion marginalization, or suffering of a segment of humanity that lacked the financial means or political clout to achieve any transformative benefit on its own; (2) identified an opportunity in this unjust equilibrium, developing a social value proposition, and bringing to bear inspiration, creativity, direct action, courage, and fortitude, thereby challenging the stable state's hegemony; and (3) forging a new, stable equilibrium that released trapped potential or alleviated the suffering of the targeted group, and through imitation and the creation of a stable ecosystem around the new equilibrium ensuring a better future for the targeted group and even society at large"* (Martin & Osberg, 2007, p. 35).

There were different types of social entrepreneurs, however, as Zahra et al. (2009) pointed out. Mait et al. (2012) also differentiated between different social entrepreneurial clusters, and the means to cause social change.

Krochet Kids worked as a social entrepreneurial venture in a post conflict area since 2008 targeting women in IDP camps trying to move them out of poverty by giving them crocheting and entrepreneurial skills at hand. Within a few years, the non-profit business became self-sustaining, and started supplying their crocheted products to big US American retailers. While the three entrepreneurs Crecelius, Ramsey and Hartanov started off with small scale and local scope not knowing how long they would be committed to IDP women, their business started to become increasingly institutionalized, and started to operate not only in Northern Uganda, but also in Peru. They transferred from being social bricoleurs to increasingly being social constructionist who fought poverty. In this regard, they were active in the economic cluster using economic means to help women become empowered and financially independent. Krochet Kids provided one example how social entrepreneurial venture could look like in post-conflict regions without solely being targeted to these types of areas.

References

(January 16, 2012). *2012 Art&Design for Social Justice Symposium*. Retrieved November 24, 2015, from http://betheby.com/Proceedings2012Eby.pdf.

Annan, J., Blattman, C., Mazurana, D., & Carlson, K. (2011). Civil war, reintegration, and gender in Northern Uganda. *Journal of conflict resolution*, *55*(6), 877–908.

Beasley, K.W. (2006, January). *Job creation in postconflict societies*. Retrieved January 31, 2017, from Cornell University: http://digitalcommons.ilr.cornell.edu/cgi/viewcontent.cgi?article=1277&context=key_workplace

Brahimi, L. (June 2007). *State building in crisis and post-conflict countries*. Retrieved November 16, 2015, from United Nations Web site:

http://unpan1.un.org/intradoc/groups/public/documents/un/un-pan026305.pdf.

Brinkerhoff, D. W. (2005). Rebuilding governance in failed states and post-conflict societies: core concepts and cross-cutting themes. *Public administration and development, 25*(1), 3–14.

Brock, D.D., & Ashoka's Global Academy for Social Entrepreneurship (January, 2008). *Social entrepreneurship: Teaching resources handbook*. Retrieved May 19, 2012, from Berea College, Entrepreneurship for the Public Good Program Web site: http://www.berea.edu/epg/documents/SocialEntrepreneurshipHandbook.pdf.

Brock, D.D., & Ashoka U (2011). *Social entrepreneurship education resource handbook*. Retrieved November 10, 2015, from Ashoka U Web site: http://ashokau.org/wp-content/uploads/2011/04/AshokaU_Handbook_Preview.pdf.

Cahn, N. (2006). Women in post-conflict reconstruction: Dilemmas and directions. *William & Mary Journal of Women and the Law, 12*, 335.

CIA: The World Factbook. (2015). Central Intelligency Agency. Retrieved November 23, 2015, from the CIA Web site: https://www.cia.gov/library/publications/the-world-factbook/geos/ug.html.

COLLIER, P., HOEFFLER, A., & SÖDERBOM, M. (2008). Post-Conflict Risks. *Journal Of Peace Research, 45*(4), 461–478.

Dalberg. (2011, November). *Report on support to SMEs in developing countries through financial intermediaries*. Retrieved January 29, 2017, from http://www.eib.org/attachments/dalberg_sme-briefing-paper.pdf.

Dees, J.G. (October 31, 1998). *The Meaning of „Social Entrepreneurship"*. Retrieved November 1, 2015, from Graduate School of Business, Standford University Web site: https://csistg.gsb.stanford.edu/sites/csi.gsb.stanford.edu/files/TheMeaningofsocialE ntrepreneurship.pdf.

Department of Economic and Social Affairs & the Peacebuilding Support Office. *Peacebuilding Commission Working Group on Lessons Learned 22 November 2010: Economic revitalization in peacebuilding and the development of service based infrastructure*. Retrieved October 26, 2015, from http://www.un.org/esa/peacebuilding/economic-revitalization-in-peacebuilding_WGLL.pdf.

DIOP, B. (2013). WOMEN REBUILD post-conflict economies. *International Trade Forum*, (1), 28.

Djelic, M. L. (1998). *Exporting the American model: The post-war transformation of European business*. Oxford University Press.

Drayton, W. (2002). The Citizen Sector: BECOMING AS ENTREPRE-NEURIAL AND COMPETITIVE AS BUSINESS. *California Management Review, 44*(3), 120–132.

Efendic, A., Mickiewicz, T., & Rebmann, A. (2015). Growth aspirations and social capital: Young firms in a post-conflict environment. *International Small Business Journal, 33*(5), 537–561. doi:10.1177/0266242613516987.

Fowler, A. (2000). NGDOs as a moment in history: beyond aid to social entrepreneurship or civic innovation?. *Third World Quarterly, 21*(4), 637–654. doi:10.1080/01436590050079038.

Gustines, G.G. (2012, March 16). *Asked and answered: Krochet Kids.* Retrieved January 30, 2017, from https://tmagazine.blogs.nytimes.com/2012/03/16/asked-answered- krochet-kids/?_r=0.

Harding, R. (2004). Social Enterprise: The New Economic Engine?. *Business Strategy Review, 15*(4), 39–43. doi:10.1111/j.0955-6419.2004.00338.x.

Hayek F. THE USE OF KNOWLEDGE IN SOCIETY. *American Economic Review* [serial online]. September 1945;35(4):519–530. Available from: Business Source Premier, Ipswich, MA. Accessed November 14, 2015.

House of Commons International Development Committee. (October 17, 2006). *Conflict and development: Peacebuilding and post-conflict reconstruction, sixth report of session 2005–06.* Retrieved November 24, 2015, from http://www.publications.parliament.uk/pa/cm200506/cmselect/cmintdev/923/923i. pdf.

Jung, H., & Wehner, L. (June, 2012). *Social Entrepreneurship – Ein junger Begriff und die Wiederentwicklung eines großen Potentials: Das Unternehmen als Mittel zur Erreichung sozialer Zwecke.* Wirtschaft und Ethik, year 23, ed. 1, p. 8–10.

Junne, G., & Verkoren, W. (Eds.). (2005). *Postconflict development: meeting new challenges.* Lynne Rienner Publishers.

KK: Our Impact (2017) Krochet Kids. Retrieved January 29, 2017, from http:// www.krochetkids.org/what-we-do/our-impact/.

KK: Our Mission. (2017) Krochet Kids. Retrieved January 29, 2017, from https://www.krochetkids.org/what-we-do/our-mission/.

KK: Our Model. (2017) Krochet Kids. Retrieved January 29, 2017, from https://www.krochetkids.org/what-we-do/our-model/.

KK: Our Story. (2015) Krochet Kids. Retrieved November 27, 2015, from http://www.krochetkids.org/about-us/our-story/.

KK: Uganda. (2017). Krochet Kids. Retrieved January 30, 2017, from https://www.krochetkids.org/what-we-do/uganda/.

Krochet Kids International. (2013). *Krochet Kids.* Retrieved November 10, 2015, from http://krochetkids.wpengine.netdna-cdn.com/wp- content/uploads/2010/08/KKi_MediaKit.pdf.

Lamwaka, C. (2002). The Peace Process in Northern Uganda, 1986–1990. *Accord: An International Review of Peace Initiatives,* (11).

Leadbeater, C. *The rise of the social entrepreneur.* London: Demos. Retrieved on November 1, 2015, from: http://www.demos.co.uk/files/theriseofthesocialentrepreneur.pdf.

Lemmon, G. T. (2012). *Entrepreneurship in postconflict zones.* Council on Foreign Relations.

Lynch, H. (2013). *Fashion as a Means of Humanitarian Aid: A Resource for Prospective Entrepreneurs.* Retrieved January 29, 2017, from http://digitalcommons.liberty.edu/cgi/viewcontent.cgi?article=1353&context=honor s.

Mair, J., & Marti, I. (2006). Social entrepreneurship research: A source of explanation, prediction, and delight. *Journal of world business, 41*(1), 36–44. Retrieved November 7, 2015, from http://www.researchgate.net/profile/Ignasi_Marti_Lanuza/publication/222436408_S ocial_entrepreneurship_research_A_source_of_explanation_prediction_and_delight/ links/00b49525d093257c8b000000.pdf.

Mair, J., Battilana, J., & Cardenas, J. (2012). Organizing for Society: A Typology of Social Entrepreneuring Models. *Journal Of Business Ethics, 111*(3), 353–373. doi:10.1007/s10551-012-1414-3.

Martin R., Osberg S. Social entrepreneurship: the case for definition. *Stanford Social Innovation Review* [serial online]. Spring2007 2007;5(2):28–39. Available from: Business Source Premier, Ipswich, MA. Accessed November 1, 2015.

Mort, G. S., Weerawardena, J., & Carnegie, K. (2003). Social entrepreneurship: Towards conceptualisation. *International Journal Of Nonprofit & Voluntary Sector Marketing, 8*(1), 76.

O'Reilly, C. W. (2015). Firm Investment decisions in the post-conflict context. *Economics Of Transition, 23*(4), 717–751. doi:10.1111/ecot.12070.

Otunnu, O. (2002). Causes and consequences of the war in Acholiland. *Accord: An International Review of Peace Initiatives,* (11).

Peredo, A. M., & McLean, M. (2006). Social entrepreneurship: A critical review of the concept. *Journal of world business, 41*(1), 56–65. Retrieved November 7, 2015, from http://web.uvic.ca/~aperedo/page1/assets/Social%20Ent%20the%20Concept.pdf.

Porter, M. E., & Kramer, M. R. (2011). Creating shared value. *Harvard Business Review*, 89(1/2), 62–77.

Reinikka, R., & Collier, P. (Eds.). (2001). *Uganda's recovery: the role of farms, firms, and government*. World Bank Publications.

Reinikka, R., & Svensson, J. (1999). *How inadequate provision of public infrastructure and services affects private investment* (No. 2262). World Bank, Development Research Group, Public Economics, and Macroeconomics and Growth.

Reis, T. (January 1999). *Unleashing New Resources and Entrepreneurship for the Common Good: A scan, synthesis, and scenario for action*. Battle Creek, MI: W.K. Kellogg Foundation.

SBS: What is social entrepreneurship (2005). Said Business School. Retrieved November 7, 2015, from http://www.sbs.ox.ac.uk/faculty-research/skoll/about-skoll-centre-social- entrepreneurship/what-social-entrepreneurship.

Shaw, E. (2004). Marketing in the social enterprise context: is it entrepreneurial?. *Qualitative Market Research: An International Journal*, 7(3), 194–205. Retrieved November 7, 2015, from http://www.rise.or.kr/RBS/Data/Files/fnAAN/research01/2004se2.pdf.

Shkolnikov, A. & Nadgrodkiewicz, A. (August 29, 2008). Building democracies and markets in the post-conflict context. *EconomicReform Issue Paper*, No. 0806, 1–20. Retrieved November 24, 2015, from http://www.cipe.org/sites/default/files/publication- docs/IP0806.pdf.

Tan, W., Williams, J., & Tan, T. (2005). Defining the ‚Social‘ in ‚Social Entrepreneurship‘: Altruism and Entrepreneurship. *International Entrepreneurship And Management Journal*, 1(3), 353–365. doi:10.1007/s11365-005-2600-x.

Thake, S., & Zadek, S. (1997). Practical people, noble causes. *London: New Economics Foundation*. Retrieved November 1, 2015, from http://zadek.net/wp- content/uploads/2011/04/New-Economics- Foundation_Practical_People_Noble_Causes_1997.pdf.

United Nations General Assembly Security Council. (September 7, 2010). *Women's participation in peacebuilding: Report of the Secretary-General*. Retrieved November 24, 2015, from http://www.un.org/ga/search/view_doc.asp?symbol=A/65/354.

United Nations Office on Drugs and Crime. (2015). *Preventing conflict using a human rights based approach* [e-learning course].

UNPBF: What we fund (2015). United Nations Peacebuildung Fund. Retrieved November 17, 2015, from http://www.unpbf.org/what-we-fund/.

UNPBF: Where we fund (2015). United Nations Peacebuildung Fund. Retrieved November 17, 2015, from http://www.unpbf.org/countries/.

Wielders, I. & Amutjojo, L.J. (January 26, 2012). *Final evaluation report of UN Peacebuilding Fund programmes in Acholiland, Northern Uganda.* Retrieved November 25, 2015, from the United Nations Peacebuilding Fund Web site: http://www.unpbf.org/wp- content/uploads/Uganda-2012.pdf.

World Bank. (Januar, 2002). *Foreign Direct Investment Survey: A study conducted by the multilateral investment guarantee agency with the assistance of Deloitte and Touche LLP.* Retrieved November 25, 2015, from https://www.wbginvestmentclimate.org/uploads/FDI%20Survey.pdf.

Zafar, A. (2007). The growing relationship between China and Sub-Saharan Africa: Macroeconomic, trade, investment, and aid links. *The World Bank Research Observer*, 22(1), 103–130.

Zahra, S. A., Gedajlovic, E., Neubaum, D. O., & Shulman, J. M. (2009). A typology of social entrepreneurs: Motives, search processes and ethical challenges. *Journal Of Business Venturing*, 24(5), 519–532. doi:10.1016/j.jbusvent.2008.04.007.

Die Autoren

HARALD BERGBAUER, Dr., FOM Hochschule München

GUISEPPE FRANCO, PD Dr. Dr., Theologische Fakultät der Katholischen Universität Eichstätt-Ingolstadt, Feodor Lynen-Forschungsstipendiat bei der Alexander von Humboldt-Stiftung an der Universität Salento / Lecce sowie Preisträger des Marx Weber Preises für Wirtschaftsethik.

CHRISTIAN HECKER, Dr., Deutsche Bundesbank, Hauptverwaltung in Hamburg, Mecklenburg-Vorpommern und Schleswig-Holstein, Lehrbeauftragter der Fakultät für Wirtschafts- und Sozialwissenschaften, Universität Hamburg

HARALD JUNG, Prof. Dr., Internationale Hochschule Liebenzell

MIHAMM KIM-RAUCHHOLZ, Prof. Dr., Internationale Hochschule Liebenzell

WERNER LACHMANN, Prof. Dr. h. c. Ph.D., Universität in Erlangen-Nürnberg

GERALD MANN, Prof. Dr., FOM Hochschule München

CHRISTIAN MÜLLER, Prof. Dr., Institut für ökonomische Bildung, Universität Münster

BERND NOLL, Prof. Dr., Hochschule Pforzheim

LUCAS WEHNER, MBA (CBU), Referatsleiter an der Internationalen Hochschule Liebenzell und Gesellschafter/Direktor für internationale Zusammenarbeit der HI+edu GmbH – Heidelberg Institute for International Studies & Leadership